YANDÉ SECK

Weiße Wolken

Den wohlbehaltenen Inseln meiner Eltern.
In Dankbarkeit für ihren inneren Reichtum.

Als ich ein kleiner Junge war,
dachte ich,
der Mond verfolge mich.
Ich konnte niemandem davon erzählen,
sie hätten mich für verrückt erklärt.
Wenn wir abends
in der Dämmerung
draußen vor dem Haus spielten,
stand er da am Himmel
und starrte mich an.
Wenn ich hinter dem Haus spielte,
fühlte ich mich unbeobachtet,
träumte von einem Schiff,
das mich raus aufs Meer trüge.
Später machte mich Zazie auf ihn aufmerksam,
wenn sie auf meinem Arm saß.
Wir standen auf dem Balkon –
Tausende Kilometer entfernt von Saint Louis –
und betrachteten ihn.

PAPIS FALL,
IM LETZTEN FRÜHLING SEINES LEBENS

PROLOG

Dieynaba sah in den Spiegel und betrachtete sich selbst. Ihr Blick wanderte zu ihrer Schwester, die auf einem gepolsterten Friseurstuhl saß und sich mit schroffen Bewegungen das Haar kämmte. Sie nahm Strähne für Strähne zwischen die Finger, bürstete die Locken, und aus definierten dunkelbraunen Strähnen wurde eine wolkige Masse Haar.

»Das sieht so grob aus«, stellte Dieo fest.

Zazie runzelte die Stirn.

Eine der Frauen des Salons griff nach Dieos Haar, sagte zu Zazie etwas auf Wolof und wechselte dann ins Französische.

»Sie fragt, ob du die Haare bis zum Po haben willst?«

Die Frau zeigte an ihrem eigenen Körper, was »bis zum Po« hieße, so als sei sie nicht sicher, ob Zazie richtig übersetzte.

»Nein, nur so lang bitte.« Dieo legte die Kante ihrer flachen Hand auf ihrer Brust ab und sah der Friseurin ins Gesicht. Sie hatte dichte getuschte Wimpern, vielleicht waren sie angeklebt. Ihr Haar trug sie geglättet in einem Dutt, und auf ihrem Rücken hing in einem kleinen Paket ein Baby.

Die Frau sagte wieder etwas auf Wolof.

»Elle s'appelle Dieynaba«, antwortete Zazie und dann: »Dieo.«

Die Frau zog das Tuch, in dem ihr Baby saß, fest, tätschelte Dieos Schulter und sagte: »Wow, Dieo, nanga def. Magni tudu Fatou.«

Sie zog Dieos Haar auseinander, als wolle sie herausfinden, mit welcher Struktur sie es zu tun hatte.

Zazies Afro wuchs zu einer Haube aus goldbrauner Zuckerwatte. Sie seufzte. »Vielleicht hätten wir uns etwas zu essen einpacken sollen. Ich hoffe, zumindest das Wasser reicht, bis wir fertig sind.«

Dieo dachte an die kleinen gekühlten Flaschen Perrier und die Espressomaschine bei ihrem Friseur auf der Berger Straße. Fatou lächelte sie im Spiegel an und fuhr dann mit dem metallischen Stiel eines Kamms über ihre Kopfhaut. Die Linie, die sie zog, fühlte sich wie etwas Ordnendes an, das die Möglichkeit von Schmerz enthielt.

»Hier, trink mal was. Deine Wasserflasche ist noch fast voll.« Zazie hielt eine Flasche in die Luft, ohne den Kopf zu bewegen.

»Mir ist ein bisschen schwindelig«, sagte Dieo.

Fatou hatte an ihrem Hinterkopf eine Haarpartie abgeteilt und den Rest zu einem Knoten gebunden. Jetzt griff sie eine Strähne und umwickelte sie mit Kunsthaar. Dann zog sie so fest daran, dass Dieo Tränen in die Augen traten. Das Baby gab leise klagende Laute von sich. Es war zu erahnen, dass es gleich schreien würde, seine Mutter löste rasch das Tuch und setzte sich auf das Sofa. Sie begann, ihr Kind zu stillen, leise hörte man sie ein Lied summen. Dieo setzte sich auf und betrachtete das Gesicht ihrer Schwester. »Du siehst noch ziemlich mitgenommen aus.«

»Ich weiß, irgendwie vertrage ich das Essen diesmal überhaupt nicht. Vielleicht ist es auch die Hitze.«

Aus einer Ecke des Salons kam eine Frau, die bisher auf ihrem Telefon herumgetippt hatte. Dieo hatte sie für eine wartende Kundin gehalten. Sie stellte sich hinter sie und griff in ihr Haar. Dann sagte sie etwas an die stillende Frau auf dem Sofa gewandt und kramte in der Tüte mit dem Kunsthaar. Sie trank einen Schluck Tamarindenlimonade und setzte Fatous Arbeit fort. Während Dieo das tickende Saugen des Babys hörte, flocht die Frau einen Zopf nach dem anderen in Dieos Nacken.

»Mit der Zeit wird es besser, oder?«, fragte Zazie und tatsächlich, Dieo bemerkte, dass sie sich etwas an den ziehenden Schmerz gewöhnt hatte. Sie sah auf die Uhr und versuchte auszurechnen, wie lange es wohl dauern würde, bis sie fertig wäre. Für die erste Reihe Zöpfe hatte die Frau fünfundvierzig Minuten gebraucht.

Die Tür des Salons wurde von einem jungen Mädchen geöffnet, das nicht älter als dreizehn oder vierzehn sein konnte. Sie stellte ein Paket, das in einem Tuch eingeschlagen war, auf dem Sofa ab, breitete eine Decke auf dem Boden aus und öffnete den Knoten des Tuches. Der köstliche Duft eines Fischgerichts zog Dieo in die Nase. Jetzt erst bemerkte sie, wie hungrig sie war. Das Mädchen platzierte die Metallschüssel in der Mitte der Decke.

»Dieynaba«, rief Fatou und wiegte ihr Baby in den Armen. »Viens manger!«

ERSTER TEIL

1 ZAZIE

Als Max aufstand, hatte Zazie bereits zwei Stunden in der Küche gesessen, die Bialetti ausgetrunken und drei Zigaretten geraucht. Sie hatte ihrem Prof auf die Einladung zu einem Treffen im neuen Jahr geantwortet und las jetzt den *Freitag* von letzter Woche. Nach dem Aufwachen mochte sie Max am liebsten. Er hatte noch nicht das Kostüm angelegt, das er tagsüber trug. Er war noch nicht so bemüht zu erahnen, wie die Welt ihn haben wollte, sondern kam mit leichten Schwellungen um Augen und Nase in dieser Welt an. Seine Haare sollten später so aussehen, als wäre ihre Position ein lässiger Zufall, morgens sahen sie einfach scheiße aus. Am Hinterkopf platt gedrückt, an den falschen Stellen abstehend – irgendwie *ehrlich*.

»Was machst du?«

»Lese über die Proteste im Iran.«

Max lächelte und fragte, ob es noch Kaffee gebe. Es gab keinen mehr. War der Umstand, dass sie morgens eine ganze Kanne Espresso alleine trank, das Signal ihres Unbewussten an Max, dass er zu Hause frühstücken solle? Das musste sie mal Dieo fragen.

»Ähm, ich muss ins JUZ, willst du noch hier duschen, oder …?«

Max schien zu verstehen und ging ins Schlafzimmer, um sich anzuziehen. Sie hörte, wie er sich anschließend im Bad die Haare machte und die Zähne putzte. In dieser Reihenfolge. Es war rührend und abturnend zugleich, wie sehr er alles richtig machen wollte. Immer das Gleiche mit diesen *white boys.* Alles hatte seine Ordnung. Es gab keine Unklarheiten oder Geheimnisse, sie hatten Schuldgefühle, wenn sie welche haben sollten. Also immer.

»Ich mach mich dann mal auf den Weg.« Max lehnte im Türrahmen und erinnerte sie an Eddie Redmayne. Seine Haut bekam immer etwas Durchsichtiges, wenn er verletzt war. Sie stand auf. »Wir sehen uns morgen, ja?«

»Hm«, er sah auf die Uhr und biss sich auf die Lippe. Gestern Abend hatte er hier gestanden und ihr von seinen Schmerzen erzählt. Er hatte ihr seine schwere Hand auf die Schulter gelegt und ihr gezeigt, wo seine Verspannungen lagen. Sie umarmte ihn und fühlte, wie er das Gesicht in ihrem Nacken vergrub.

»Bis morgen«, hörte sie ihn in ihre Braids raunen.

Als sie die Tür hinter ihm geschlossen hatte, sah sie sich um. Die Unordnung in der Küche störte sie plötzlich. Sie leerte den Aschenbecher, fegte die Krümel vom Tisch und spülte ihre Kaffeetasse. Aus einem Regalfach, das sie nur mit einem kleinen Schemel erreichen konnte, holte sie ein dickes Notizbuch, das mit kleinen Zeichnungen bekritzelt war. Sie legte eine Platte von Ashs The Best auf und setzte sich an den Küchentisch. In einer kleinen Schublade hatte sie in einer für sie untypischen Ordnung Aquarellstifte verstaut. Den Text, zu dem sie heute ein bisschen kritzeln wollte, hatte sie neulich geschrieben, nachdem sie auf ihre Neffen aufgepasst hatte.

An dem Tag, an dem Zazie ihre Bürste zerbrach,
schimpfte ihre Mutter: »Freche Göre!«
»Lass mich in Ruh!«, erwiderte Zazie, und da
bekam sie keinen einzigen der warmen Kekse.

Genau an diesem Nachmittag erschienen ihre
Ahninnen
an der Decke ihres Zimmers.
Sie tanzten
und sangen,
bis das gesamte Zimmer erfüllt war von ihren
bunten Kleidern
und ihren warmen Gesängen.

Die kleine Zazie entstand mit wenigen Strichen, hatte einen weichen Afro und einen kessen Blick. Ihre Mutter erschien nur als Schatten an der Wand. Auf einem Tisch neben einem winzigen Teeservice lag eine Puppe mit glattem Haar. Auf der nächsten Seite stand die kleine Zazie in ihrem Zimmer und sah staunend an die Decke, an der schemenhaft ihre Ahninnen tanzten.

Selbstvergessen griff Zazie wieder in die Schublade und holte einen Vaporizer heraus. 173 Grad. Ausatmen. Die Lunge leeren für einen Atemzug Entspannung. Die Wirkung des CBD war nicht so zu spüren wie die von THC. Es war eher, als bliebe alles, wie es war, und doch fühlte sie sich, als hätte sie gerade Sport gemacht und danach zwei Stunden in Sauna und Dampfbädern verbracht. Sie drehte die Musik auf und wünschte sich eine Staffelei, vor der sie stehen und tanzen könnte. Das Telefon klingelte.

»Hey Liebes, bleibt es bei *Bar ohne Namen* heute zum Lunch?«, fragte Winta gewohnt laut. »Morgen dann mit Lamine und den anderem im *Herzen Afrikas*, danach ein paar Drinks. Und dann gucken, was passiert, ja?«

Beim letzten Mal, als sie an einem Donnerstagabend gesagt hatten, sie würden »gucken, was passiert«, waren sie am Ende im *Gibson* gelandet, und Winta hatte mit einem Kroaten geknutscht, der als Fitnesscoach arbeitete und sie auf dem Heimweg dauernd über seine Schulter geworfen hatte.

»Ja, kein Ding, wir müssen keine große Sache ...«

»Spinnst du?!«, unterbrach Winta sie. »Keine große Sache aus einem Master mit Auszeichnung! Nicht mit mir, mein Schatz. Wenn du Freunde willst, die normal finden, dass du so einen *ba-bösen* Abschluss hast, kannst du dir irgendwelche kleinen Alman-Lauchs suchen.«

Sie musste schmunzeln, weil sie wusste, dass ihre Freundin gerade vor dem Waschbecken in der Damentoilette ihrer Agentur stand und mit ihrer kleinen Ansprache hauptsächlich ihr Spiegelbild meinte. Sie hatte mal beobachtet, wie Winta mit ihrer Mutter telefoniert und dabei ihr Spiegelbild angesehen hatte, als müsste sie *ihm* vermitteln, dass sie wirklich jeden Tag in der Bib verbrachte und ihr Abschluss nur noch eine Frage der Zeit sei. Heimlich arbeitete Winta seit zwei Jahren für eine kleine Eventfirma und glaubte schon lange nicht mehr daran, dass sie einen Abschluss in Marketingmanagement für irgendetwas in ihrem Leben brauchte.

»Okay, okay, also wir sehen uns dann später. Und ob wir morgen ausgehen, entscheiden wir dann spontan!«

»Perfekt! Wie geht's eigentlich *white boy*? Kommt er morgen Abend mit?«

Zazie schwieg kurz und murmelte dann: »Vielleicht beim nächsten Mal.«

Winta schien das ganz recht zu sein. »Und du ziehst dir was Edles an! Bitte, mein Schatz, nicht einen von diesen Säcken, die du dann *easy* oder was auch immer nennst, ja?« Sie legte auf.

Was Edles. Das war Winta wichtig. Sogar zur Arbeit trug sie Overkneestiefel und einen langen Mantel. Früher hatte Zazie zum Ausgehen kaputte Jeans und Sneaker und eine Bomberjacke getragen. Und jetzt? War sie auf der Suche nach einem Style, der unapologetically African, lässig und zeitgemäß war. Ein Style, der verriet, dass sie mit der Gesamtsituation der Welt unzufrieden war und trotzdem in Clubs reinkommen wollte. Sie nahm sich vor, auf Insta nach einer Inspiration für ihr Outfit heute Abend zu suchen. #antiracistbae oder #anarchistknockout. Das Notizbuch klappte sie zu und verstaute es wieder im Regalfach. Der Zauber ihres schöpferischen Vormittags war verflogen, und sie beschloss, ein Bad zu nehmen und sich dann auf den Weg nach Frankfurt zu machen.

2 SIMON

Er liebte diese Zeit. Es war, als trügen die Anstrengungen der vergangenen elf Monate nun endlich ihre Früchte. Seit ein paar Jahren schon stahl er sich Anfang Dezember während der Mittagspause davon und spazierte über die Fressgass. Gott war er froh, das muffige Beamtendasein aufgegeben zu haben und auf seinem Telefon seinen Assets dabei zusehen zu können, wie sie sich vermehrten. Letzte Woche hatte er bei einem Token Sale ein paar Coins gekauft, die sich verzehnfacht hatten, heute würde er seine Gewinne in Weihnachtsgeschenke für Dieo und die Jungs investieren. Sein Handy vibrierte und zeigte eine Reihe von Benachrichtigungen an. Er ignorierte die meisten und begann, eine Mail von Ludger zu lesen. Sein Chef war zwar entspannt und würde ihm keinen Vorwurf machen, wenn er eine halbe Stunde später zurück ins Office käme, aber er erwartete, dass Simon die Entwicklungen in Zürich auch während der Mittagspause im Auge behielt.

Ludger würde sich wahrscheinlich gleich neugierig über Simons Weihnachtseinkäufe beugen und wieder einen Witz über Zazie machen, die er für Simons Geliebte hielt. In Ludgers Kosmos waren Beziehungen zwischen Männern und Frauen entweder durch Desinteresse oder durch sexuelle

Spannung geprägt. Sexuelle Spannung war für Simon inzwischen eine komplizierte Sache geworden. Er musste a) ausgeschlafen sein, was nur noch selten vorkam, er durfte b) keine Bewegtbild-Nachrichten konsumiert haben, und c) seine Frau durfte nicht latent sauer auf ihn sein. Wenn Zazie, wie bei seiner Hochzeit umwerfend aussah, empfand er eher den Stolz eines großen Bruders.

Er hatte gerade einen Caesar Salad im Dehli an der Ecke verspeist und überlegte, ob er sich noch einen Espresso holen sollte, da sah er das perfekte Geschenk für seine Frau: einen Oversize-Schal in verschiedenen Rosatönen. Die Schaufensterpuppe trug sogar einen Afro, und er stellte sich Dieo mit genau diesem Schal auf dem Cover der *Vogue* vor.

Wenig später machte er sich auf den Weg zurück ins Office, bepackt mit Tüten. Er hatte noch ein kleines Gimmick aus dem Apple Store für Dieo und ein Baumhaus im Legoladen für Otis und Leander besorgt. Als er an der *Bar ohne Namen* vorbeikam, erblickte er Zazie.

»Was machst du denn hier?« Erst als er die Worte ausgesprochen hatte, sah er, dass sie Kopfhörer trug und ganz glasige Augen hatte. Ob sie gekifft oder geweint hatte, konnte er nach zehn Jahren Übung schnell erkennen. Wenn sie einen Joint rauchte, röteten sich ihre Augen und verengten sich zu kleinen Schlitzen. Wenn sie weinte, rötete sich ihre Nase. Sie nahm die Kopfhörer ab und begrüßte ihn verhalten. Ihre Nasenspitze glühte.

Er wollte gerade sagen, dass er dringend weitermüsse, Zazie aber zündete sich eine Zigarette an, und er blieb. Ob er sich zu ihr gesellte, schien ihr egal zu sein.

»Zazie, alles in Ordnung bei dir? Du wirkst etwas – wie soll ich sagen? – *verhuscht*.«

Sie blitzte ihn böse an. »Ich habe gerade ein Hörbuch gehört.«

»Aha.«

»Baldwin.«

»Aha.« Sie waren wirklich in sehr unterschiedlichen Sphären unterwegs. »Und willst du mir erzählen, warum du weinst?«

»Ich glaube, es geht um Zugehörigkeit.«

»Du sprichst in Rätseln. Und ehrlich gesagt muss ich ins Office.«

Sie musterte ihn und seine Einkaufstüten, und er schämte sich kurz, wusste aber nicht so recht, wofür eigentlich.

»Der junge James läuft durch sein Viertel und wird immer wieder von den Sexarbeiterinnen gefragt, wohin er denn gehöre. Als eine Kirchenfrau ihn das wieder fragt, will er sagen: ›Na zu dir.‹« Sie zog an ihrer Zigarette. »Es geht um Zugehörigkeit. Bei allem. Du und dein Krypto-Start-up genauso wie die Linken, die Rechten, Kanax, wir alle sind eigentlich die ganze Zeit ...«, sie hielt inne, weil diese Erkenntnis sie augenscheinlich wieder zum Weinen brachte, »auf der Suche.«

Als er nickte, erlaubte sie ihm, sich auf den Weg zu seiner »problematischen Lohnarbeit« zu machen, wie sie *Finlyst* nannte.

Am Abend betrat er die Wohnung und begrüßte Luisa.

»Die Jungs schlafen schon. Jonathan ist auch gerade nach Hause gekommen und gleich in sein Zimmer gegangen ...«

»Ich bringe mal kurz die Einkäufe ins Arbeitszimmer.«

Er versteckte die Tüten auf der Hochebene und kam zurück in den Flur. Luisa sah von ihrem Telefon auf und lächelte ihn mit ihrem immer gleichen ungefährlichen Lächeln an. Er gab ihr das Geld und bedankte sich.

Als er Luisas hochgezogene Socken und ihre weiten hellen Hosen betrachtete, kam ihm Zazie in den Sinn. »Wem fühlst du dich eigentlich zugehörig?«, fragte er sie wohl etwas unvermittelt.

Sie steckte ihr Portemonnaie in ihre Jackentasche. »Wie meinen Sie das?«

»Bitte sag Du zu mir, sonst fühle ich mich so alt.«

Luisa zögerte einen Moment. »Sie – äh – du meinst, welchem Viertel?«

»Ich meine so generell.«

Luisa schien nachzudenken, während sie den Reißverschluss ihrer Jacke schloss. »Ich glaube denen, die mehr Gerechtigkeit wollen. Auch für den Planeten.«

Das hatte man davon, wenn man eine Siebzehnjährige fragte. »Danke, Luisa.« Er lächelte zurück und wünschte ihr einen schönen Abend.

»Ihnen auch!«, sagte sie, und er korrigierte sie nicht.

Sein Telefon vibrierte und zeigte eine Nachricht von Ludger an:

Zürich hat geantwortet. PAN, get ready.

3 DIEO

Dieo strich die von ihrem Kopf abstehenden Haarsträhnen glatt, füllte eine Wasserflasche und steckte sie in ihren Rucksack. Diese Dinger, die seit einigen Jahren jede frischgebackene junge Mutter auf dem Rücken trug, waren eigentlich Mist. Simon war jedoch der Meinung gewesen, als »junge urbane Mutter« brauche auch seine Frau einen *Fjällräven*. Gelb stehe ihr so gut. Also hatte das kleine Paket letztes Jahr unter dem Weihnachtsbaum gelegen und sie zeigte seither dem ganzen Holzhausenviertel, dass sie zur Gruppe der unheimlich entspannten, total unprätentiösen Nordend-Mamas gehörte.

»Wir müssen looos! Otiii, hast du deine Mütze?«

Ihr jüngster Sohn weigerte sich seit seinem ersten Herbst auf dieser Welt, eine Kopfbedeckung zu tragen. In diesem Winter »vergaß« er ständig die rostfarbene Mütze mit hippem Logo, die Simon in einem dieser Wohlfühlläden auf dem Oeder Weg gekauft hatte. Vierundzwanzigjährige Conceptstore-Mitarbeiterinnen konnten ihrem Mann alles andrehen. Sie fragte sich häufig, wem er eigentlich etwas beweisen wollte, wenn er bei so einer Taja einen »Weekender« für siebenhundert Euro oder eben eine Mütze für Otis kaufte.

»Lass meinen Ranzen in Ruhe!«, schrie Leander seinem kleinen Bruder ins Ohr und schubste ihn. Die Jungs rannten durch den Flur. Überall lag irgendwelcher Scheiß herum, und Dieo fragte sich, wann endlich der Tag käme, an dem sie ordentlich würde.

Oma Rose beschrieb das immer so: »In unserer ersten gemeinsamen Wohnung hat sich jeden Abend das Geschirr getürmt. Eines Tages störte es mich, und ich wurde ordentlich.« Oma Rose hatte in Dieos Kindheit stundenlang auf einem kleinen Hocker gesessen und mit ihr überfüllte Barbie- und Playmobilkisten sortiert und Kunststoffhaar gekämmt. Dieo wünschte sich häufig, die Ruhe zu besitzen, die Oma Rose in diesen Momenten gehabt hatte. Sie hatte immer davon geträumt, mal mit ihren Töchtern in einem wunderschön eingerichteten Mädchenzimmer zu sitzen, aus Miniaturteetassen imaginären Earl Grey zu trinken und Petits Fours zu essen. Nun hatte sie Söhne, die sich für Anime oder *Lego Star Wars* interessierten, und eine Schwester, die meinte, sie müsse »ihre Tagträume dekolonisieren«.

»Ich brauche für Mathe einen roten Hefter!«, rief Leander aus dem Wohnzimmer und zog ein zerknittertes Blatt Papier aus seinem Ranzen.

»Und das sagst du mir jetzt?!«, fuhr Dieo ihn an, als sie den Elternbrief gelesen hatte.

»Hab ich vergessen.«

»Der Laden hat jetzt noch zu, du musst sagen, dass du's morgen mitbringst.«

»Morgen, morgen, nur nicht heute, sagen alle faulen Leute«, sang Otis, und Dieo fragte sich, woher ein Vierjähriger die Begabung hatte, mit solch einer Treffsicherheit Salz in die Wunden seiner Mutter zu streuen.

»Los jetzt!«, unterbrach sie ihn, hievte sich Leanders Ranzen über die Schulter und ging zur Tür. Sie hatte um halb zehn ihren ersten Termin. Ihr Zuspätkommen hatte in der Vergangenheit selten Konsequenzen gehabt. Dennoch, Dieo hatte das Gefühl, die Eltern konnten ihr ansehen, dass sie gerade noch Cornflakesschüsseln in die Spülmaschine gepfeffert hatte und an den Minimalanforderungen des Mutterseins gescheitert war, bevor sie ihnen zu mehr Gelassenheit im Alltag riet.

Was ihren Mann heute davon abhielt, an diesem allmorgendlichen Spektakel teilzunehmen, nannten er und seine Kollegen einen »All-Nighter«. Was für ein schwachsinniger Begriff, aufgeladen mit Potenz. Ludger, Christian und Simon hatten sich angewöhnt, in Akronymen miteinander zu kommunizieren. Wenn also Ludger der Meinung war, dass eine Nachtschicht notwendig sei, schickte er die drei Buchstaben PAN an Simon. Wenn der gerade auf dem Sofa lag, gaben zuerst der Laptop auf seinem Schoß und kurz darauf sein Handy ein kurzes »Bing« von sich. Manchmal sogar ihre Stereoanalage im Wohnzimmer, weil eines seiner Geräte damit verbunden war. Neulich hatten sie die Beatles gehört, während sie Leander die Haare geschnitten hatte. Dieo trällerte vor sich hin und genoss, dass sie alle zusammen und dennoch für sich waren. So wie Donald Winnicott den Zustand von Mutter und Kind nennt, bei dem das Kind lernt, für sich zu sein und das irgendwann sogar zu genießen. Dieses *Zusammen-für-sich-Sein* wurde von einem »Bing« der Stereoanlage unterbrochen. Ludger schickte gleich mehrere Nachrichten, der Ton erklang in unregelmäßigen Abständen, bis sie die Anlage ausschaltete. Auf Simons Bildschirm waren diverse offene Fenster mit Texten, Grafiken und Tabellen zu sehen. In der rechten oberen Ecke tauchten kleine Sprechblasen auf.

Ludger: Call me ASAP

Christian: BTC bei <40k

Ludger: PAN, get ready.

Ein kurzes PAN von Ludger hatte zur Folge, dass sie einen All-Nighter mit zwei Kindern in ihrem Bett und diversen Knien zwischen ihren Rippen vor sich hatte. Dazu kam ein Morgen voller Chaos mit der besonderen Herausforderung, ihren im Arbeitszimmer schlafenden Mann nicht zu wecken.

Als sie einen letzten Blick auf den Frühstückstisch werfen wollte, öffnete sich Jonathans Zimmertür. Er stand nur mit einer Boxershorts bekleidet da und sah sie unverwandt an.

»Was machst du denn hier?«, fragte sie.

»Ich habe heute erst zur Dritten«, erwiderte er heiser und griff sich ins Haar. Sie war sich sicher, dass das gelogen war.

»Was ist denn ausgefallen?«, fragte sie und sah auf die Uhr über der Küchentür. Es war fünf nach halb acht. Sie würde sich gleich im morgendlichen Stau mit einer SUV-Fahrerin anlegen und dann vollkommen echauffiert bei der Schule ankommen. Leander würde bis heute Abend beleidigt sein, weil er es hasste, erst zwei Minuten vor Unterrichtsbeginn einzutreffen. Wenn sie ihn abgeliefert hatte, würde sie sich und Otis erst mal ein Croissant holen, bevor es in den Kindergarten ging. Ein »Kroaßohr für die Seele« nannte er das.

»Französisch?«, sagte Jonathan und gab sich dabei wenig Mühe, glaubwürdig zu klingen. Warum war er ausgerechnet jetzt aus seinem Zimmer gekommen? Wollte er sie provozieren?

»Wir reden heute Abend!«, sagte sie und knallte dann die Tür zu.

»Kroaßohr-für-die-Seele-Tag?«, flüsterte Otis ihr zu, und sie nickte.

Als sie eine halbe Stunde später im *Glauburg Café* saßen und Otis sein goldgelbes Croissant auseinanderriss, fragte er sie unvermittelt: »Wir können doch alles gut zusammen machen, Mama, oder?«

»Ja, das stimmt.« Sie lächelte und biss in ihre Brioche.

Er lehnte sich auf seinem Stuhl zurück. »Ich wollte mal fragen, ob wir auch mal wohin fahren können ohne die anderen.«

»Du meinst, nur wir beide?« Sie trank einen Schluck Kaffee. Otis zuckte mit den Schultern und lächelte verlegen.

»Vielleicht übernachten wir mal zu zweit bei Oma Ulli ...«

Er nickte und schmiegte sich an sie.

»So, jetzt machen wir uns mal auf den Weg zur Kita ...«

Otis sah über ihre Schulter hinweg. »Guck mal, da ist Joni!«

Dieo drehte sich um, und tatsächlich zog ihr ältester Sohn gerade die Eingangstür hinter sich zu und öffnete den Reißverschluss seiner Jacke. Sie stand auf und wartete darauf, dass er sie bemerkte.

»Hey Mama ...«

»Was machst du hier?«

»Bin hier manchmal. Zum Lesen.« Er zog ein Exemplar von *Minima Moralia* aus seinem Jutebeutel.

»Aha.«

Ihr Telefon vibrierte in ihrer Manteltasche. Otis berührte es durch den Stoff. »Mama, du musst rangehen!«

Sie holte es heraus und sah eine unbekannte Nummer auf dem Display.

»Guten Morgen, de Latour hier. Spreche ich mit Frau Rosenbaum?«

Dieo gestikulierte in Richtung Jonathan und flüsterte: »Kannst du nach Oti sehen?«, während sie das Mikro zuhielt. »Frau de Latour, wie schön, dass Sie sich melden!« Sie verließ das Café.

»Störe ich gerade?«

Auf der Straße versuchte sie, den Kalender aus ihrem Rucksack zu pfriemeln. »Nein, überhaupt nicht.«

Durch das Fenster sah sie, wie Otis in Jonathans Buch blätterte, während der sich mit einer Kellnerin unterhielt. Frau de Latour erzählte ihr, dass sie in etwa einem halben Jahr einen Raum in ihrer Praxis zu vermieten habe.

»Das würde sehr gut passen. Ich habe vor kurzem meine Zwischenprüfung gemacht und mir bisher zwei Räume angesehen.« Frau de Latour schlug vor, sich nach Weihnachten doch mal zu treffen. Sie einigten sich auf ein Datum und verabschiedeten sich.

Als Dieo aufgelegt hatte und sich umdrehte, standen Jonathan und Otis vor ihr. »So viele liebe Wörter sagst du nie auf einmal sonst!«, bemerkte Otis und Jonathan schmunzelte.

»Ich kann ihn im Kindergarten absetzen, wenn du willst.«

Dieo holte tief Luft. »Das würdest du machen?«

Jonathan zuckte mit den Schultern. »Klar, ist eh auf meinem Weg zur Schule ...«

»Danke!« Sie drückte ihm einen Kuss auf die Wange und ging dann in die Hocke, um sich von Otis zu verabschieden. »Er pikst jetzt so wie Papa, oder?« Er streckte ihr seine Wange hin. »Meine ist aber ohne Piks.«

»Tschüss, ohne Piks!« Sie wandte sich zu ihrem Lastenrad und stieg auf – erst jetzt bemerkte sie, wie erschöpft sie war. Sie spielte mit dem Gedanken, sich krankzumelden, einfach nach Hause zu gehen und eine Serie zu gucken, aber dann fielen ihr die Unordnung in der Küche und der große Wäscheberg ein, die dort auf sie warteten, und sie steuerte die Beratungsstelle an.

4 ZAZIE

Ihre Schicht im Jugendzentrum hatte vor dreißig Minuten begonnen. Inzwischen waren ein paar Jugendliche eingetroffen, und sie fragte sich, ob eine Zigarette pro Stunde sie zur Kettenraucherin machte. Ayoub setzte sich neben sie, während sie ein Fahrradmagazin durchblätterte.

»Was geht bei dir, Ayoub?«

»Geht, geht, Zazie.« Er sah sie an.

»Is' was?«, fragte sie etwas gereizt.

»Nein, nein, ich – ich frage mich nur ...«

»Du fragst dich was?«

»Stehst du eigentlich auf Schwarze oder auf Weiße?«

Woher kam das denn jetzt? Sie räusperte sich, um Zeit zu gewinnen.

»Also erst mal ist Rasse ja ein Konstrukt, ähm ... Und dass du mich als BiPOC jetzt fragst, ob ich Männer der einen oder der anderen Seite dieser Differenzlinie attraktiv finde, das ist ...«

»Zazie, hör mal mit diesem Uni-Gequatsche auf. Ist doch 'ne einfache Frage. Welche Männer bevorzugst du?«

Es gefiel ihr, dass er auf das sogenannte Uni-Gequatsche reagierte, indem er sich plötzlich gewählter ausdrückte. Die Ironie, mit der er das tat, hatte etwas Subversives.

»Warum können es denn nur Schwarze oder Weiße sein? Darfst du nur zwischen einer Marokkanerin und einer weißen Deutschen entscheiden? Was ist, wenn du dich in eine Schwedin verliebst, deren Eltern aus Vietnam kommen?«

»Ich hab noch keine Schwedin getroffen, aber wenn die Schwedinnen von mir hören, wird es *eng* für die Männer da drüben.« Ayoub sprach lauter, sodass ihn seine Kumpels, die gerade Billard spielten, hören konnten.

Die beiden nahmen kaum Notiz von ihm.

»Nein, mal im Ernst, warum nur Schwarze oder Weiße?«

»Almans sind weiß, Zazie. Mach doch mal die Augen auf. Du gehst doch Uni, da sind doch diese ganzen weißen Almans. Ich dachte, deine Familie will vielleicht, dass du jemanden von eurem Land heiratest oder so?«

»Es könnte ja auch sein, dass ich einen charismatischen Libanesen kennenlerne oder dass ich Kinder mit einem polnischen Juden bekomme. Dann wären meine Kinder muslimisch-jüdische Polen-Afrikaner mit deutschem Pass.«

»Bist du Moslem, Zazie?« Er wandte sich seinen Freunden zu. »Ey, wusstet ihr, dass Zazie Moslem ist?«

Die Jungs lachten. »Sag *wallah!*«, forderte einer der beiden sie auf.

Sie fragte sich, warum sie es Ayoub gegenüber so hatte klingen lassen, als lebte sie in einer postrassistischen Welt und verkehrte nur mit Kosmopolit*innen.

Es stimmte. Sie hatte bisher nur *weiße* oder Schwarze Männer gedatet. Woher kam diese Zweigeteiltheit ihres Liebeslebens? Ihre Schwester war der Meinung, es gehe dabei um Tabus und Identifikationen.

»Du lässt dir von Schwarzen Männern viel zu viel bieten, und weiße Männer bestrafst du für den Rassismus der Welt«, hatte Dieo mal zu ihr gesagt, was eine einwöchige

Kontaktpause zur Folge hatte. Bis heute wusste sie nicht genau, warum diese Aussage sie so getroffen hatte.

Ihr kam Nadir in den Sinn, ein wunderschöner großer Hip-Hopper mit Nasenpiercing. Sie hatte ihn einen Sommer lang angehimmelt, aber er hatte ihr kaum mehr als verstohlene Blicke zugeworfen. Die migrantischen Jungs in der Schule hatten sie gar nicht als Mädchen wahrgenommen, und wenn doch, hatten sie sie als Zeichen ihrer Zuneigung besonders heftig provoziert. Als gäbe es ein ungeschriebenes Gesetz, das romance mit Schwarzen Mädchen verbat. Auch die *weißen* Jungs legten es beim Flaschendrehen und Kartenknutschen nicht darauf an, neben ihr zu sitzen. Es war, als wollten sie erst mal die Standardversion ausprobieren (also *weiße* blonde, sehr schlanke Mädchen). An der Uni war sie dann plötzlich ein Männermagnet. Wenn man von zu Hause ausgezogen war, bis mittags schlief und ein paar Drogen ausprobierte, war es cool, Schwarze Frauen zu daten. Ihr wurde schlecht, wenn sie daran dachte, in welche Bereiche dieses unterdrückerische Gift hineinwirkte.

»Komm, wir spielen 'ne Runde *FiFa!*« Sie stand auf und holte die Controller, die in einem Schrank eingeschlossen waren.

Ayoub wählte wie immer Mané als Avatar und besiegte sie fünf zu zwei.

Als sie gegen sieben in ihrer Paillettenjacke das Restaurant betrat, saßen Lamine, Gabi, Feven, Nuri und Winta schon am Tisch. Nachdem sie alle umarmt hatte und ihr feuchte Küsse auf die Wangen gedrückt worden waren, fragte Lamine, womit sie auf ihren Abschluss anstoßen wolle.

»Ich nehme einen Martini auf Eis.« Sie setzte sich neben ihn.

Lamine bestellte eine Runde Aperitifs. Winta suchte ein

paar Vorspeisen aus. »Danach Alicha und Bamya für alle, was meint ihr?«

»Jetzt erst mal auf deinen ba-bösen Abschluss!«, sagte Lamine und erhob sein Glas.

Die anderen taten es ihm gleich. »Auf Zazie!«

Zazie schlürfte ihren Martini und sah in die Gesichter ihrer Freunde. Feven erzählte Gabi etwas hektisch von ihrem Tag, und Lamine checkte ununterbrochen sein Telefon.

»Was geht bei dir, Lamine?«

»Ich bin leider richtig abgefuckt vom Wochenende.« Er legte sein Telefon mit dem Display nach unten auf dem Tisch ab. »Sorry, habe ein bisschen Stress mit Nadja.«

»Ärger im Paradies?«

Er winkte ab. »Ach weißt du, es geht mal wieder um das R-Wort ...«

Zazie nickte.

»... dieser kleine Mikrokosmos Frankfurt, der ist okay, aber ich schwör dir, außerhalb davon: alles braun!«

»Welches Außerhalb?«

»Wir wollten Wellness machen, irgendwo in Nordhessen. Ist jetzt eh nicht so mein Ding, so herumzulaufen, mit nur so 'nem Lendenschurz um.«

Nuri griff über den Tisch und knautschte ihm die Wangen zusammen. »Im Lendenschurz hab ich dich viel zu lange nicht mehr gesehn, Bruder!«

Lamine lächelte und schob seine Hand weg.

Wie vertraut ihr sein Gesicht war. Irgendwo im Frankfurter Nachtleben hatte sie ihn kennengelernt, da musste sie achtzehn oder neunzehn gewesen sein.

»Wenn du mit ihr reden willst, musst du erst mal an mir vorbei!«, hatte er gerufen, wenn kleine Chabos ihr im Keller des *Travolta* zu nahegekommen waren.

Früher hatte er immer davon gesprochen, der erste Schwarze Bundesrichter Deutschlands werden zu wollen. Aber nach dem ersten Staatsexamen hatte er mit ein paar Freunden ein afrodeutsches Akademiker*innennetzwerk gegründet und bei einem Start-up angefangen.

Lamine trank einen Schluck Bier. »Nadja wollte unbedingt ins Spa.«

»Wenigstens musst du nicht mehr zelten gehen, Bruder.« Gabi steckte sich eine Portion Nüsse in den Mund. »Das war immer noch das Beste. Lamine auf dem Campingplatz zwischen Almans, die um elf Uhr dreißig Mittag essen!«

Lamine lächelte und wandte sich dann wieder an Zazie. »Du glaubst nicht, wie die Leute mich anstarren, wenn ich in der Provinz in einer Sauna auftauche. Das ist so back to the nineties, aber gefühlt Brandenburg in den Neunzigern.«

»Wir sind längst auf dem Weg in die Thirties, mein Lieber!«, sagte Nuri kopfschüttelnd.

Winta hatte ihnen zugehört. »Bei dir gibt's wenigstens noch den Schwarzer-Mann-Gruselfaktor. Wenn ich diesen alten Säcken im Bikini begegne, werde ich erst begafft und dann angebaggert. Und wenn's richtig scheiße läuft, kommt irgend so ein besoffener Karl-Heinz auf mich zu und labert mich voll.«

Zazie rollte die Augen.

»Neulich hat so ein Neunzigjähriger erst mal ganz unschuldig einen auf ›Woher kommen Sie denn ursprünglich?‹ gemacht, und ich dachte noch, ich muss dem vielleicht über die Straße helfen. Plötzlich flüstert der mir zu: ›Ihr habt die besten Ärsche.‹ Dieser Bastard.«

Zazie vergrub das Gesicht in den Händen, obwohl sie die Geschichte kannte. Nachdem Winta ihnen ausführlich erklärt hatte, was der Unterschied zwischen einem unschuldigen Opi und einem Karl-Heinz-Widerling war, erschien Dieo im Türrahmen.

»Hallo zusammen!«, sagte sie und klang mal wieder zehn Jahre älter, als sie war.

Sie umarmten sich, und Dieo holte einen Stuhl vom Nebentisch und setzte sich neben Zazie. »Ich hab vorhin noch mal das Gutachten überflogen. Dein Prof war ja total aus dem Häuschen!«

Zazie grinste verlegen. »Ich kann es irgendwie noch gar nicht richtig glauben.« Sie schmiegte sich an ihre Schwester. »Was willst du trinken?«

»Ich nehme, was du hast ...«

Als die Kellnerin an ihren Tisch kam, bestellten sie zwei Martinis.

»Hast du Ulrike schon die frohe Botschaft überbracht? Ich habe überlegt, ob wir alle zusammen essen gehen. Vielleicht willst du ihr auch Du-weißt-schon-wen vorstellen.« Dieo hatte die Stimme gesenkt. Als Töchter einer alleinerziehenden Mutter wussten sie beide immer, was vor wem geheim gehalten werden musste.

»Vergiss es!« Zazie nahm einen Schluck aus ihrem Glas und stellt es unsanft ab.

Dieo sah sie fragend an.

»Ulli hat es geschafft, wieder mit dieser Aus-dir-hätte-so-viel-werden-können-Nummer anzufangen. Wenn ich so einen Abschluss mit links geschafft hätte, wäre ja auch Medizin oder Psychologie drin gewesen – bla, bla, bla.«

Dieo legte ihr die Hand auf den Arm. »Mach dir nichts draus. Sie ...«

»Schon gut!«, unterbrach Zazie ihre Schwester.

»Jetzt erzähl doch mal, was du rausgefunden hast mit

deiner Arbeit, Frau Doktor«, rief Gabi genau zum richtigen Zeitpunkt in ihre Richtung.

»Im Grunde kann man das so zusammenfassen: Der Kapitalismus bringt den Typus Bernd Höcke hervor. Sie sind nicht Ausnahme, sondern ein basaler Teil von unserem System. Das Problem ist unser Menschenbild. Dieses ganze ›höher, schneller, weiter‹ bringt uns dazu, die Verletzlichsten unserer Gesellschaft auszugrenzen oder sogar eliminieren zu wollen.«

»Du klingst wie meine Dozenten früher!« Winta verstellte die Stimme. »Der Kapitalismus bringt diesen Typus hervor ...«

Lamine und Dieo wechselten einen schnellen Blick. Zazie nahm einen Schluck von ihrem Martini, stand auf und griff nach ihrer Paillettenjacke. »Ich bin mal kurz draußen.«

Vor dem Restaurant zündete sie sich eine Zigarette an. Nachdem sie zwei Züge geraucht hatte, stand Dieo neben ihr. »Was war das denn?«

»Ach, keine Ahnung, ich hab mich bei der Arbeit halt mal in was reingenerdet, und Winta hält es kaum aus, wenn ich darüber spreche. Sie sagt immer, ich würde dann wie eine Ann-Kathrin klingen.«

»Was?«

»Früher haben wir Mädchen mit Perlenohrringen und hochgeklapptem Kragen ›Ann-Kathrins‹ genannt.«

»Kann es sein, dass Winta gerne hätte, dass alles für immer beim Alten bleibt?«

»Kann es sein, dass du gerade die Psychoanalytikerin raushängen lässt?«

Dieo schmunzelte und zog den Gürtel ihres Mantels fester. »Abschluss, neuer Freund, du wohnst nicht mehr bei ihr um die Ecke, das sind viele Veränderungen. Vielleicht hat sie Angst, dich zu verlieren.«

»Du kannst es nicht lassen, oder?«

Dieo schüttelte den Kopf.

»Lass uns wieder reingehen. Und bitte erwähn Max nicht mehr. Ich will das in meinem Tempo machen.«

Als sie zurück ins Restaurant kamen, lief Gabi ihnen mit einem Tablett voller Shots entgegen.

Sie setzten sich wieder an den Tisch, Gabi verteilte die Gläser und prostete Zazie zu. »Auf deine Heimkehr. Du bleibst doch nicht in Offenbach nach deinem Abschluss, oder?«

Darüber kamen weder ihre Schwester, die dreifache Nordend-Mama, noch ihre Freund*innen hinweg: Sie war vor zwei Jahren in die ärmere kleine Schwester Frankfurts gezogen.

»Null – sechs – neun, halt«, sagte sie in der Hoffnung, die Haftbefehlreferenz würde die Diskussion im Keim ersticken.

Sie kannte nur wenige Hafti-Tracks, war nie im *Robert Johnson* gewesen und interessierte sich nicht für das, was Ulrike die »vibrierende Kunstszene Offenbachs« nannte. Sie hatte einfach eine schöne kleine Wohnung gefunden, die bezahlbar war, und mochte den Vibe der Stadt. Als sie sich kurz darauf auf den Weg zur Bar machten, wurde sie daran erinnert, warum sie den Umzug aus dem Frankfurter Bahnhofsviertel trotz aller Unkenrufe bisher nicht bereut hatte. Junkies, Sexarbeiter*innen und undefinierbare Unterweltler*innen kreuzten ihren Weg. Ein junger Vater mit Beanie, Boots und Pumphose umkurvte mit dem Kinderwagen einen neben dem Hauseingang kauernden Obdachlosen.

»Fucking hipsters«, hörte sie Lamine murmeln.

Dieo schob ihr Fahrrad noch bis zur Bar und verabschiedete sich dann mit einer innigen Umarmung von ihr. »Lass dich nicht unterkriegen, Schwesterchen«, sagte sie leise.

Es war lange nach Mitternacht, als Zazie nach Hause kam. Sie ließ sie die Pailettenjacke auf den Boden fallen und ging in die Küche. Auf dem Tisch lag das aufgeklappte Notizbuch, schemenhaft konnte sie den Afro der kleinen Zazie im Buch erkennen und dachte an den Spruch, den sie mal irgendwo gehört hatte: »A grown-up is a child with layers on.« Ihr Telefon vibrierte.

> Max möchte einen Song mit dir teilen: Mac Miller. Self Care.

Sie musste schmunzeln und antwortete sofort mit einem Herzen.

> <3 Oblivion will ich auch mal mit dir erleben.

5 SIMON

Simon blätterte durch den Onlinekatalog eines Reiseanbieters, der Laptop lag so auf seinem Schoß, dass Dieo aus dem Augenwinkel die Fotos eines Riads sehen konnte, in dessen Mitte ein beleuchteter Pool lag.

»Ich sage ja nicht, dass ich da nicht hinwill …« Sie kratzte ihren Joghurtbecher mit dem Löffel aus.

»Und weil wir beide nicht sagen, dass wir da nicht hinwollen, muss ich das irgendwann buchen.«

Sie schnaufte. »Du bist immer dabei, irgendwas zu buchen. Wenn wir im Riad sitzen, wirst du sowieso dauernd auf Ludgers Mails antworten. Wenn wir unterm Weihnachtsbaum sitzen, wirst du von den Nachtschichten übermüdet sein. So geht das immer weiter …«

Er wusste, dass sie gleich sagen würde, dass man so sein Leben verpasste, aber bevor es dazu kommen konnte, betrat Jonathan das Wohnzimmer. Er hatte gerade eine Stunde im Bad verbracht, und jetzt tropfte sein Haar auf ein Handtuch, das er sich über die Schulter gelegt hatte. »Was geht bei euch?«

Simon klappte den Laptop zu. »Deine Mutter und ich sind uns nicht ganz einig darüber, wie Sonntagvormittage verbracht werden sollten.«

Dieo stellte den Joghurtbecher auf der Armlehne des Sofas ab und rutschte zur Seite, sodass Jonathan sich neben sie setzen konnte. »Ja, Simon glaubt, man könne alles Wichtige von seinem Smartphone erfahren, und ich glaube, man sollte vielleicht einfach mal im Moment leben.« Sie strich ihrem Sohn über die Wange und setzte den prüfenden Blick einer Mutter auf. »Du bist ganz schön blass. Wirst du krank?«

»Nee, mir geht's gut.« Jonathan schob die Hand behutsam weg. »Ihr wisst ja, Adorno sagt, wir merken gar nicht, wie unglücklich wir alle sind, weil wir uns immer in den Konsum flüchten.«

Dieo beugte sich vor, um Simon demonstrativ einen ungläubigen Blick zuzuwerfen. »Woher kommt das denn jetzt?« Sie stand auf und ging in Richtung Küche.

Simon konnte sich ein Schmunzeln nicht verkneifen. »Hast du nicht mal erzählt, dass Florian in jungen Jahren auch immer mit seinen Freunden Rotwein getrunken und *Minima Moralia* gelesen hat?«, rief er ihr hinterher.

»Das hat nichts mit meinem leiblichen Vater zu tun!« Jonathan strich sich die nassen Haarsträhnen aus dem Gesicht. »Es gibt auf Tiktok einen, der viel über Adorno macht ...« Er zog sein Telefon aus der Hosentasche und zeigte Simon das Video eines höchstens Zwanzigjährigen, der ein Exemplar von der *Dialektik der Aufklärung* in der Hand hielt. »Das flasht mich ziemlich im Moment. Weißt du, Adorno meinte, dass Psychologie ...«, er sah jetzt in Richtung Küche, »nicht an das Grauen heranreicht.«

»Welches Grauen denn?«

Jonathan sperrte den Bildschirm seines Telefons und schüttelte dann den Kopf. »Das alles hier! Die Zerstörung unserer Lebensgrundlage zum Beispiel ...«

»Aha.«

Dieo kam zurück und drückte ihm eine Smoothieflasche in die Hand. »Und deshalb gehst du jetzt nicht mehr in die Schule?«

»Ich geh doch in die Schule! Außerdem will ich nach London.«

»Ich habe mich schon gefragt, warum du dich auf einmal für uns interessierst.«

Jonathan lächelte schelmisch, stand auf und griff nach Simons Laptop. »Wie ist dein Passwort?«

»Gib mal her, ich mach das!«

Während Jonathan Dieo erklärte, dass er in London zusammen mit seinen Freunden den Versuch unternehmen würde, Beziehungslosigkeit und autosoziale Kälte zu überwinden, klickte Simon sich durch die Angebote.

»Ich hab hier ein paar Anbieter für Sprachreisen gefunden, guck mal.«

»Bene und ich wollten eigentlich vor allem die Thrift-Shops dort auschecken, ein bisschen chillen. Am liebsten in Ost-London.«

Dieo hatte sich inzwischen an den Tisch gesetzt und ihren Laptop aufgeklappt. »Ich verstehe gar nichts mehr. Was hat das denn alles miteinander zu tun?«

»Gar nichts. Jonathan will halt in London Ale trinken und allen erzählen, was in der Welt falsch läuft. So wie alle jungen Menschen das schon immer wollten.«

»Siehst du, Mama, mal wieder versteht mich der, mit dem ich nicht blutsverwandt bin, am allerbesten.«

Dieo sah auf die Uhr. »Können wir erst mal entscheiden, was heute mit den Kleinen passiert? Ich muss noch einen Therapieantrag schreiben.«

»Ich schicke dir die drei besten Angebote, Joni. Dafür

musst du mich und die Kleinen aber ins Museum begleiten. Otis geben wir in der Bastelwerkstatt ab, und wir schauen uns eine Ausstellung über Geld an.«

»Über Geld?« Dieo hob eine Augenbraue.

»Ja, die Geschichte des Geldes. Finde ich wichtig …«

Jonathan stand auf und klopfte an die Zimmertür der Kleinen. »Wir gehen ins Museum!«

Kurz darauf war ein Rumpeln zu hören.

Dieo sah auf ihr Telefon. »Papis hat mir vorhin geschrieben, dass er in Frankfurt ist. Ich sag ihm, er soll sich bei euch melden, er kommt sicher gern mit. Wir können ja heute Abend alle zusammen essen.«

Wenig später meldete Simon Otis in der Kinderwerkstatt an. Aus irgendeinem Grund liebten Vierjährige es, wenn Studentinnen mit ihnen Roboter aus Elektroschrott bauten. Leander stand im Foyer des Museums und spielte auf seinem neuen Smartphone *Candycrush*, während Jonathan und er sich im Museumsshop umsahen.

Papis betrat erst eine halbe Stunde später das Museum durch die Glasdrehtür. Er sah wie immer aus, als wäre er aus den 1980er-Jahren angereist und hätte einen Vortrag über deutsche Philosophen gehalten: brauner Trenchcoat, den karierten Schal dandyhaft um den Hals geworfen. Auf seinen kurz geschorenen Haaren saß eine Lesebrille, die bessere Tage gesehen hatte.

»Entschuldigt, ich habe den Fehler gemacht, mich am Bahnhof ansprechen zu lassen! Ein junger Afrikaner hat mir sehr gute Restauranttipps gegeben …«

»Kein Problem, ich habe Otis schon mal nach oben gebracht. Wir wollten uns die Ausstellung über die Geschichte des Geldes anschauen.«

Simon kaufte vier Tickets für die Ausstellung bei der jungen Frau am Empfang. Sie sah Papis mit einem faszinierten, beinahe liebevollen Blick an.

»Merci, Simon! Das ist genau richtig für uns. On y va!«

Als sie die Treppe zur Ausstellung hochgingen, legte Papis den Arm um Jonathan.

»Was weißt du über Geld, mein Lieber?« Simon hörte ihn davon sprechen, dass es die Welt regiere, und verkniff sich einen Kommentar.

»Guck mal, so hat man früher bezahlt. Bevor es Kreditkarten und Internet und so gab«, erklärte Jonathan seinem kleinen Bruder, als sie vor einer Vitrine mit Münzen und Geldscheinen standen. Papis hatte sich etwas von ihnen entfernt, die Arme hinter dem Rücken verschränkt und schritt betont lässig durch die Ausstellung.

»Wieso braucht man denn Internetz zum Bezahlen?«, fragte Leander, und sein Bruder erklärte ihm, was passierte, wenn Dieo online neue Kleidung für die Kleinen bestellte.

»Es gibt riesige Lager voll von T-Shirts und Schuhen und Hosen in allen möglichen Größen. Und wenn es aus der Mode ist, wird vieles weggeschmissen.«

Leander nickte betroffen.

»Früher hat sie alles für mich auf dem Flohmarkt gekauft. Das war besser für die Umwelt. Mama hat sozusagen was für die Umwelt gemacht, weil wir ärmer waren. Toll, oder?«

Leander dachte einen Moment lang nach. »Die Kinder, die deine Sachen vorher anhatten, sind dann ein bisschen wie deine großen Brüder.«

»Stimmt, die Sachen werden so lange weitergegeben, bis sie wirklich kaputt sind.«

Papis stand plötzlich wieder neben ihnen. »Manche Menschen verschenken auch alles, was sie haben, und leben nur mit dem Allernötigsten. In der Antike gab es einen Mann, der hatte am Schluss nur noch einen Becher, und selbst den hat er verschenkt, als er gesehen hat, wie ein Kind mit seinen Händen einen Kelch geformt hat, um aus einem Brunnen zu trinken.«

»Ich wusste gar nicht, dass du dich auch mit griechischer Mythologie auskennst!«, sagte Jonathan begeistert. »Als ich klein war, habe ich immer Sagen gehört.«

»Genau genommen ist das keine Mythologie. Diogenes war eine historische Person, du wirst dich in der Schule mit ihm befassen, nehme ich an.«

Jonathan nickte und setzte dazu an, etwas zu sagen, aber Papis dozierte schon weiter: »Im Grunde brauchen wir nicht viel, wir Menschen. Diogenes hat etwas verstanden: Es geht um Einfachheit im Leben, nicht wahr?«

Simons Handy klingelte.

»Hör mal, wir müssen noch mal an den Glaston-Pitch ran. Am besten innerhalb der nächsten zwei Stunden. Schaffst du das?«, sagte Ludger ohne Umschweife, als er abgenommen hatte. Er sah auf die Uhr und wusste, dass Dieo ihn vierteilen würde.

»Wir sind gerade im Museum, gib mir 'ne Stunde, ich bringe noch die Kinder nach Hause und komme dann ins Office.«

»Tut mir echt leid, dass ich euer Familienidyll so interrupten muss!« Ludger legte auf.

Simon wandte sich an die anderen. »Leute, ich fürchte, ich muss heute noch mal zur Arbeit!«

»Oh echt?!« Leander verzog das Gesicht. »Bringt uns dann Joni nach Hause?«

Simon sah Jonathan an und überlegte, wie er seinen ältesten Sohn dafür entschädigen könnte, dass er ab jetzt allein mit Papis und den Kleinen war.

»Ihr könntet noch einen Abstecher zur Eisdiele machen, den Jungs Waffeln mit Vanilleeis kaufen, und dann macht ihr euch so gegen sechs auf den Heimweg.«

»Und Mama sagen wir, dass du noch ganz lange bei uns warst«, ergänzte Leander.

»Wir verstehen uns«, sagte Simon mit einer Mischung aus Ernüchterung und Stolz.

6 DIEO

Dieo sah in ihren Kalender, obwohl sie genau wusste, welche Termine ihr an diesem Morgen in der Beratungsstelle bevorstanden. Zuerst würde sie ein Elternpaar treffen, zwei Distinktionsneurotiker aus dem Nordend, dann eine Mutter, mit der sie meist mitweinen wollte, wenn diese von den psychotischen Episoden ihres Mannes erzählte, und schließlich stand noch ein Sozialkompetenztraining mit Achtjährigen auf dem Plan. Auf dem Schreibtisch stand eine halb volle Tasse Kaffee, die ihre Kollegin, die das Büro gestern genutzt hatte, vergessen haben musste. Ein Raum für mich, dachte sie, ich kann es kaum erwarten. Auf dem hellen Laminat standen ein paar Stühle, die nicht zusammenpassten. Den türkisfarbenen Sitzball hatte sie vor das Regal gerollt, in dem hinter weißen Lamellen Dutzende Akten lagerten. Hier, in der Beratungsstelle, umgab sie ein Potpourri, das analytische Ausbildungsinstitut hatte genaue Vorstellungen, was in einen Therapieraum gehörte und was nicht. Sie studierte die Liste. Würde sie bei *Möbelum* eine Babypuppe kaufen können? Oder ein Puppenhaus? In jedem Fall würde sie sich Sofas anschauen und außerdem nach neuer Bettwäsche suchen.

Einige Stunden später stand Dieo in der Garageneinfahrt der Beratungsstelle. Ulrike war seit zehn Minuten angeblich direkt um die Ecke. Ihr fiel in solchen Momenten immer Siddharta ein, der Erleuchtung einfach durchs Warten und Beten gefunden hatte. Sie hätte bereits als Siebenjährige erleuchtet sein müssen, wäre das der Schlüssel zu Gelassenheit und Gleichmut.

Simon hatte ihr immer wieder Links zu exzentrischen Designerstühlen geschickt, und sie hatte sich vollkommen missverstanden gefühlt.

Du meinst, darauf soll der bindungsgestörte Junge sitzen, der immer seine Popel an den Polstern abschmiert? Oder: *Viel zu schick! Ich bin Kindertherapeutin, keine New Yorker Anwältin.*

Ulrike kannte die Codes der Psychotherapeuten, das unbehandelte Holz, die erdfarbenen Töne. Bei den Lieferzeiten für Möbel konnte sie sich nicht leisten, ewig auf Pinterest herumzusuchen und sich zu fragen, ob sie eher der Typ für Kelim und bestickte Kissen oder skandinavisches Design war. Also *Möbelum* mit ihrer Mutter.

Der kleine rote VW bog endlich in die Nordendstraße ein, und Dieo sah hinter der Windschutzscheibe Ulrike, im ungekämmten Haar ihre Lesebrille und um die Augen gewaltige Mengen Mascara.

»Entschuldige, Dieo, ich wollte mir noch einen Kaffee zum Mitnehmen holen – der im Institut schmeckt nicht –, da habe ich kurz, wirklich nur ganz kurz, in einer Einfahrt gehalten und dann kam eine wahnsinnig gewordene Anwohnerin auf mich zu. Was mir einfalle, ihre Einfahrt zu blockieren, bla, bla, bla. Na ja, ich habe jedenfalls ein bisschen überreagiert, und sie will mir jetzt ihren Anwalt auf den Hals hetzen. Soll sie doch.«

Dieo versuchte, mit der Hand das Heu zu entfernen, das den Beifahrersitz bedeckte.

»Verzeih das Chaos. Wir waren am Wochenende auf dem Dottenfelder Hof. Da gibt's Käse, sag ich dir, unfassbar lecker.« Sie klopfte auf die Sitzfläche, so als änderte das etwas daran, dass Dieos Strickmantel gleich mit Heu bedeckt wäre.

»Jetzt holen wir dir auch erst mal einen Kaffee. Du siehst ganz blass aus! Ich sehe dir doch an der Nasenspitze an, dass du dich wieder vollkommen übernommen hast. Du weißt ja, dass wir das für eine narzisstische Größenfantasie halten, dauernd alles hundertfünfzigprozentig machen ...«

Dieo hörte ihr nicht mehr zu. Ihre Mutter war eine Meisterin darin, das Leben ihrer Töchter zu analysieren und zu wilden Diagnosen zu kommen. Die eine tat zu viel, die andere zu wenig. Die eine war zu impulsiv, die andere zu lethargisch.

»So, da wären wir«, sagte Ulrike zufrieden, als sie das Auto eine halbe Stunde später schräg auf zwei Parkplätzen abgestellt hatte.

Dieo kramte einen Zettel aus ihrer Hosentasche. »Ich möchte nicht durch die Gänge schlendern, sondern gezielt nach dem suchen, was hier auf meinem Zettel steht. Was wir hier nicht bekommen, bestelle ich online.«

Ulrike war bereits schnellen Schrittes auf dem Weg in das benachbarte Bettengeschäft, und Dieo blieb nichts übrig, als ihr zu folgen.

»Aber nur ganz kurz, ja? Ich wäre gerne gegen sechs bei Zazie«, sagte sie hilflos.

Während sie durch die Bettenausstellung spazierten, beschrieb Ulrike ihre Vision des Behandlungsraums. »Ich stelle mir *Woody Allen meets Mary Poppins* vor. Du brauchst das Flair einer New Yorker Praxis, aber die Gemütlichkeit britischer Kinderzimmer.« Sie legte sich auf ein Boxspringbett und klopfte mit der flachen Hand auf die Matratze. »Probier doch mal, wie auf Wolken.«

Dieo streckte sich neben ihr aus und sah an die Decke. »Das ist wirklich gut.«

»Weißt du, ich denke viel über deine Schwester nach in letzter Zeit. Ich weiß, du willst nicht, dass ich etwas bei dir platziere, was eigentlich Zazie gilt, aber du musst wissen, es ist sehr schwer, mit ihr in Kontakt zu treten. Uns fehlt dann dein ausgleichendes Gemüt.«

Dieo nickte. »Ich weiß.«

»Als sie mir ihr Abschlusszeugnis gezeigt hat, wäre sie beinahe ausgerastet.«

»Bitte, Mama, zieh mich da nicht rein, ja? Mach das mit Zazie aus. Frag sie, was los ist, erkläre dich. Du weißt, wie es geht!«

Ulrike nickte und begann dann, von der Arbeit zu sprechen. Als sie endlich das Möbelhaus betraten, hatte es Dieo längst aufgegeben, den Redefluss ihrer Mutter unterbrechen zu wollen. »Ich behandle gerade so einen Mann, ich weiß gar nicht mehr, was der beruflich macht, aber ich sage dir, der ist bei der AfD oder so was. Ich bemühe mich ja wirklich um Neutralität, aber der Typ …«

Sie träumte sich davon und merkte erst nach einer Weile, dass Ulrike bereits vier Sofakissen, eine Decke, Kaffeetassen und einen Teppich in den Einkaufswagen gepackt hatte. »Bilder kauft man nicht im Möbelhaus. Schrecklich provinziell, diese Leute, die sich auch noch ihren Kunstgeschmack von Massenunternehmen vorschreiben lassen. Nein, nein, da musst du ins Domviertel.«

Ulrike hievte gerade vier Kartons auf den Wagen, die recht schwer zu sein schienen. »Kannst du mir mal helfen!« Sie sah Dieo gereizt an.

Dieo spürte, wie ihr Puls anstieg und ihre Handflächen feucht wurden. Sie wusste, gleich würde etwas aus ihrem Mund schießen, das sie bereuen würde. »Moment mal! Kannst du vielleicht mal fragen, bevor du alles über meinen Kopf hinweg aussuchst?«

Ulrike hob die Hände. »Schon gut, schon gut! Ich wollte ja nur helfen. Du kannst deinen Scheiß auch allein machen.«

Dieo schloss kurz die Augen.

»Wenn du mich nicht brauchst, warum hängst du dann so lethargisch in den Seilen? Ich meine, es kommt mir so vor, als hättest du an nichts Freude. Dauernd muss man dich animieren. Und dann bin ich die übergriffige Mutter, die ihrer Tochter nicht den Raum zur Selbstentfaltung lässt.«

»Mama, das stimmt doch gar nicht ...« Dieo schob den Wagen in Richtung Kassen. Kolleginnen aus dem Institut würden sie garantiert auf die besonders geschmackvollen Kissen ansprechen. Ulrike hatte ein Händchen für diese Dinge, das musste sie ihr lassen. Sie konnte durch das Dekorieren einer Weihnachtstafel erwachsene Menschen in solch eine Verzückung versetzen, dass sie bereit waren, wieder an den Weihnachtsmann, seine Rentiere, Wichtel, Elfen und Gnome zu glauben. Einige Stunden später aber war ebenfalls sie diejenige, die mit spitzen Bemerkungen dafür sorgte, dass den Gästen der Appetit verging.

»Ich warte draußen«, zischte Ulrike, als sie sie eingeholt hatte, und zog ab.

Dieo brauchte noch immer einen Tisch. Sie sprach einen etwa vierzigjährigen Mitarbeiter an, auf dessen Namensschild »Dirk« stand.

»Entschuldigen Sie ...«

»Kein Grund, sich zu entschuldigen! Wie kann ich der jungen Dame denn behilflich sein?«

Dirk war dicklich und blass.

»Ich suche einen Schreibtisch.«

»Mhm.«

»Also, ich arbeite als Therapeutin, und ich sitze mit meinen Patienten am Tisch.«

»Soso. Patienten. Und mit denen reden Sie dann über Gefühle?«

»Ja. Oder wir malen oder spielen Brettspiele.«

Er ging zu einer kleinen Nische mit einem Pult, auf dem ein Computer stand. »Das ist ja mal 'ne Therapie, die ich mir gefallen lassen würde.«

»Ich behandle Kinder.«

Er tippte auf der Tastatur herum. »Ne, dann bin ich natürlich etwas zu reif für Ihr Klientel. Was halten Sie denn von dem hier?« Er drehte den Laptop so, dass sie auf dem Bildschirm einen quadratischen Tisch aus Holz sehen konnte.

»Der ist perfekt.« Ihr kamen die Tränen.

»Nunu, kein Grund zu weinen, junge Dame. Ich habe schon gehört, dass ich gute Arbeit mache. Aber zum Weinen habe ich mit meiner Kunst der Kundenberatung noch niemanden gebracht.«

Dieo musste schmunzeln. »Vielen Dank.«

Dirk half ihr, das Paket in den Wagen zu laden. Danach irrte sie noch ein wenig in der Geschirrabteilung umher und überlegte, ob sie sich ein Teeservice kaufen sollte. Wie wunderbar es doch wäre, wenn eine Verabredung zum Tee mit ihrer Mutter einfach nur Tee und Kekse, wenn ein Einkauf nur einkaufen bedeuten würde.

Als sie bezahlt hatte, sah sie Ulrike an der Möbelausgabe wild gestikulieren.

Sie legte den Arm um einen großen, schlaksigen Afroamerikaner und betrachtete mit ihm zusammen eine vier Meter lange Küchenzeile. Als Dieo sich den beiden näherte, winkte sie ihr fröhlich zu.

»Jermaine, das da ist meine Tochter Dieo. Sie hat gerade Möbel für ihre Praxis eingekauft, sie ist ihrer Mutter zwar in den Psychotherapeutinnenberuf gefolgt, aber kümmert sich um die Kinder. Das war bei Freud auch so ...«

Jermaine nickte Dieo zu.

»Ich bin natürlich wahnsinnig stolz, wie du dir vorstellen kannst!«

Dieo zweifelte für einen kurzen Moment an ihrer Erinnerung. Hatte sie in ihrer Aufregung überreagiert?

»Hallo«, sagte sie resigniert und ließ sich in einen Korbsessel fallen.

»Jermaine hat seine Kollegen angerufen. In spätestens zwei Stunden sind meine neue Küche und ich in der Friedrichstraße. Und die paar Sachen, die du gekauft hast, kriegen wir auch noch unter, oder?«

Dieo stöhnte. »Zwei Stunden? Dann lass uns was essen gehen, ich habe Hunger.«

Als sie am Cafétisch vor dem Bettengeschäft standen und Dieo in ein belegtes Brötchen biss, begann Ulrike, ihr von einem Telefonat mit Oma Rose zu erzählen. »Ich habe wirklich versucht, mich frühzeitig aufs Weihnachtsfest einzustimmen. Am ersten Advent habe ich sie angerufen. Nach zwölf Minuten hatten wir uns dermaßen in den Haaren, dass ich mir einen Alternativplan überlegt habe.«

»Was meinst du damit?«

»Ich fahre Mitte Dezember nach Ceylon für eine Ayurveda-Kur.«

»Nennt man das noch so?«

Ulrike hielt ihr das Smartphone vors Gesicht. *Santana Lake Resort – zwischen Luxus und Minimalismus,* las Dieo.

»Und was ist mit Oma? Ich meine, was ist, wenn das ihr letztes Weihnachten ist?«

Ulrike rollte die Augen. »Das sagen wir seit zwanzig Jahren. Ich gehe bald in Rente und feiere, seit ich denken kann, mit meiner Mutter Weihnachten. Es ist Zeit für was Neues!«

Dieo steckte sich den letzten Bissen ihres Brötchens in den Mund. »Sehe ich ein …«

»Echt?« Ulrikes Gesichtszüge hellten sich auf.

»Ja, echt! Ich meine, irgendwie braucht es vielleicht auch mal eine neue Weihnachtstradition.«

Jermaine kam aus der Einfahrt des Möbelhauses gelaufen und gab ihnen dann ein Zeichen, dass es jetzt losgehe.

»Mal sehen, was ich mit der alten Küche mache. Die will bestimmt keiner mehr«, sagte ihre Mutter.

Während sie zum Auto liefen, hakte sie sich bei ihr unter.

7 ZAZIE

Zazie schenkte sich eine Tasse Tee ein und blätterte eine der letzten Seiten von *Schwierige Frauen* um. Auf Roxane Gay war Verlass. Sie leuchtete die Abgründe dieser rassistischen und zutiefst widersprüchlichen Welt aus und schaffte es dabei, sie zum Schmunzeln zu bringen. Eigentlich hatte sie sich das Buch für einen Urlaub mit Winta aufheben wollen, hatte ihr ihre Lieblingsstellen vorlesen wollen, während sie gemeinsam auf einem riesigen Strandtuch lagen. Wenn sie sich Insta-Reels von Janaya Khan ansah, machte sie sich Notizen von allem, was sie ihrer Freundin beim nächsten Treffen erzählen wollte. Wenn sie ein Interview mit Zadie Smith gelesen hatte, wollte sie mit ihr darüber diskutieren, ob Identität wirklich ein »pain in the arse« war, und wenn sie hörte, dass die Idee der bürgerlichen Kleinfamilie eine ungerechte Arbeitsteilung zementiere, wollte sie sie anrufen und dann gemeinsam mit ihr, Lamine und Feven über alternative Lebensmodelle nachdenken. Nach der Pandemie hatten sie in einer Phase der Euphorie und des Tatendrangs vorgehabt, ein afrodiasporisches FLINTA*-Netzwerk zu gründen, sie hatten in ihrer Küche zu Lizzo getanzt, einander die Haare gemacht, Cookies gebacken, *Love Island* geschaut.

Zuerst waren sie wegen des Virus in ihren Wohnungen gefangen gewesen – und kurz darauf in ihren Karriereplänen, Jobs, familiären Verpflichtungen und nicht zuletzt in ihren bedrückten Köpfen. Der Bildschirmhintergrund ihres Telefons zeigte sie alle auf einer großen Decke im Brentanobad. In letzter Zeit wurde dieses Bild meist von den Absagen ihrer Freund*innen und Push-Mitteilungen zerschnitten, über die sie sich alle aufregten.

Zazie stand energisch auf, öffnete den Kühlschrank und nahm eine Dose Guavensaft heraus. Sie dachte an die Sexarbeiterinnen, die Baldwin gefragt hatten, wo er denn hingehöre, und seine Begegnungen mit Menschen, denen er entgegenrufen wollte: »Na zu dir!« Sie trank einen Schluck und sah sich in dem Zimmer um, das nicht ihr Schlafzimmer war, aber auch nicht Wohnzimmer genannt werden konnte. Während der Pandemie hatte sie sich vorgestellt, dass sie jeden zweiten Abend gemeinsam mit den anderen hier Falafel von *Damaskus* oder Pizza von *Rimini* essen würde, wenn der Spuk vorbei war.

Ihr Handy vibrierte, und sie wusste, dass Max sie nun pseudounverbindlich um ein Wiedersehen bitten würde.

»Wer stört?«, fragte sie und genoss, dass sie ihn immer noch so leicht verunsichern konnte. Er räusperte sich und kündigte an, er werde heute Abend vorbeikommen, weil es in der WG zu laut sei, und sie könne jetzt darüber mitentscheiden, was er zu essen besorge.

Sie nahm einen Schluck Saft. »Ich habe heute Jour fixe mit meiner Schwester, aber du kannst gegen halb zehn vorbeikommen.«

»It's a date!«, antwortete er. »Mir ist außerdem aufgefallen, dass ich eine wichtige Frage noch nicht geklärt habe ...«

»Welche denn?«

»Bist du eher eine Vanillekipferl-Typ oder stehst du auf so was Ekelhaftes wie Zimtsterne?«

Sie musste grinsen. »Strong opinions auf jeden Fall.«

»Ich bringe heute Abend was mit, aber wenn ich dann feststelle, dass du Zimtsterne oder noch schlimmer Kokosmakronen isst, können wir uns erst nach Weihnachten wiedersehen.«

Sie schwiegen einen Moment lang.

»Max?« Sie wollte noch nicht, dass er auflegte. »Wohin gehörst du eigentlich?«

»Was meinst du damit?«

»Ich meine, an wen denkst du, wenn du, sagen wir, neue Musik entdeckt hast oder etwas gelesen hast, das dich total aufregt?«

Er zögerte einen Moment, und dann sagte er, dass seine Antwort ihr vielleicht nicht gefallen würde.

Sie seufzte. »Die Community ist tot«, murmelte sie. »Bis später. Ach und: Ich esse nur Butterplätzchen, Lebkuchen und Vanillekipferl.«

»Dachte ich's mir doch.«

Er war schön und hatte etwas Zartes. Er roch gut und versuchte, sie zum Lachen zu bringen. Witzig war er nicht besonders. Eher unfreiwillig, aber das zählte nicht. Wenn sie ehrlich war, war er im Rahmen des Möglichen perfekt. Es war eher sie, die nicht so recht wusste, was dieses ganze Lieben sollte. Es gab doch so viel anderes, was sie beschäftigte. So viel, was sie noch sehen und durchdenken und bewegen wollte. Dieser ganze Rückzug ins Private ging ihr auf den Senkel: Netflix schauen, was Leckeres kochen, Freund*innen auf ein Bier treffen. Das alles war im Grunde unterlassene Hilfeleistung, schließlich gab es so viele, die ständig vom Leben auf die Fresse bekamen. Es waren die Selbstbezogenheit und Ignoranz gegenüber den Katastrophen der Gegenwart, die dieses System von ihnen verlangte.

Max wollte schon wenige Wochen nachdem sie sich kennengelernt hatten, nicht mehr die Nächte durchdiskutieren. Er wollte in ihrem Arm liegen und seufzen, kurz bevor er einschlief. Er wollte sich in der »Gemütlichkeit« ihrer Wohnung einnisten. Hören, wie ihr Tag war, und von seinem erzählen. Als wäre es nicht immer das Gleiche: »Wir haben gerade voll den Stress in der Werkstatt. Meine Schultern bringen mich um. Hast du Handcreme da?«

Anfangs hatte sie gedacht, er als Arbeiter*innenkind würde verstehen, was es hieß, Unterdrückung zu erleben. Aber am Ende war er ein weißer Mann. Er profitierte davon, wenn die gegebenen Verhältnisse nicht auf den Kopf gestellt wurden. Menschen wie er oder Simon sahen einen irritiert an, wenn man die Ruhe in ihrem sorgsam eingerichteten, hochindividualisierten Reich störte, indem man über die Opfer im Mittelmeer sprach. Max hatte zu Beginn der Pandemie viel Zeit auf Social Media verbracht und war auf Demos gegangen. Sie glaubte ihm, dass er sich gegen Rassismus einsetzen wollte, irgendwie. Was ihm aber fehlte, war eine eigene, ernste und schmerzhafte Motivation für diesen Kampf.

An Dieo und Simon konnte Zazie seit Jahren beobachten, wie bestechlich Menschen mit einem guten Herzen und einem klugen Kopf waren, wenn es um soziale Ungerechtigkeit ging. Simon hatte sich von einem sympathischen VWL-Studenten, der vorgehabt hatte, mathematisch das Problem der Armut auf der Welt anzugehen, zu einem dieser Tech-Lemminge mit Geheimratsecken entwickelt. Plötzlich waren alle taub auf dem Kapitalismusohr. Dieo machte ihre dekadente Ausbildung, und die Kinder fanden die Urlaube in Südostasien geil.

Zazie konnte sich nicht vorstellen, ihr Leben mit einem Max zu verbringen, dessen Traum es war, sommers in einem kleinen Dorf in Italien jeden Abend Pasta zu essen. Es würde sie nicht allzu sehr überraschen, wenn er in einigen Jahren eine Luisa oder Laura heiraten und ein paar biodeutsche Durchschnittskinder bekäme. Und sie? Wo sah sie sich in zehn Jahren, wenn sie siebenunddreißig war? Würde sie noch im JUZ arbeiten und wie Achim vor Erschöpfung zusammenbrechen, wenn der wöchentliche Großeinkauf anstand? Oder würde sie im Wissenschaftsbetrieb arbeiten? An der Uni? Wäre sie auf dem Weg zur Professur für Macht- und Diskriminierungskritik mit Lehraufträgen in London und Dakar? Hätte sie drei Kinder mit einem senegalesischen Aktivisten? Oder würde sie in einem Reihenhaus in Hanau leben und in Teilzeit für einen Träger der Jugendhilfe arbeiten?

»Na, zu dir!«, wollte sie eigentlich Roxane Gay und Baldwin zurufen. Sie fühlte sich den Geschichten, die Menschen irgendwo auf der Welt erfanden, inzwischen näher als Winta oder Lamine, Dieo oder Simon. Max aber – das musste sie zugeben – war gleich nach dem Alleinsein und Lesen ihr liebster Zeitvertreib.

Ihr Handy vibrierte und zeigte an, dass Max ihr einen Youtube-Link geschickt hatte. Kendricks Video zu ihrem Lieblingssong auf dem neuen Album war veröffentlicht worden. Er tanzte in einen weißen Vega-Anzug gekleidet durch ein Hotelzimmer, telefonierte in gestreiftem Bademantel mit einem 1990er-Jahre-Telefon. *Rich Nigga, broke phone. Tryna keep the balance, I'm stayin' strong.* Den Song im Ohr setzte sie sich an den Küchentisch. Ihr Blick fiel auf das

Notizbuch im Regal, und sie entschied, dass es Zeit für ein neues Kapitel über Zazie und ihre Reise zu den Ahn*innen wäre. Als sie das Buch vor sich liegen hatte, zeichnete sie eine Gruppe von Menschen in bunt gemusterten Gewändern. Drei saßen auf kleinen Hockern zusammen und unterhielten sich, während eine Frau auf einer Feuerstelle kochte. Kinder spielten auf dem sandigen Erdboden. Die kleine Zazie sah mit einer Mischung aus Sehnsucht und Wut in Richtung ihrer Verwandten.

»Wo wart ihr?«, fragte Zazie und unterbrach ihr munteres Treiben. »Ich habe euch gebraucht!«

Sie blickte in ihre Augen und erkannte, dass auch sie sie vermisst hatten.

Es klingelte, und sie sah auf die Uhr. War das etwa schon Dieo? Ihre Schwester schaffte es regelmäßig, viel zu früh bei ihr zu erscheinen.

»Ich bin's, sorry, ich habe mich gerade mit Ulrike getroffen und bin jetzt direkt hergekommen. Dachte, ich brauche länger!«, hörte sie sie durch die Gegensprechanlage sagen. Zazie räumte eilig die Stifte zusammen und verstaute das Notizbuch im obersten Regalfach. Während sie Dieo die Treppe hochsteigen hörte, fragte sie sich kurz, wann sie sich trauen würde, ihr ihre Zeichnungen zu zeigen. Zuerst, entschied sie, würde sie beim nächsten Babysitten ihren Neffen von den Abenteuern der kleinen Zazie erzählen. Vielleicht würde es auch dabei bleiben.

8 DIEO

Dieo saß seit einer Stunde am Küchentisch ihrer Schwester und hatte den Eindruck, der Nachmittag mit ihrer Mutter sei eine Art schräger Traum gewesen.

»Und wer war dieser Jermaine?«, fragte Zazie, während sie den Falafelteig umrührte.

Die Küche roch muffig, sie hatte ständig den Drang, Krümel wegzufegen oder etwas zu sortieren.

»Ein Mitarbeiter vom Möbelhaus, glaube ich. Genau ihr Beuteschema: working class, Schwarz und ein bisschen zwielichtig.«

Zazie formte mit zwei Esslöffeln kleine Bällchen, die sie in das heiße Fett gleiten ließ. »Und bist du sicher, dass er zwielichtig war und nicht einfach nur Schwarz?«, fragte sie. Dieo zuckte mit den Schultern. »Ich hatte den Eindruck, er hat ihr diese Küche ziemlich aufgeschwatzt.«

Zazie hob mit zwei Löffeln ein Falafelbällchen auf ein Stück Küchenpapier. »Und, du weißt, dass wir alle working class sind …«

Dieo seufzte. Nicht einmal über ihre Mutter konnte man sich in Ruhe auslassen, ohne eine Lehrstunde zu bekommen.

»Aha.« Sie versuchte, möglichst neutral zu klingen.

»Das Interessante ist ja, dass Leute wie du und Simon

sich so dringend abgrenzen wollen von der working class. Dabei haben wir mit denen mehr gemeinsam als mit den Ludgers und Karl-Georgs dieser Welt.«

Dieo wusste nicht genau, wen Zazie mit Karl-Georg meinte. Es war ihr auch ziemlich schnuppe.

»Jedenfalls war Jermaine ihr Verbündeter. Mal wieder jemand, der mir zu verstehen gegeben hat, dass ich doch meiner ach so charmanten Mutter nicht böse sein darf.«

Zazie nickte wissend und biss in ein Falafelbällchen. »Au! Heiß!«, schrie sie und ließ es auf den Boden fallen.

Dieo stand auf, um ihr ein Glas Wasser einzugießen.

»Hier, setz dich. Ich mache den Rest.«

Bereits mit acht Jahren war Zazie eine bessere Köchin als Dieo und Ulrike gewesen. Zu ihrem neunten Geburtstag hatte sie sich ein Kochbuch für Hausmannskost gewünscht und Kartoffelsuppe, Reibekuchen und Aufläufe zubereitet. Dieo hatte die Suppen garniert und die farblich passenden Getränke ausgesucht.

»Ich habe Johannisbeersaft dabei«, sagte sie. »Passt zu den pinken Rüben.«

»Ich mag es, dass Ulrike immer die Nähe zu marginalisierten Menschen gesucht hat«, sagte Zazie, als sie mit dem Essen fertig waren.

»Kaufst du ihr das ab? Ich meine, nach ihrer Reaktion auf deinen Abschluss?«, fragte Dieo und biss sich auf die Lippen. Eigentlich hatte sie sich fest vorgenommen, nicht mehr zu zündeln.

Zazie berührte ihr Nasenpiercing und verschränkte dann die Arme.

»Ja, ich will es zumindest. Das mit uns ist doch so eine Art transgenerationale Neurose.«

Dieo dachte, dass das eine treffende Beschreibung war – Ullis Ansprüche an ihre Töchter hatten viel mit Rose und wahrscheinlich auch mit deren Mutter zu tun.

Zazie schob ein paar Krümel auf ihrem Teller hin und her. »Ich denke im Moment viel über Zugehörigkeit nach und … Na ja, es kommt mir so vor, als wäre das das Problem.«

»Wessen Problem?«

»Meins. Deins. Ich weiß es nicht. Nehmen wir mal das Beispiel working class. Warum machen wir uns vor, wir könnten uns aussuchen, welchem Milieu wir angehören?«

»Was meinst du damit?«

»Du und vor allem Simon, ihr wollt Teil der oberen Mittelschicht mit Haus im Taunus sein und opfert dafür unglaublich viel Lebenszeit, und ich fühle mich den Jermaines und Wintas zugehörig. Dabei sind wir gleich.«

»Ja, wir sind gleich. Irgendwie. Aber du hast Schuldgefühle, weil du dein Leben vielleicht lesend verbringen könntest. Weil du denkst, du verrätst Winta damit.«

»Das ist vollkommener Bullshit!« Zazie stand auf und öffnete das Fenster. »Stört es dich, wenn ich eine rauche?«, fragte sie.

Dieo wusste, dass ihr nur die Möglichkeit blieb, die Küche zu verlassen, wenn sie sich dem Rauch nicht aussetzen wollte. »Mach ruhig«, sagte sie also und nahm einen Schluck Saft.

»Die größte Lüge an diesem ganzen Kapitalismusding ist doch, dass wir glauben, entkommen zu können. Indem wir gewinnen und dann machen, was wir wollen.«

Dieo wusste, dass Zazie in den letzten Monaten ganze Tage damit verbracht hatte, gesellschaftskritische Texte zu lesen, zu rauchen und nachzudenken. Diese Diskussion konnte sie nicht gewinnen. »Das mag ja alles sein. Aber glaubst du denn nicht daran, dass du, Zazie Ambs, nur dieses eine Leben hast? Dass es darum geht, einen Platz in dieser Welt zu finden und ein wenig Zufriedenheit? Ich meine, was ist denn die Alternative? Aus Protest gegen den Kapitalismus für den Rest deiner Tage mit Achim Billard zu spielen? Und dir von Winta ans Bein pinkeln zu lassen?«

»Die sehe ich übrigens morgen! Wir haben das geklärt. Sie war einfach gestresst. Es ist nicht leicht für sie. Mit ihrer Ma und allem.«

Dieo sah aus dem Fenster. Es war schon wieder stockdunkel draußen. »Ich mache mich dann mal auf den Weg. Wir müssen dann noch mal über Weihnachten sprechen. Ulrike hat mir vorhin eröffnet, dass sie die Feiertage in einem Ayurveda-Hotel in Sri Lanka verbringt.«

»Sagt sie immer noch Ceylon?«

Dieo nickte.

Zazie drückte ihre Zigarette aus und begann zu singen. »Empompie, koloni, kolonialstik.«

9 SIMON

Als Simon die Haustür aufschloss, hörte er die Stimme seiner Mutter und im Hintergrund Musik. Seit wann hörte Regina R'n'B?

»Mutsch, was macht ihr denn da?«

»Warum nennt Papa dich immer so komisch?«, fragte Otis, während er auf einer Stufe seines Tripp-Trapp-Stuhls stand und etwas auszuschneiden schien.

Regina fuhr sich durch das strubbelige kurzes Haar, und Simon wusste, was jetzt kommen würde. Sie würde Geschichten aus der Zeit der Kinderladen-Bewegung auspacken und seinem vierjährigen Sohn erklären, dass ihr Kosename Ausdruck von Rebellion war.

»Weißt du, *Mutsch* reimt sich auf *Futsch.*« Sie grinste.

»Und auf *rutsch* und auf *lutsch*«, sagte Leander, der die Schnipsel, die sein Bruder ausschnitt, auf einen großen Pappkarton klebte.

»Habt ihr schon gegessen?«, fragte Simon und sah auf seine Apple Watch. Es war erst achtzehn Uhr, und er freute sich jetzt schon darauf, Dieo zu erzählen, wie früh er aus dem Office gekommen war.

»Ich gehe noch mal kurz ins Arbeitszimmer, ihr seid hier ja eh noch beschäftigt, muss noch eine Mail schreiben.«

Regina summte zur Musik und zwinkerte ihren Enkeln zu.

»Was?«, fragte Simon und sah von einem zum anderen.

»Ach nichts«, erwiderte seine Mutter, und Otis wiederholte singend: »Nichts, nichts, nichts.«

Sein Handgelenk vibrierte, Christian hatte einen Artikel über das Luna-Debakel in den Kryptochat gepostet. Twitter war seit Tagen *on fire*. Er lief schnellen Schrittes ins Arbeitszimmer und zog die Tür hinter sich zu. Als er den Artikel gelesen und ein paar Szenarien mit der Steuersoftware durchgespielt hatte, hörte er, dass Dieo nach Hause kam. Er ärgerte sich, dass er nicht bereits mit Regina und den Kindern am Tisch saß. Da es jetzt auch schon egal war, öffnete er noch kurz die Seite von *Spiegel Online,* er hatte heute noch gar keine Nachrichten gelesen.

Dieo steckte den Kopf zur Tür herein und bat ihn, ins Wohnzimmer zu kommen. »Deine Mutter ist komisch drauf«, flüsterte sie.

Er stand auf und strich ihr über Haar und Wange. »Zündelt sie?«, fragte er. »Bekomme ich eigentlich eine richtige Begrüßung?«

Dieo ließ sich von ihm einen Kuss auf den Mundwinkel drücken. »Sie ist jetzt woke«, sagte sie stirnrunzelnd.

Als sie ins Wohnzimmer kamen, hielt Regina gerade das riesige Plakat in die Höhe, das sie beklebt hatten.

»Wir sind fertig!«, sagte Leander zufrieden. »Joni findet das auch gut, wenn wir was gegen Ungerechtigkeit tun.«

»Bestimmt!«, rief Regina und befestigte das Plakat mit vier Reißzwecken an der Wand über dem Fernseher. »Ich könnte im neuen Jahr mal im Kindergarten ein bisschen was darüber erzählen, je früher man sich mit diesen gesellschaftlichen Fragen auseinandersetzt, desto besser.«

Otis riss die Augen auf und schüttelte kaum merklich den Kopf.

Dieo war in die Küche gegangen, und Simon fragte sich, ob sie erwartete, dass er heute koche. »Was genau bedeutet dieses Plakat denn?«

»Es bedeutet, dass wir mehr Soleradität wollen«, sagte Leander, und Otis nickte feierlich.

Seine Mutter schob ein paar Papierschnipsel auf dem Tisch zusammen. Aus den Lautsprechern kam jetzt ein Song von D'Angelo.

»Solidarität?«, fragte er. »Mit wem denn?«

»Oma, mit wem noch mal?«, fragte Leander.

»Wir wollen die Solidarität unter allen Frauen fördern. *Weißer* Feminismus ist scheiße!«, sagte sie.

Jetzt schoss Dieo ins Zimmer. »Regina, ich weiß wirklich nicht, warum du die Kinder so aufwiegeln musst! Kannst du nicht einfach mit ihnen in den Zoo gehen oder so etwas?« Sie versuchte, einen Becher mit saurer Sahne zu öffnen. Immer wieder riss sie schmale Fetzen des Aludeckels von dem kleinen Plastiktöpfchen.

»Dieynaba, diese Kämpfe gehen dich als Schwarze Frau doch besonders an. Es geht darum, sich zu verschwestern und gemeinsam den ganzen patriarchalen Mist zu bekämpfen!« Regina nahm Dieo den Becher ab und zog die Fetzen mit ruhiger Hand vom Rand des Deckels. »Wir müssen doch zusammenstehen!«

Er erinnerte sich daran, wie Regina ihn in der Abizeit zur Demo gegen den Irak-Krieg fahren wollte. »Mutsch, ich glaube, das sind im Moment nicht so Dieos Themen.«

»Sollten sie aber sein!« Regina ging mit dem Sahnebecher in die Küche und kam mit einem Teigschaber in der Hand zurück. »Weißt du, die Perspektive Schwarzer Frauen eröffnet uns im Grunde den Blick auf das wahre Grauen, mit dem wir es zu tun haben.«

»Warum reden in dieser Familie eigentlich alle ständig von ›dem Grauen‹?« Inzwischen hatte Otis auf seinem Schoß Platz genommen und griff nach seinem Ohr.

Regina zuckte mit den Schultern. »Es könnte sein, dass Joni sich neulich ein Buch bei mir geliehen hat …«

Als Regina sich verabschiedet hatte und sie die Kinder ins Bett gebracht hatten, saßen Simon und Dieo auf dem Sofa und betrachteten das Plakat. Es zeigte eine Reihe Schwarzer Frauen. Zazie hätte bestimmt jede von ihnen zuordnen können. Er selbst erkannte Angela Davis und Beyoncé und Lizzo in einem glitzernden blauen Badeanzug in der Mitte. Er fragte sich, wo seine Mutter ein Bild von dieser französischen Schauspielerin aufgetrieben hatte, die sich die Haare schnitt.

Dieo legte den Kopf auf seiner Schulter ab. »Ich kenne die Hälfte dieser Frauen nicht.«

»Ich auch nicht«, erwiderte er und wusste nicht so recht, warum er grinsen musste.

»Ja, aber du bist ein weißer Mann. Seit einer Weile glaubt die Welt, ich müsste all diese Frauen kennen und mich als ihre Schwester fühlen.«

»Es ist ja nicht gesagt, dass man mit seiner Schwester einer Meinung ist.«

»Du weißt, was ich meine!« Dieo legte die Hand auf sein Bein, und kurz dachte er, sie würde heute mit ihm schlafen, aber dann stützte sie sich nur ab und stand auf.

»Jedenfalls«, sie reckte sich, »bin ich froh, dass wir dieses Jahr nur mit *einer* woken Frau unter dem Weihnachtsbaum sitzen.«

Sie verließ den Raum, ohne sich noch einmal nach ihm umzudrehen, und er sah gähnend auf sein Telefon, das ihm vierzehn neue Nachrichten im Kryptochat anzeigte.

10 ZAZIE

Zazie umarmte Ayoub und Tarik. »Dann macht's mal gut!«

»Frohe Weihnachten, Zazie!« Ayoub zwinkerte ihr zu und folgte den anderen Jungs. Als er schon ein paar Schritte gelaufen war, drehte er sich noch einmal um. »Pass auf dich auf!«

»Pass du auf *dich* auf!«, erwiderte sie und schloss dann die Tür zum Garten. Sie wusste, dass Achim gleich eine Umarmung von ihr wollte. Hoffentlich hatten sie dann bereits ihre Winterjacken an, wenn der Moment kam.

Sie schloss das Büro ab. »Ist gut gelaufen heute. Schon süß, wie die Jungs das Kochen genießen, oder?«

»Das ist ja kulturell bei den Jungs drin, kochen oder bekocht werden zumindest, ne?« Achim kramte in seiner Jackentasche. »Wo habe ich denn jetzt meine Handschuhe?«

Zazie sah sie auf der Fensterbank liegen und gab sie ihm. »Und, wer kocht bei euch an Weihnachten?«, fragte sie spöttisch.

»Na ja, schon ein Unterschied, ob meine Frau die Gans macht oder ob dieses Paschading läuft.«

»Das stimmt! *Weiße* deutsche Frauen wollen sich ihre Patriarchen immer noch selbst aussuchen können!« Heute faszinierte sie eher, wie man etwas, das alle taten – kochen oder bekocht werden –, zu einer negativen Eigenschaft der Rassifizierten machen konnte. Sie wünschte Achim schöne Feiertage und schloss die Tür hinter sich, ohne seine Antwort abzuwarten.

Als sie sich ein paar Schritte vom JUZ entfernt hatte, sah sie Max von seinem Fahrrad steigen. Er trug eine grüne Mütze und hatte leicht gerötete Wangen.

»Hey«, sagte sie, als sie vor ihm stand.

Er lächelte.

»Ich muss bald zum Zug. Wollen wir noch kurz zu *Piecycle?*«

Sie schoben ihre Fahrräder nebeneinander und sie fragte sich, ob er ein Weihnachtsgeschenk erwartete.

»Ich bin nicht so die Schenkerin«, sagte sie in die Stille hinein. »Also zu Weihnachten.«

»Ja, wenn sich zufällig etwas findet, das wahnsinnig gut passt, dann …«

»Hast du etwa ein Geschenk für mich?«, unterbrach sie ihn. »Scheiße, du hast ein Geschenk für mich! Ich hätte es wissen müssen!«

»Wow! Wollen wir nicht darüber sprechen, wenn wir im Café sitzen?«

Sie stöhnte. »Oh nein! Ich hätte dir sagen müssen, dass Weihnachten bei mir ein schwieriges Thema ist. Ich habe noch nicht mal was für meine Schwester …«

»Dieses ganze Kaufen auf Knopfdruck ist ja auch Schwachsinn. Heute schenke ich dir Kendrick-Tickets, in ein paar Monaten treffe ich mich mit einer anderen Frau oder einem Mann – und dann bekomme ich Tickets für Jack Harlow.«

»Du bist bi?«

»Nicht, dass ich wüsste. Ich wollte eher auf die prinzipielle Offenheit der Zukunft hinaus.«

Sie lehnte ihr Fahrrad an die Hauswand, und er blieb neben ihr stehen. »Und das mit Kendrick war nur ein Beispiel, oder?«

»Nein, ich will ihn unbedingt live sehen.«

Sie nahm sein Gesicht in beide Hände und quetschte seine Wangen wie die eines Kindes. »Ach du scheiße, das ist ja der Hammer! Ich weiß nicht, was ich sagen soll, aber ... das ist wirklich ... Wow!« Sie küsste ihn. »Es ist wirklich irgendwie ...«

»Schön?«, bot er an.

»Ja. Schön.«

Vierundzwanzig Stunden später saß sie mit Simon, Dieo und Otis an Oma Roses Esstisch in Berlin-Spandau, vor ihr quadratische Pappplättchen, auf die mittelalterliche Städte, Wege und Wälder gezeichnet waren.

»Kinder, ne, das sieht ja spannend aus, was ihr da spielt.« Rose beugte sich über den Tisch.

Simon rückte einen leeren Stuhl zurecht. »Setz dich doch eine Runde zu uns! Dieo und ich sagen immer, dieses Spiel hat während der Lockdowns unsere Ehe gerettet.«

Otis nickte eifrig. »Carcassonne rettet auch immer unsere Ehe, wenn Leander und ich am Wochenende streiten!« Er saß auf Dieos Schoß und sah ihr dabei zu, wie sie ein Pappplättchen ablegte.

»Soso, du kleene Leberwurscht, das ist ja beruhigend zu hören. Alles gerettet, ja?« Rose strich ihm über die Wange. »Jetzt muss ich aber mal sehen, dass ich etwas geschafft kriege. Gleich kommen Gisela und Georg, und so können wir sie wirklich nicht empfangen!«

Zazie sah sich um und fragte sich, ob dieser Raum überhaupt je unordentlich gewesen war. Oma Rose hatte eindeutig Angst, dass ihre ältere Tochter Gisela und dessen Mann – ein Mediziner – irgendwann entscheiden würden, dass sie nicht mehr allein in diesem Haus leben könne, also bewirtete sie die gesamte Familie, als hinge ihr Leben davon ab. Wenig später strömte der Duft von frisch gemahlenem Kaffee aus der Küche, und das Klappern des Geschirrs war zu hören. Zazie sah vor sich, wie Rose ihren Kaffee mit einem riesigen alten Melittafilter brühte.

Ihre Großmutter kam mit einem geblümten Tablett ins Zimmer, darauf das weiße Kaffeeservice, das sie nur zu besonderen Gelegenheiten herausholte. »Kinder, macht ihr mir mal Platz hier ...«

Dieo schob den Spielkarton zur Seite und verteilte die geflochtenen Platzdeckchen auf dem Tisch.

»Vorsicht!«, mahnte Simon sie. »Wenn du das Spielfeld verschiebst, können wir gleich von vorne anfangen. Dann verlieren wir komplett den Überblick!«

Dieo stellte zwei Tassen auf den Untersetzern ab und verteilte den Kaffee. »Danke, der duftet köstlich!«

Rose setzte sich und trank einen und begutachtete ihre jüngste Enkelin mit gerunzelter Stirn. »Jedes Jahr aufs Neue diskutiere ich mit den Mädchen über die Weihnachtsgarderobe ...«

»Eigentlich diskutieren wir nicht, Oma ...« Zazie lehnte sich auf ihrem Stuhl zurück. »Eigentlich sagst du einfach jedes Jahr, dass Dieo prima aussieht und dass ich mir doch mal etwas Festlicheres anziehen soll.«

Simon zwinkerte ihr zu. »Zazie ist ja noch ein Twen, das vergessen wir alle manchmal.«

»Ein was?« Rose verzog das Gesicht und tippte ihr Hörgerät an.

»Sie ist noch nicht mal dreißig Jahre alt …«

Rose nickte.

»Danke! Ich glaube, die hier«, sie berührte ihre Creolen, »sind ihr zu – Oma, wie sagst du immer?«

»Papperlapapp! Gar nichts sage ich!« Sie verschwand wieder in der Küche und kam mit einer Packung Manner Schnitten zurück. »Ich bin eben eher für zeitlose Eleganz als dieses proletige Glitzern! Du bist so ein hübsches Kind …«

Zazie riss den Mund auf. Dieo ermahnte sie. »Oma, so was kannst du so nicht sagen.«

»Warum denn nicht? Wenn ich es finde …« Sie legte die Packung vor Zazie auf dem Tisch ab. »Herzelchen, ihr seht immer entzückend aus. Alle.« Sie biss in ihre Manner Schnitte. »Ich bin eben ein älteres Semester und, nuja, habe einen anderen Geschmack. Aber ist doch schön, dass die Leute verschieden sind, nich'?«

Als es zwei Stunden später klingelte, hatte Zazie ihre weiten Jeans gegen eine Strumpfhose und einen Cordrock eingetauscht.

»Hübsch siehst du aus, Herzelchen!« Rose strich ihr über die Wange und ging zur Eingangstür, während Zazie, Dieo und Simon im Flur warteten.

»Ein ganzes Willkommenskomitee, das ist ja süß von euch!«, sagte Georg und umarmte Rose. Er drückte ihr eine Flasche Wein in die Hand. »Naturwein aus dem Elsass. Genau dein Geschmack. Wir haben eine ganze Kiste im Auto …«

»Mensch, Georglein, das ist ja herzallerliebst von dir!«

Zazie umarmte Gisela. Der schwere Duft ihres Parfums nahm ihr fast den Atem.

»Schöner Rock«, sagte Gisela.

Komisch, dachte Zazie, als beinahe die ganze Familie da im Flur stand und einander umarmte. Komisch, dass sich bei alldem hier kein Gefühl von Zugehörigkeit einstellte.

»Wir legen erst mal ab und ruhen uns noch eine Runde aus, wenn das für euch in Ordnung ist.« Georg hatte seinen Mantel an der Garderobe aufgehängt und griff nun nach seiner Tasche.

Rose legte den Arm um Gisela. »Aber natürlich. Ich habe euch die Betten in der Einliegerwohnung gemacht. Lasst mich wissen, wenn euch was fehlt da drüben!«

Gisela drehte sich zu Dieo um. »Wo sind denn die Kinder? Denen will ich schon noch Hallo sagen, bevor wir uns hinlegen.«

Nachdem Gisela die Jungs begrüßt und etwas steif gefragt hatte, wie es in der Schule und im Kindergarten so laufe, hatten sich alle wieder im Haus verteilt. Zazie lag auf dem Sofa in der Kaminecke, während Simon mit Otis auf dem Boden saß und buntes Papier zerschnitt. Dieo kam aus der Küche und setzte sich zu ihr. Zazie zog die Beine kurz an, um sie dann auf dem Schoß ihrer Schwester abzulegen.

»Gisela wirkt ganz schön mitgenommen, oder?«

Zazie nickte. »Ich kenne sie zwar nicht so richtig anders, aber ja: Ist mir auch aufgefallen.«

Dieo strich über Zazies Strumpfhose. »Liegt vielleicht am Krieg ...«

»Verstehe ich nicht.«

Simon bestrich die Pappe mit einem Klebestift. »Erzähl mal das mit dem Weinseminar!«

Dieo schnaufte. »Du willst wirklich so einsteigen ins Weihnachtsfest, ja?«

Simon zuckte mit den Schultern und ließ Otis bunte Papierfetzen auf der Pappe verteilen.

»Spuck's schon aus!« Zazie stubste sie an.

»Als der Krieg begonnen hat. Du erinnerst dich vielleicht, dass du auch etwas, na ja, neben dir standest, oder?«

Zazie nickte. »So wie alle …«

»Simon wollte mit Christian in den Rheingau fahren für ein Weinseminar.«

»Das war schon ewig geplant, muss man zu unserer Verteidigung sagen.«

»Aha. Und?«

»Ich habe mit Gisela telefoniert, und sie hat mir das vorgeworfen.«

»Wie?«

»Sie hat gesagt, dass sie das unethisch findet.«

»Dass Simon Weine kennenlernt?«

»Ja, während in der Ukraine ein Krieg ausgebrochen ist.«

»Fucking white liberals!«

Simon lächelte, als hätte er mit dieser Gruppe nichts zu tun.

»White liberals?« Dieo runzelte die Stirn.

»Wenn es danach ginge, dass unschuldige Menschen getötet werden, dürfte man überhaupt nie zu Weinseminaren gehen. Mache ich auch nicht, aber das ist ein anderes Thema.«

»Also findest du jetzt Simon oder Gisela unmöglich?«

»Ich finde alles unmöglich!« Sie konnte sich ein Schmunzeln nicht verkneifen. »Aber davon mal abgesehen, könnte ich kotzen, wenn ich höre, dass Gisela aus diesem Krieg wieder irgendeinen calvinistischen Mist macht. *Wir sind die Guten und ihr nicht!*«

»Was sind noch mal Calvinisten?« Dieo sah in Simons Richtung.

»Die, die sich besser als andere fühlen, wenn sie sich schlecht fühlen können?«, schlug er vor.

Zazie schmunzelte. »Ja, so in etwa.«

Am frühen Abend lief Oma Rose mit ernstem Blick ins Wohnzimmer, sah sich um und verschwand dann wieder in der Küche.

»Brauchst du Hilfe, Oma?« Dieo trug inzwischen ein graues Wollkleid und schwarze Stiefel.

»Nein, nein. Alles prima, ihr müsst dann nur um sechs bereit sein, damit nicht wieder alles kalt wird. Ich kümmere mich jetzt um die Suppe.«

»Voilà!« Simon hatte einen grün glitzernden Vorhang an der Wand befestigt. »Der geheime Garten kann jetzt bepflanzt werden …«

»Danke, Schatz!« Dieo drückte ihm einen Kuss auf den Mund und betrachtete dann den Vorhang.

»Hattet ihr auch so was als Kind?« Zazie verteilte Korkunterlagen auf dem Esstisch.

»Was? Einen geheimen Garten?« Simon schüttelte den Kopf. »Bei uns war alles ein bisschen schlichter …«

Georg kam ins Zimmer und streckte sich. »Ah, schön, der Vorhang ist schon angebracht! Dann fehlt ja nur noch die Bepflanzung, nich'?«

»Genau! Zazie würde nach dem Essen wieder mit den Kindern hochgehen, dann können wir hier in Ruhe alles aufbauen …«

»Schläft Gisela noch?« Dieo zündete eine Kerze an.

»Nein, nein. Sie ist gerade noch am Telefon mit unserer Ukrainerin, Agnieska …«

»Ihr habt eine Frau aus der Ukraine ganz für euch alleine?«

Dieo sah Zazie mahnend an, während sie sich Wein einschenkte und dann einen großen Schluck trank. Georg ließ ihre Frage einfach unbeantwortet, lächelte pastoral und ging an ihnen vorbei. Als er sich abgewandt hatte, gab Dieo ihr einen Schubser. »Wenn du jetzt schon so anfängst, knallt es vor der Bescherung!«

Simon setzte sich in einen Sessel. »Wie geht's euch, Georg?«

Georg seufzte und setzte sich zu ihm. »Vor Weihnachten ist es immer viel in der Praxis, Gott sei Dank hat sich die Coronasituation ja entspannt ...«

Zazie hörte ein paar Fetzen über Long-Covid-Patient*innen und dass es im Grunde allen schlecht gehe.

Gisela kam herein und hatte den gleichen erschöpften Ausdruck wie vor ihrem Mittagschlaf. »Agnieska sagt, sie geht heute früh schlafen. Ganz allein in dem großen Haus, das ist ja auch nichts ...«

Georg stand auf und legte den Arm um seine Frau. »Das Jahr mit unserer Agnieska hat Gisela ganz schön zugesetzt. Wir waren ja immer ganz nah dran am Kriegsgeschehen durch sie.«

Simon schienen weder Possessivpronomen noch Selbstgefälligkeit zu stören. »Und wie war das so, einen völlig fremden Menschen bei sich wohnen zu haben?«

»Im Grunde war es auch eine große Bereicherung für uns. Sie ist wirklich so tapfer und klug ...«

Zazie sah nur, wie Georg sich wieder zu Simon setzte und sich genüsslich im Sessel ausstreckte. Sie ging in die Küche, um die Teller zu holen, und hörte noch, dass er davon schwärmte, wie weit die Ukrainer*innen in Sachen Digitalisierung seien.

Sie zog die Besteckschublade auf und zählte die Gabeln ab, als Rose sie an der Schulter berührte. »Herzelchen, den Ring in der Nase machst du aber noch raus zum Heiligen Abend, oder?«

Zazie holte tief Luft. »Oma, ich habe schon was anderes angezogen, und du hast gesagt, wir seien alle schön, so wie wir sind ...« Sie drehte sich zu ihr um und sah, dass sie etwas Petersilie an der Lippe kleben hatte. »Oma, darf ich mal.« Zazie leckte ihren Finger ab und versuchte vorsichtig, das grüne Blättchen von Roses Oberlippe zu entfernen.

»Danke, mein Liebchen. Und entschuldige.«

»Wofür denn?«

»Ach, ich bin immer ein bisschen aus dem Häuschen, wenn der Herr Doktor da ist.«

Zazie nickte. »Ich weiß.«

»Vielleicht kannst du den Ring in deinem Näschen so an der Seite befestigen. Das Gold steht dir ja im Prinzip. Ich will nur nicht, dass du an Weihnachten wie so ein junger Bulle herumrennst ...«

Zazie rollte demonstrativ die Augen. »Es ist wirklich eine Katastrophe, was du da von dir gibst, Oma ...«

Rose zuckte mit den Schultern, und Zazie griff nach dem Besteck. Bevor sie den Raum verließ, sah sie sich nach ihrer zweiundneunzigjährigen Großmutter um. Sie vergaß immer wieder, dass dieser kleine Mensch, der sich, seit sie denken konnte, hier über die Töpfe beugte, im Grunde aus der Zeit gefallen war. Zazie holte tief Luft und steuerte das Wohnzimmer an.

»... ja? Und das macht mir schon Sorgen, diese zunehmende Verrohung ...« Georg hielt ein Weinglas in der Hand, so als wäre es Whiskey, und wandte sich in ihre Richtung. »Ihr habt das ja sicher auch mitbekommen, dass ein Mann aus Eritrea neulich zwei Mädchen auf dem Schulweg angegriffen hat …« Georg schob die Hände in die Hosentaschen und zog ein Stofftaschentuch heraus, um sich die Nase zu putzen. »Vierzehn war das Mädchen, das er umgebracht hat. Ich meine …« Gisela setzte sich auf die Armlehne von Georgs Sessel.

»Wie kamt ihr jetzt darauf?« Zazie sah Dieo an, die auf der Heizung saß und anscheinend die Hoffnung hatte, Teil des Kinderbuchs zu werden, in dem sie blätterte.

»Ich weiß nicht so genau … der Zustand der Welt, denke ich.« Sie klappte das Buch zu und hielt es Zazie entgegen. »Das kannst du gleich mit den Jungs in der Höhle lesen«, schlug sie vor.

Gisela sah zwischen den beiden hin und her. »Das würde mich jetzt wirklich mal interessieren.«

»Was denn, Gisela?« Dieo stand auf und drückte Zazie das Buch in die Hand.

»Ich weiß ja, dass du das alles problematisch findest, dass wir nicht Geflüchtete sagen und so was alles. Aber wie geht man denn jetzt deiner Meinung nach mit diesen Männern um, die austicken und Unschuldige töten?!«

Zazie bekam feuchte Handflächen. Sie musste jetzt den Raum verlassen, sonst würde es gleich eskalieren. Simon sagte etwas von einer psychischen Erkrankung, und sie brachte noch heraus: »Ich dachte, das haben immer nur *Weiße* …«

Im Gäste-WC ließ sie kaltes Wasser über ihre Handgelenke laufen und sah sich im Spiegel an. Es war siebzehn Uhr sechsundzwanzig, sie würde noch ein paar Stunden aushalten und versuchen müssen, nicht auszurasten. Sie formulierte eine Nachricht an Max. *Besteht deine Familie auch zu 50% aus problematischen Boomern?* Sie löschte den Entwurf wieder und schrieb:

> Wie läuft's bei dir so? Bin kurz davor, mich mit meinen Verwandten anzulegen. Sie sprechen viel von »unserer Ukrainerin« und den »gewalttätigen« (und damit meinen sie Schwarzen) Flüchtlingen.

Sie schickte das GIF von einem Mann hinterher, der im Strahl kotzte.

Als Zazie wieder ins Wohnzimmer kam, erzählte Simon Georg gerade von Finlyst. »Künstliche Intelligenzen sind da natürlich ein Gamechanger …«

Die beiden saßen in ihren Sesseln, während Dieo und Oma Rose angespannt zwischen Küche und Esstisch hin- und herliefen.

»Und ihr beiden habt alles, was ihr braucht, ja?« Sie sah Simon und Georg mit hochgezogenen Augenbrauen an. Simon hielt ihr sein Weinglas entgegen. »Ich würde noch einen Schluck nehmen, wenn du eh gerade stehst …«

»Du bist manchmal so ein Arsch«, sagte sie und ging ins Gästezimmer.

Sie legte sich aufs Bett und spürte ihr Handy in ihrer Rocktasche vibrieren. Max hatte ihr geantwortet.

> Höre gerade Mr. Morale & the Big Steppers und lese über Mouhamed Dramé. Musste weinen.

Sie sah das kindliche Gesicht des sechzehnjährigen Senegalesen vor sich. Tränengas, das über seine Stirn gelaufen sein musste. Fünf Schüsse, die seine Arme, seine Schulter, seinen Bauch und sein Gesicht getroffen hatten. Sie antwortete Max sofort mit dem Link zu *Redbone* von Childish Gambino.

11 DIEO

Nach einem Silvesterabend bei Freunden im Taunus waren sie gestern wieder nach Frankfurt gefahren. Simon arbeitete bis zum Ende der Ferien im Homeoffice, was keinen großen Unterschied machte, da sie ihn trotzdem kaum zu Gesicht bekam. Und Dieo dachte seit vier Tagen nach. Sie streifte sich einen Strickmantel über und schlüpfte in ihre Birkenstocks. Ihre Schulter war so verspannt, dass sie den Kopf nicht mehr nach rechts drehen konnte. Gestern Abend hatte Simon ihr vorgeschlagen, doch mal das Massagegerät zu benutzten. »Probier's mal! Das Ding hat viel mehr Ausdauer als ich«, hatte er gesagt.

Es sah aus wie ein überdimensionaler Controller, auf dessen Schaltfläche sich vier leuchtend rote Bälle umeinanderdrehten.

»Ich will nicht von einem Gerät massiert werden.«

»Oder geh zur Thaimassage. Die wissen, wie man das macht. Es bringt doch nichts, wenn ich auf dir herumdrücke.«

Sie hatte sich ein Bad eingelassen und die halbe Flasche seines CBD-Badezusatzes in die Wanne gegossen.

Aus dem Zimmer der Jungs drangen ein Scheppern und ab und zu Otis' Husten. Seit Stunden hatte sie im Grunde kaum etwas von den beiden mitbekommen. Sie hatten aus dem Hochbett ein Baumhaus gemacht, Legolandschaften errichtet, in denen sie nicht spielten, und Hörbücher gehört. Dennoch: Sie sehnte sich nach dem Ende der Schulferien. Diese Tage im Januar waren grau, der Zauber der Wochen vor Weihnachten war vorbei. Geblieben waren das Völlegefühl und eine Katerstimmung, die weniger dem Alkoholkonsum als der Stimmung geschuldet war, die die Feiertage für Dieo mit sich brachten.

Sie schaltete den Wasserkocher an und schnitt eine Ingwerknolle in Scheiben. Dann schmierte sie Leander und Otis zwei Brote. Dass sie den beiden Jungs erst am späten Vormittag Frühstück brachte, bereitete ihr ein schlechtes Gewissen. Heute morgen war sie bereits um sechs Uhr aufgewacht, hatte sich bleiern und aufgedunsen gefühlt. Sie hatte sich eine Wärmflasche für ihren steifen Nacken gemacht, eine kühlende Schlafmaske aufgesetzt und sich mit dem blauen Schimmer vor Augen gefragt, was ihr Körper ihr mit alldem sagen wollte. Sie musste an ein Abendseminar denken, in dem eine Dozentin einen Vortrag über *die psychischen Herausforderungen eines überfrachteten Weihnachtsfests im Spätkapitalismus* gehalten hatte. Dieo suchte auf dem iPad nach dem Skript. Sie scrollte etwas durch den Text und sah dann, was sie sich markiert hatte: *Das christliche Phantasma des Neuanfangs wird durch die Erfahrung, dass die bedeutsamen Beziehungen doch voller Brüche und Verletzungen sind, enttäuscht. Die Kränkungen des realen Weihnachtsfests führen zu der Einsicht, dass es den erhofften Neuanfang nicht gibt. Stattdessen muss das neue Jahr mit dem Wissen um das Leben in genau dieser Realität begonnen werden.*

Die Realität bestand heute Morgen aus drei großen Kisten Spielzeug, die sie ausmisten wollte. Sie musste in die

Apotheke, weil Otis bellend hustete, seit sie zurück waren, und eigentlich wollte sie einkaufen, damit es heute Abend nicht schon wieder Nudeln mit Pesto gab. Sie hob den Deckel einer der Kisten an und zog einen kleinen bezaubernd aussehenden Hasen mit langen weichen Ohren heraus. Sie erinnerte sich daran, wie sie mit Simon über die Berger Straße spaziert war und ihn in einem Schaufenster entdeckt hatte. Leander hatte ihn zu Weihnachten bekommen, als er drei oder vier Jahre alt gewesen war. Ihr stiegen Tränen in die Augen, und sie griff nach ihrem Handy, um Vera anzurufen.

»Mensch, Dieo, verrückt, gerade sitze ich mit Selma im Café, und wir haben gesagt, dass wir dich und Joy vermissen!«

Sie nickte.

»Hallo?«

Mit belegter Stimme versuchte sie zu antworten. »Mir geht's gerade nicht so gut.«

»Komm doch vorbei, wir sitzen im *Lucille*.«

Ein paar Minuten später steckte sie den Kopf ins Kinderzimmer. Die Tür ließ sich nur halb öffnen.

»Ich muss mal an die frische Luft. Kommt ihr mit?«

»Wir wollen endlich mal zu Hause bleiben!« Otis war gerade dabei, aus ein paar Lebensmitteln aus dem alten Kaufladen einen Eintopf zu kochen. Leander lag in der Sitzecke und scrollte auf seinem Handy. Für einen Moment sah er exakt wie Simon aus.

»Was ist mit dir, Lopsi?«

»Ne, ich will das hier gleich zu Ende bauen.« In der Mitte des Zimmers lag ein Haufen Legosteine unterschiedlicher Farben.

Dieo versuchte zu erkennen, was hinter der Tür verhinderte, dass Menschen, die älter als acht waren, das Zimmer betreten konnten. Sie sah ein paar futuristisch anmutende Legotürme.

»Ihr baut das aber wieder zurück, bis die Schule anfängt!« Dieo merkte schon jetzt, dass der Versuch, autoritär zu klingen, kläglich scheiterte.

Sie schloss die Tür. »Dieses ganze Zeug«, murmelte sie in sich hinein und dachte an Jonathan und seine Monologe über »die Flucht in den Konsum«. Als Dieo sechs oder sieben Jahre alt gewesen war, hatte Ulrike einmal eine lange Holztafel mit goldenen Tischbeinen gekauft und sie in ihr Schlafzimmer gestellt. Es war, als hätte sie im Möbelgeschäft vergessen, dass sie als alleinerziehende Mutter in einer Zweizimmerwohnung lebte und nicht täglich mit acht Personen dinierte. Der Tisch hatte dann als Ablage für ein Radio, Zeitungen, CDs von Tracy Chapman und einen kleinen Röhrenfernseher gedient. Dieo schlüpfte in ihre UGG-Boots und warf sich einen dicken Mantel über.

»Ich geh 'ne Runde raus!«, rief sie in Richtung Arbeitszimmer und verließ die Wohnung.

Fünfundzwanzig Minuten später saß sie vor einem Blätterteigstück mit Zimt und Kardamom, trank grünen Tee und hörte ihren Freundinnen zu, die von den Feiertagen erzählten.

»Teo hat mich neulich daran erinnert, wie es früher für uns war. Weihnachten hat drei Tage vor dem Fernseher bedeutet. Alle hatten was vor, nur wir saßen rum und haben gewartet.« Selma strich sich eine Haarsträhne hinters Ohr, nahm ihre Milchkaffeeschale in beide Hände und trank einen Schluck. »Erst mit der Ausbildung habe ich verstanden, dass die deutschen Familien nicht unbedingt eine bessere Zeit haben. Total bescheuert, keiner glaubt noch an irgendwas, aber Weihnachten ist trotzdem heilig. Niemand würde auf die Idee kommen, seine türkischen Freunde einzuladen.«

Vera nickte. »So ist es. Und meine Mutter ist da immer durchgedreht. Vollkommen gestresst, aber bloß nichts abgeben.« Genüsslich biss sie in ihr Brötchen.

»Bei uns werden diese ganzen Ansprüche beim Thema Geschenke besonders deutlich. Simon recherchiert wochenlang über iPads und Apple Watches, und ich bekomme dann den neuesten Technikscheiß.«

»Weiß er das? Dass du seine Geschenke ›Technikscheiß‹ nennst?«, wollte Vera wissen.

»Nein, aber er weiß, dass ich es denke.«

Selma ließ etwas braunen Zucker über den Milchschaum in ihrer Tasse rieseln. »Ich meine, wer denkt denn wirklich, *ich fühle mich durch meine neue Apple Watch als Mensch bereichert?*«

»Das ist doch mehr so ein Optimierungsding für die meisten. Da kann man so schön alles sammeln, das finde ich auch verlockend: Einkaufsliste, Jogging-App, Handynummern von Kita-Müttern, einfach alles ist dann da an deinem Handgelenk.« Vera tippte auf ihre imaginäre Smartwatch.

Dieo stiegen wieder Tränen in die Augen. »Ich verstehe nicht, warum dieses beschissene Narrativ so viel Macht über mich hat!«

»Was meinst du?«, fragte Selma.

Dieo wischte sich eine Träne weg. »Ach, Zazie sagt das immer mit den Narrativen. Das christliche Narrativ vom Neuanfang, das Narrativ von der Familie, die dann glücklich zusammensitzt. Ich merke, dass ich wirklich immer wieder wie ein kleines Kind hoffe, dass es so kommt.«

»Da kann man ja nur enttäuscht werden«, stellte Vera fest.

»Entschuldigt. Ich …«

Selma legte den Arm um sie. »Du solltest dringend in der Analyse besprechen, warum du dich für dein Weinen entschuldigst. Hast du nicht gelernt, dass das Trauern das Allerwichtigste ist?«

Dieo musste schmunzeln. »Wisst ihr, in den Ferien sehne ich mich manchmal danach, endlich wieder die Geschichten der anderen zu hören! Kennt ihr das?«

Vera legte den Kopf schief. »Hat das nicht sogar Freud mal beschrieben? Dass er sich so beschwingt fühlt, wenn er wieder den Scheiß seiner Patienten hören darf?«

Selma nickte. »Ich habe auch so was in Erinnerung.«

Nachdem sie beschlossen hatten, aus dieser Verarbeitung weihnachtlicher Wunden einen festen Termin zu machen, umarmten sie sich innig und verabschiedeten sich.

Auf dem Heimweg verlief sich Dieo in den vielen kleinen Einbahnstraßen des Viertels. Im Park begegnete sie alternden Hundehaltern und Familien mit kleinen Kindern. Der Anspruch, einmal am Tag das Haus zu verlassen, war nie so groß wie in den ersten Jahren nach der Geburt eines Kindes. Sie sah junge Väter mit aufwendigen Tragetuchkonstruktionen und Kinder in Wollwalk-Overalls. Mütter trugen Laufräder, Kaffeebecher und Rucksäcke in denselben an Früchte erinnernden Farben der Kleidung der Kleinen.

Sie näherte sich ihrer Wohnung und betrachtete das Haus, in dem sie lebten. Es war ein Mehrfamilienhaus, das um die Jahrhundertwende erbaut worden war. Simon hatte nach Otis' Geburt in einen Neubau ziehen wollen. »Offene Grundrisse sind die Zukunft! Du liegst auf dem Sofa oder spielst mit den Kindern, während ich uns Pasta koche. Dabei hören wir Edward Sharpe and the Magnetic Zeros.« Er hatte zu singen begonnen: »*Home is whenever I'm with you!*«

Als aber die eigenbrötlerische Frau, die nebenan gewohnt hatte, mit einer Zigarette eingeschlafen und daraufhin an einer Rauchvergiftung gestorben war, hatte Dieo sich mit dem Plan, in der Nordendstraße zu bleiben, durchgesetzt. Simon und Christian hatten sich zunächst eigenhändig an dem Durchbruch versucht, bis sie aufgegeben und einen Fachmann engagiert hatten. Der Vermieter lebte in Portugal und hatte, nachdem er lange überhaupt nichts von sich hatte hören lassen, geschrieben, dass ihm alles egal sei, solange die Wohnung bei Auszug in den ursprünglichen Zustand gebracht werde.

Als sie die Haustür aufschloss, atmete sie tief ein. Es roch nach Rotwein und Zimt, und sie spürte, dass der Strang in ihrer rechten Schulter sich etwas gelockert hatte. Sie war bereit, es noch ein paar Tage ohne ihre Patienten und mit sich selbst auszuhalten.

12 SIMON

Simon schnitt eine Zwiebel in Ringe und trank einen Schluck Rioja direkt aus dem Dekanter. Er hörte, wie Regina Dieo überschwänglich begrüßte. »Schön, dich zu sehen, Dieynaba! Ich hab dir etwas mitgebracht. Nur was Kleines, wir haben ja gesagt, wir schenken uns nichts, oder?«

Er würzte die Hirschschlegel mit etwas Salz und Thymian. »Wo ist denn die Pfeffermühle?«, rief er ins Wohnzimmer. Immer kaufte seine Frau diese Einmalmühlen im Supermarkt und ließ sie überall stehen, wo sie belegte Brote aß. Nur in der Küche war kein Pfeffer zu finden.

»Simon, kommst du mal?«, rief seine Mutter. Natürlich musste ihre »Wir-schenken-uns-nichts-Bescherung« jetzt stattfinden, da er im Begriff war, das Abendessen vorzubereiten.

Er lehnte im Türrahmen des Wohnzimmers und sah Dieo dabei zu, wie sie sich eine Fellmütze über den Kopf zog.

»Sieht doch toll aus, findet ihr nicht?« Regina strahlte Simon an. »Die habe ich gekauft, als ich Wahlhelferin in Moldau war, das ist schon ein paar Jahre her. Aber als sie mir neulich in die Hände fiel, dachte ich, die würde deiner Frau super stehen!«

Dieo drehte sich langsam zu ihm um. Er biss sich auf die Unterlippe und versuchte, ruhig zu atmen. »Mutsch!«, sagte er. »Du hast bei dieser Mütze also an Dieo gedacht?«

Regina war schon mit dem Geschenk, das sie für ihn besorgt hatte, beschäftigt. Aus einer braunen Papiertüte zog sie einen Kaffeefilter in der gleichen Farbe. Dieo hob eine Augenbraue und ließ sich aufs Sofa fallen.

»Das ist«, Regina pustete etwas Staub vom Kaffeebeutel und übergab ihn Simon feierlich, »von einer iranischen Künstlerin. Sie lebt seit ein paar Wochen hier im Exil und malt die Porträts ihrer Freunde und Verwandten auf Kaffeefilter.«

Wie gern er einfach mal das Yoshihiro-Messer von seiner Wunschliste zu Weihnachten bekommen hätte. Aber nein, seine Mutter schaffte es immer wieder, sich etwas anderes auszudenken für ihn. »Wow, das ist ...«

»Sehr berührend«, beendete Dieo seinen Satz.

Er hielt den Kaffeefilter in der Hand und betrachtete die fein geschwungenen Lippen der porträtierten Frau. »Ich mache mich mal an die Hirschschlegel, die Jungs gehen heute sonst wieder erst um zehn ins Bett.«

Regina leerte ihr Weinglas und bedeutete ihm, dass sie gerne Nachschub hätte. »Ich soll euch übrigens ganz lieb von Michel und Constantin grüßen.«

Dieo nahm es ihr ab. »Komm doch mit in die Küche. Wir leisten Simon Gesellschaft beim Kochen.«

Reginas Partner Michel war ein großes Glück. Für Regina natürlich, aber vor allem für Simon. Seit seine Mutter mit ihm zusammen war, mischte sie sich nur noch selten in sein Leben ein.

Als sie am Küchentisch saßen, schenkte Dieo seiner Mutter einen großen Schluck Wein ein.

»Wisst ihr, Constantin, also das ist schon toll, muss ich euch sagen.«

»Was ist denn toll?«, fragte sie und klang, als hörte sie zum ersten Mal von Michels goldenem Sohn.

»Na, was er in der Welt bewegt! Im Moment ist er an einem Film über die Superreichen dran. Er trifft diese Familien. Kühne, Quandt und so weiter. Versucht, zu zeigen, wie die im Hintergrund die Fäden ziehen.«

»Und was erzählen die so?«, fragte Dieo, und er war froh, dass sie die Konversation übernahm.

»Na, erst mal wenig.« Regina lachte. »Aber das ist ja die Kunst! Constantin bringt sie zum Reden, versteht ihr?«

Ihr Handy klingelte, und sie stand auf, um den Anruf im Wohnzimmer anzunehmen. Er schaltete den Herd ein und stellte scheppernd eine Pfanne auf die Platte. Nachdem Dieo ihn eine Weile beobachtet hatte, stand sie auf. »Wir lassen dich mal in Ruhe kochen.« Sie drückte ihm einen Kuss auf die Schulter.

Als Regina das Gespräch beendet hatte, konnte er dumpf hören, was sie Dieo erzählte. »... habe ich mir ja auch immer gewünscht für meine Kinder. Dass sie den Drang haben, die Welt zu verändern, stattdessen ...« Seine Mutter dämpfte die Stimme, und Simon wusste genau, was jetzt kam. Sie ließ Dieo zum hundertsten Mal wissen, dass sie nichts von Finlyst, Kryptowährungen oder überhaupt irgendeiner Tätigkeit in der Finanzbranche hielt.

Er wendete die Hirschschlegel. Genuss half. Immer schon. Unter Reginas angewidertem Blick hatte er als Teenager verkatert Döner im *Bistro Sahin* gegessen und dazu klebrige Limonaden getrunken. Er hatte mit Freunden

Jamie-Oliver-Gerichte gekocht, während Regina sich gewünscht hätte, dass er sich bei den Falken engagiert, und teuren Gin getrunken, als sie betroffen vor dem Fernseher gestanden hatte, weil der »entfesselte Kapitalismus sein Unwesen trieb«. Als er endlich sein Diplom in der Tasche hatte, fand Regina wieder ein globales Ereignis, das es im Grunde verbat, sich darüber zu freuen: die Lehmann-Pleite.

Jetzt tauchte sie im Türrahmen auf, wohl mit einer Ahnung, was ihn gerade beschäftigte. »Ich werde nicht mit euch essen heute. Michel muss morgen wieder nach Brüssel, und wir wollten uns noch diesen Film ansehen über Kindsmord. Das ist übrigens eine senegalesische Regisseurin, wenn ich mich recht erinnere.« Den letzten Satz hatte sie an Dieo gerichtet, die ihr gefolgt war. Für einen kurzen Moment fühlte er sich wie Toni Soprano.

»Das klingt nicht, als wäre das im Moment das Richtige für Dieo.« Er umarmte seine Mutter. »Oder jemals.«

Sein Telefon vibrierte und zeigte ihm eine Nachricht von Zazie an.

> Hey, Simon, ich dachte, wir könnten uns vielleicht noch mal treffen – an Weihnachten ist irgendwie so viel auf einmal passiert. Ich war wohl ein bisschen grumpy. Wann hast du eigentlich immer Mittagspause? Zazie

> Hey, wie wär's morgen? Ich könnte um eins im Crumble sein. xx

Am nächsten Morgen saß er in einem Meeting, sah durch die bodentiefen Fenster in den Januarhimmel und hörte Ludger bei seinen Prophezeiungen zu. »2024 wird zeigen, was die AI kann. Finlyst ist in AI-basierten Kryptoprojekten investiert and you'd better be, too.« Er grinste und zog die Nase hoch, während ein paar Kollegen lachten. »Es ist kein Geheimnis, was das für uns bedeuten wird.«

Simon dachte an Ludgers Prognosen vor dem Krieg. Die Sicherheit, mit der er behauptet hatte, Finlysts Take-off stünde kurz bevor. Christian hatte neulich gesagt, für jeden Menschen gebe es ein Spektrum – am einen Ende stehe meist ein zwielichtiger Onkel, der sich während der Lockdowns immer weiter radikalisiert habe, am anderen Ende meist eine Frau, die viel Zeitung lese. Sofort hatte Simon Ludger und Zazie vor sich gesehen. »Der eine hat nicht unbedingt recht, aber er hat genügend Einfluss. Bei der anderen ist es meistens umgekehrt.«

Zwanzig Minuten später nahm er in einer der Nischen am Fenster des Cafés Platz. Es war erstaunlich, wie viel Licht man durch eine kurze Fahrt durchs Westend abbekam. Er suchte auf der Speisekarte, was er hier immer bestellte: Lauchsuppe und danach einen Rhabarber-Crumble. Dazu würde er einen Cappuccino trinken.

Aus dem Augenwinkel sah er, wie sich die Tür öffnete und Zazie hereinkam. »Hey.«

»Hey.« Er stand auf, um sie zu umarmen.

»Danke, dass du gekommen bist.«

»Oh, keine Ursache!«

Sie setzten sich, Zazie winkte dem glatzköpfigen Kellner mit zwei Fingern zu. Nach einem Moment des Schweigens begann sie zu sprechen, sagte noch einmal, dass der Abend an Weihnachten unglücklich verlaufen sei und ihr klar sei, dass sie daran nicht unschuldig gewesen sei. »Ich weiß auch nicht, im Moment passiert alles auf einmal.«

Nachdem der Kellner zwei Tassen vor ihnen abgestellt hatte, nahm Simon einen Schluck Kaffee.

»Irgendwie bin ich ein bisschen aufgeregt.« Sie lächelte verlegen.

»Ja, das hier ist etwas ungewohnt.«

Sie stand auf und kündigte an, sich kurz die Hände waschen zu gehen. Er bestellte zwei Lauchsuppen, griff nach seinem Telefon und sah sich die Entwicklung zweier Coins an, in die er letzte Woche investiert hatte. Als Zazie zurückkam und er sie von Weitem auf ihn zulaufen sah, erschien sie ihm kleiner als sonst. Sie setzte sich und trank einen Schluck Kaffee.

»Weißt du, ich habe über dich nachgedacht.«

»Ah ja?«

»Ja. Und ich dachte, dass deine Wut vielleicht auch etwas mit eurem Schicksal zu tun hat.«

»Unserem Schicksal?«

»Ja, ich meine Ulrike, Papis ... Ulrike.«

Sie schmunzelte. »Ja, Ulrike.« Dann griff sie in ihre Tasche und holte Drehzeug heraus. »Willst du auch eine?«

»Ich habe uns gerade was zu essen bestellt, habe noch nicht mal gefrühstückt ...«

Der Kellner kam und stellte die herzhaft duftende Suppe vor ihnen ab.

»Oh, danke!« Zazie griff nach einem Stück Brot und biss hinein.

Er begann zu essen und hörte ihr kaum zu, als sie von einer Veranstaltung erzählte, die sie anlässlich des Hanau-Attentats und der Ermordung eines jungen Senegalesen mit ein paar Freunden plante. Sie tunkte das Brot in die Suppe und sprach von der Wut einer ganzen Generation. Er kaute und dachte an einen Artikel über die Kindergeldaffäre in den Niederlanden, den er vor ein paar Tagen gelesen hatte.

»Okay, ich rauche auch eine«, kündigte er an, als er den letzten Löffel Suppe gegessen hatte.

Draußen vor dem Café legte Zazie ihr kleines Täschchen mit einem Black-Lives-Matter-Aufnäher auf einen der Stehtische und drehte ihm eine Zigarette. Dann zündete sie sich selbst eine an.

»Ich sehe ein, dass …«, sie hielt inne, als sie das Lächeln in seinem Gesicht bemerkte. »Ich sehe ein, dass meine Wut vielleicht auch etwas mit meinem – wie hast du das gerade genannt?«

»Eurem Schicksal?«, half er aus.

»Ja, dass sie vielleicht auch mit unserem Schicksal zu tun hat. Ich meine, who am I kidding.« Sie zog an ihrer Zigarette. »Was nicht heißt, dass meine Wutausbrüche ungerechtfertigt sind.«

»Nein, natürlich nicht. Aber wenn sich alle nach einem harten Jahr darum bemühen, einen schönen Abend miteinander zu verbringen, und du nicht aufhören kannst, den Grinch zu geben, ist das etwas frustrierend.«

»Ja, wenn sich alle Mühe geben, sollte man das doch anerkennen, oder?«

Auch nach all den Jahren konnte er nicht heraushören, wie viel Ironie in dem steckte, was sie sagte. »Das finde ich wirklich. Ich meine, was erwartest du denn von deiner schlesischen Großmutter? Oder von deiner Boomer-Tante und ihrem DDR-sozialisierten Mann?«

»Gar nichts erwarte ich.« Sie überlegte kurz. »Es ist nur – weißt du, jeder hat seine Rolle. Und ich frage mich, wer diese Rollen zuweist.«

»Du klingst ein bisschen wie Leander beim Detektivspiel.«

»So fühle ich mich auch«, sagte Zazie. »Ich denke

im Moment viel über transgenerative Weitergabe von Trauma nach. Bitte verrat's nicht Dieo. Und auf keinen Fall Ulrike.«

Er nickte und dachte an den Blick, den die beiden aufsetzten, wenn sie glaubten, mehr über einen zu wissen als man selbst.

»Immer gibt es einen Liebling, immer muss alles großartig sein. Ich will jetzt nicht die Verantwortung abgeben. Vielleicht habe ich in Sachen *anger management* noch etwas zu lernen, aber ...«

»Aber was?« Er war jetzt wirklich neugierig.

»Ich weiß nicht, es ist, als wären wir alle Figuren in einem Theaterstück, für das jemand anderes das Drehbuch geschrieben hat. Du und Dieo seid das strahlende Paar in der Mitte und für den Rest ...«

»Dieses Drehbuch. Wer hat das deiner Meinung nach geschrieben?«, unterbrach er sie.

Zazie drückte ihre Zigarette im Aschenbecher aus. »Ich will dich nicht langweilen, aber es hat etwas mit der Erfindung des *weißen* Mannes zu tun.«

»Was meinst du überhaupt immer mit ›der Erfindung‹?«

»Ich meine, dass du in Wirklichkeit rosa bist.« Sie grinste ihn an. »Die Sache ist ja die: Die ›weiße Rasse‹«, sie malte Anführungszeichen in die Luft, »ist ja keine biologische Realität. Race does not exist ...«

»... but it kills people!« Das hatte er schon häufiger von ihr gehört.

»Genau. Es ist eine Erfindung. Man hätte genauso gut anfangen können, Menschen als minderwertig zu erklären, die, sagen wir, ihre Zunge nicht rollen können, oder Menschen, die angewachsene Ohrläppchen haben. Die Pseudotheorien, die jahrhundertelang kursiert sind, also *Schwarze Menschen sind physisch stärker* oder *Frauen sind nicht in der Lage dazu, Auto zu fahren …*«

»Wieso Auto fahren?«, fragte er.

»Das ist relativ populär gewesen in Saudi-Arabien, der Gurt quetsche die Eierstöcke ein, hieß es da, glaube ich.«

Er schüttelte den Kopf.

»Du brauchst jetzt gar nicht so zu tun. Dieser Scheiß ist tief in uns allen verankert. Warum glaubst du denn, meine Schwester mit Lastenrädern, Acne-Schals und iPads bewerfen zu müssen?«

»Moment mal, du willst meine Großzügigkeit mit saudiarabischen Fahrverboten gleichsetzen?«

»Nein, aber du glaubst, diese Großzügigkeit ist deine Entscheidung, du bist halt so, ne?«

Er dachte einen Moment nach und brachte dann ein zögerliches »Ja« heraus.

»Ich – und nicht nur ich – würde sagen, das hat mit der Erfindung des *weißen* Mannes und dem Drehbuch in unserer Familie zu tun.«

»Okay, okay, das mit den stereotypen Geschlechterrollen verstehe ich. Ist ja auch nichts Neues, aber welches Drehbuch?«

Zazie legte die Hände flach auf den Stehtisch. »Neulich habe ich gelesen, dass diese weißen Flecken auf den Fingernägeln nicht von einem Kalziummangel kommen.«

Simon wurde ungeduldig. »Aha.«

»Das sind die Überbleibsel von kleinen Verletzungen der Nagelstruktur. *Leukonychia punctata.*«

»Das klingt ja furchtbar.«

»In dem Artikel stand, dass sie auch ›weiße Wolken‹ genannt werden.«

»Ich kann dir nicht folgen. Was hat das mit den Geschenken zu tun?«

»Deine Großzügigkeit, die Macht, die sich bei dir konzentriert, die Eigenschaften, die dich ausmachen, das alles ist die Folge vieler kleiner Einwirkungen auf dein Sein.«

Er beobachtete ein SUV, wie es rückwärts in einen Parkplatz rangierte. »Also männliche Sozialisation?«

Zazie nickte. »Aber auch Dieos Fähigkeit, alles Mögliche zu ertragen, ohne in die Luft zu gehen, oder meine Wutausbrüche. Sie ist dann die zarte und tapfere Schwarze Frau, und ich werde zur angry black woman. Alles Narrative, die es schon lange gibt ...«

»Diese weißen Wolken haben also nichts mit Weißsein zu tun?«

»Doch, aber nicht nur. Ich würde sagen, es sind die Spuren, die unsere sogenannte Identität bei uns hinterlässt.«

»Einwirkungen auf unser Sein, ja?« Er dachte an Rose. »Wenn also Rose oder Ulli dich und Dieo in einer bestimmten Weise sehen und euch das spüren lassen, sind das die Einwirkungen, die du meinst?«

Sie zuckte mit den Schultern. »Ja, schon, aber ich würde eher sagen, es geht um die großen Narrative, die wiederum auf die beiden einwirken. Es gibt keinen Platz für weibliche Wut zum Beispiel, oder Schwarze, genauso wenig für männliche Schwäche oder Ohnmacht, so'n Zeug ...«

»Hm«, war alles, was er herausbrachte. Als er auf die Uhr sah, stellte er fest, dass er sich längst hätte auf den Weg machen sollen. »Ich muss sagen, dass mich das alles ein bisschen ...«

»... überfordert?«, bot sie an.

Er nickte. »Ja.«

»Ich verstehe es ja selbst noch nicht ganz, aber ich glaube, dass die Dynamik in unserer Familie, wie soll ich sagen?, dass sie die Folge von Traumatisierungen ist. Ich glaube, dass es da immer um Macht oder Ohnmacht geht.« Sie wischte die Tabakkrümel auf dem Tisch zusammen.

Er hob eine Augenbraue. »Das klingt für mich etwas nach einer Verschwörung. Ich glaube eher ans Chaosprinzip.«

»Ja, ich eigentlich auch ...«

Zwei Stunden später saß Simon in Ludgers Büro und sah ihm zu, wie er sich in seinem Lounge Chair zurücklehnte und durchs Haar fuhr. Auf einem kleinen Beistelltisch stand ein Kristallglas, daneben lag sein iPhone.

»Weißt du, mir haben Dutzende gesagt, tu das nicht, sei doch zufrieden damit, du weißt schon.«

Von Zeit zu Zeit vertiefte sich Ludger in eine Reflexion darüber, wer ihn in seiner Karriere unterstützt und wer an ihm gezweifelt hatte.

»Hm.« Simon sah nicht von seinem Mac auf und versuchte, ihm so zu bedeuten, dass er lieber arbeiten wollte.

»In Wahrheit geht es darum, ob du jemand bist, der nach den Sternen greift, oder jemand, der settled, verstehst du, was ich meine?«

»Hm.« Simon spürte, wie sich eine Unruhe in ihm ausbreitete.

»Die meisten Menschen – ihnen fehlt die Fähigkeit, sich Dinge vorzustellen, ich meine *wirklich* vorzustellen, zu begreifen, was AI, was Blockchain bedeutet. Was für einen Impact es haben wird ...« Er holte eine Flasche Vitaminwasser aus einem kleinen Kühlschrank in der Ecke seines Büros. »Willst du?« Simon schüttelte den Kopf.

»Hast du schon mal darüber nachgedacht, dass Verletzungen uns zu dem Menschen machen, der wir sind?« Er rieb sich die Augen und hörte, wie Ludger eine Portion Kokain hochzog.

»Was?«

»Verletzungen. Viele winzige Verletzungen, die unseren Charakter formen.«

Ludger strich sein Hemd glatt und setzte sich schwungvoll auf seinen Schreibtischstuhl. »Du bist ein overthinker, Shimi. Im Leben geht es darum zu genießen. In der Ewigkeit sind wir sowieso kleine Staubkörner. Es macht am Ende keinen Unterschied, ob du dich schlecht fühlst oder ...«, er legte die Füße, die in leuchtend blauen Sneakern steckten, auf den Tisch, »... das Leben genießt.«

Es hatte keinen Sinn, mit Ludger zu streiten.

»Listen, ich glaube, du solltest dich austoben, Shimi. Ich habe letzte Woche die Anfrage von einer Frau bekommen. Superidealistisches Projekt, not my thing, aber du bist der richtige Mann dafür.«

»Worum geht's?«

»Frauen. Mit denen kannst du doch?«

»Komm schon, geht's auch etwas genauer?«

Ludger öffnete seinen Laptop und klickte darauf herum. »Hab dir die Projektbeschreibung geschickt. So, und jetzt an die Arbeit.«

13 DIEO

In der Teamsitzung der Beratungsstelle wurde in drei Stunden verhandelt, was man in einer hätte klären können. Sie tranken mittelmäßigen Filterkaffe und besprachen, wer Anspruch auf Fortbildung habe, ob nach zehn Jahren ein neuer Supervisor hermüsse oder wer Überstunden abzubauen habe und deshalb nur noch mittwochs kommen solle. Gerald leitete die Einrichtung seit den Achtzigerjahren und war ein gutmütiger Bär, Dieo musste immer an Wanja aus dem Kinderbuch denken. Alles wurde ausdiskutiert, auch die schrulligsten Mitarbeiterinnen wurden mit grenzenloser Geduld angehört und mit ihren Anliegen ernst genommen. »Ausgehalten von der Gruppe«, wie Gerald es ihr gegenüber einmal ausgedrückt hatte, als sie zu zweit waren.

Brigitte erzählte monoton, welche Gruppenangebote sie plane. Seit einem halben Jahr beschäftigte sie das Thema Achtsamkeit. Da wolle sie etwas zu machen. Vielleicht mit Grundschülern. Vielleicht auch mit Älteren.

Als Dieo vor dreieinhalb Jahren in der Beratungsstelle angefangen hatte, hatte sie Brigitte mit Anregungen überhäuft und damit zuerst Überforderung ausgelöst und schließlich eine tiefe Abneigung.

»Ich wollte etwas mit Atemtechnik machen«, hörte sie Brigitte sagen und konnte den Drang zu gähnen nicht unterdrücken. Sie streckte sich und wischte sich eine Träne aus dem Augenwinkel.

»Du hältst uns auf dem Laufenden, was deine Pläne für Gruppen angeht, und in der nächsten Supervision wollte Martin einen Fall einbringen, richtig? Dann wünsche ich euch eine gute Mittagspause.«

Endlich. Dieo stand auf.

Brigitte, die an ihrem Rucksack herumnestelte, versperrte ihr den Weg zur Tür. »Und du machst noch immer fleißig diese Weiterbildung, was?«

»Ähm, ja. Im Sommer sind es drei Jahre.«

»Und ihr macht da alle eine Psychoanalyse? Das ist ja schon toll, oder?«

»Na ja, auf jeden Fall hat man sich dann gründlich mit den eigenen Themen auseinandergesetzt.«

Brigitte setzte sich wieder. Anscheinend klemmte der Reißverschluss ihres Rucksacks.

»Aber das ist doch schweineteuer, oder?«, fragte sie. Durch ihre Lesebrille sahen ihre Augen wie zwei blaue Murmeln aus. »Ich meine, wie viel kostet das dann am Ende? Oder zahlt das alles deine Krankenkasse?«

Dieo seufzte und schob sich jetzt an Brigitte vorbei, indem sie ihren Stuhl leicht nach vorne kippte. »Ne, wir können die Psychoanalyse nicht über die Kasse machen. Die meisten nehmen einen Kredit auf. Den kann man am Ende zurückzahlen, wenn man mehr mit den eigenen Behandlungen verdient.«

Brigitte schien endlich den Reißverschluss besiegt zu haben. »Ja, klar, wenn du dann *endlich* fertig bist, gehörst du natürlich auch zu den Gestopften. Dann ist das, was wir hier machen, wahrscheinlich unter deinem Niveau. Oder willst du dann weiter hier arbeiten?«

»Das weiß ich noch nicht. Aber ich muss jetzt wirklich …«

»Dauert sicher noch ein paar Jahre, nicht? Das sind ja etliche Stunden Therapie, die du machen musst. Neulich habe ich gehört, dass die Amerikaner früher jeden Tag zu ihrem sogenannten *Shrink* gegangen sind, jeden Tag – überleg dir das mal!«

Dieo klopfte zweimal auf den Besprechungstisch und verließ den Raum.

Als sie endlich auf der Couch bei Dr. Klammerthal lag, konnte sie gar nicht aufhören, sich über Brigitte auszulassen.

»Ich meine, was zum Teufel ist ihr Problem? Und wenn ich sieben Tage die Woche zu Ihnen käme. Das geht die doch einen Scheiß an!«

»Na ja, im Moment sind es vier Tage, und wir haben ja gesagt, dass wir ab dem Sommer reduzieren.« Meistens döste Klammerthal in seinem Sessel außerhalb ihrer Sichtweite, heute wirkte er beinahe redselig. »Wissen Sie, wir glauben ja, dass das Gönnen eine Leistung des Über-Ichs ist. Darunter liegt der Neid.«

Die Frage war, ob es nicht etwas selbstgerecht war, sich alles mit dem unbewussten Neid seines Gegenübers zu erklären, dachte Dieo.

»Worauf soll sie neidisch sein?«, fragte sie.

»Na ja, Sie sind dort reingeweht und haben Energie mitgebracht. Sie sind jung und attraktiv, leben in einer erfüllten Paarbeziehung …«

Dieo grunzte und Klammerthal lachte sanft.

»Mit erfülltem Kinderwunsch und …«

»Und was?«

»Sie sehen mich.«

Dieo überlegte, ob sie sich aufsetzen sollte, um ihn anzusehen und zu sagen, dass diese Aussage ganz schön vermessen war.

»Ähm, ja. Sie meinen, Brigitte beneidet mich um die fünfundsiebzig Euro teuren Stunden mit Ihnen?«

»Ja.«

»Sie könnte doch auch eine Analyse machen.«

»Und ich sehe ja auch Sie.«

»Ja, das stimmt, Sie sehen mich.«

»Und das stellt sich nicht in jeder Analyse her. Vielleicht hat Brigitte diese Erfahrung bisher nicht machen können und beneidet Sie darum.«

»Dann soll sie halt den Arsch hochkriegen!«

»Ja, das sagen die sozialpsychologischen Neidforscher auch.«

»Ach ja?« Dieo musste schmunzeln und wusste, dass Klammerthal das Gleiche tat.

»Na ja, nicht in diesen Worten. Aber ein reifer Umgang mit Neid besteht ja darin anzuerkennen, dass die Beneideten etwas beitragen zu ihrem Erfolg, dass sie Opfer bringen, die man selbst vielleicht nicht bereit ist zu bringen.«

»Opfer bringen, ja.« Dieo betrachtete die kahle Baumkrone hinter dem Fenster.

Als sie zu Hause war, ging es weiter mit den Opfern: dem Sysiphos'schen Zusammensuchen von Socken, Brotboxen und Turnbeutelinhalten. Warum war Sysiphos eigentlich ein Mann, wenn doch die Erfahrung der sich ewig wiederholenden Überlastung eine typisch weibliche war? Oma Rose hatte in den Ferien die abgewetzten Strümpfe der Jungs und ihre ergrauten T-Shirts auf dem Boden des Hausarbeitsraumes sortiert. Es erstaunte sie immer wieder, mit welcher Hingabe sie Dinge wie das Stopfen einer Socke erledigte.

Dieo hingegen sehnte sich nach einem Glas Cabernet, dunkler Schokolade und einem guten Gespräch mit ihrem Mann. Simon aber kam meist spät nach Hause, wirkte unausgeglichen und sprach viel von irgendwelchen »Deadlines« und »Launches«.

Gott, gingen ihr diese Anglizismen auf die Nerven. Sie setzte sich an den Esstisch, fegte ein paar Krümel auf den Boden und stellte ihre Teetasse ab.

Während sie in letzter Zeit häufig über die Bedeutung ständiger Verfügbarkeit nachgedacht hatte, hatte Simon neulich einfach so den Flug nach Marrakesch gebucht, weil sie das jetzt bräuchten. Dieo trank einen Schluck Tee, während Roses Worte in ihrem Kopf nachhallten: »Ihr ergänzt euch eben. Simon ist ein Aktivistl. Und du, du kannst von Zeit zu Zeit mal einen kleinen Schubs vertragen, Muckele.«

Es war grenzwertig, wie parteiisch ihre eigene Großmutter war. Dieo zog den Wäschekorb, der auf einer Sitzbank neben ihr stand, zu sich. Wenig später hatte sie zwölf verschiedene Socken in unterschiedlichen Schwarztönen nebeneinander auf den Tisch gelegt und dachte darüber nach, sie alle anzuzünden, als ihr Telefon klingelte. Eigentlich hatte sie auf das theatralische Lamento ihres Vaters gerade überhaupt keine Lust. Andererseits würde nicht abzunehmen nur bedeuten, dass sie ihn in den nächsten Tagen zurückrufen musste. Also lieber schnell hinter sich bringen.

»Hallo, Papis! Wie geht es dir?«

»Ma fille, ça va bien?«

»Ja, mir geht es gut und dir? Bei uns ist wie immer viel los.«

»Oh ja, bei mir auch. Es ist gerade wieder viel zu tun. Ich übersetze Nietzsches *Also sprach Zarathustra*. Aber das ist gute Arbeit, sie gibt meinem Leben Sinn, weißt du?«

Dieo klemmte sich das Telefon zwischen Ohr und Schulter, ging in die Küche und füllte den Wasserkocher.

»Das ist ja toll! Ein großer Auftrag, wow!«

Papis zögerte. »Es ist nicht direkt ein Auftrag. Ich mache das für mich. Ich finde wichtig, dass es eine neue, bessere Übersetzung auf Französisch gibt.«

Wie schaffte dieser Mann es bloß, sie immer und immer wieder zu enttäuschen. Es war nicht so, als habe sie hohe Ansprüche an ihn. Um genau zu sein, hatte sie schon seit Jahren überhaupt keine Ansprüche mehr an ihn. Früher hatte sie vielleicht gedacht, es wäre schön, wenn er ihr mal die Haare flechten würde. Das hatte sie dann mal im Schülerhort behauptet, als sie eine besonders schöne Flechtfrisur getragen hatte, einen französischen Zopf. Die Erzieherin hatte lang darüber gesprochen, wie wichtig es doch sei, dass Väter mehr von diesen traditionell mütterlichen Aufgaben übernähmen. Dieo hatte keine konkrete Erinnerung an diese Erzieherin. Sie hätte nicht sagen können, ob diese Frau besonders feministisch war. Ob sie sich mit ihr über Väter und deren Aufgaben unterhalten hatte. Sie hatte aber anscheinend geahnt, dass sie dieser Frau eine Freude mit der erfundenen Geschichte ihres flechtenden Vaters machte. In Wirklichkeit war der einzige Versuch ihres Vaters, ihr einen Zopf zu flechten, auf ihren expliziten Wunsch hin erfolgt und dann krachend gescheitert. Er hatte sich mit dem Haargummi fürchterlich angestellt. Sie hatte den schrägen Zopf gleich darauf wieder gelöst und sich gekonnt die Haare zu einem Knoten zusammengebunden.

Diesen Knoten hatte sie mindestens drei Viertel ihres Lebens getragen. Eine Zeit lang hatte sie ihre Haare chemisch geglättet. Das machte die Prozedur des Waschens, Haarkur-einwirken-Lassens, Ausspülens und vierzigminütigen Trockenföhnens allerdings nicht weniger aufwendig, weswegen sie auch in dieser Zeit meist einen Knoten getragen hatte.

Der *französische Zopf* war seither ein geflügeltes Wort zwischen Zazie und ihr geworden. Er stand für die Schwindeleien, mit denen sie sich als Kinder von der Realität erholt hatten. Während Papis von Leidensfähigkeit und ewiger Wiederkehr sprach, vibrierte das Telefon erneut und zeigte eine Nachricht von Zazie an. Sie müsse ihr gleich die Daumen für das Treffen mit ihrem Prof Daniel Rural drücken. Dieo legte sich aufs Sofa und gab den Namen in die Suchleiste des Browsers ein, während sie ab und zu ein »Hm« von sich gab. Auf dem Bildschirm ihres Smartphones erschien das Foto eines etwa sechzigjährigen Mannes, graues Haar, bärtig, ein verschmitztes Grinsen im Gesicht. *Der sieht nett aus*, schrieb sie Zazie und schickte ihr das Foto von der Webseite der Uni. Dann suchte sie eine Weile nach einem Emoji, das die Daumen drückte, fand schließlich die gekreuzten Finger und wählte den Hautton aus, der genau in der Mitte zwischen Säuglingsrosa und Papis' Hautfarbe lag. Papis wollte jetzt von ihr wissen, ob sie am Faschingswochenende schon Pläne habe, er würde sie gern besuchen und ihr die Übersetzung einfach mitbringen. »Dann kannst du dich selbst von meiner Arbeit überzeugen.«

»Oma Rose wird auch hier sein. Ihr habt euch lange nicht gesehen, oder?«

»Oh, es würde mich sehr freuen, deine Großmutter mal wieder zu treffen. Sie ist eine tolle Frau!«

Dieo rollte die Augen. »Gut, dann sehen wir uns in ein paar Wochen, ja?«

»À bientôt, Dieo!«

»Bis bald, Papis.«

»Ich dachte schon, du hättest mich Papa genannt …«

14 ZAZIE

Zazie schob ihr Fahrrad inmitten einer Traube von Student*innen über den Campus. Sie musste sich beeilen, um nicht zu spät und vollkommen verschwitzt bei Professor Rural anzukommen. Als sie das Fahrrad zwischen unzähligen Cruisern und Rennrädern angeschlossen hatte, betrat sie eilig das Gebäude. Nach all den Jahren schaffte sie es immer noch, sich hier zu verlaufen. Alles war symmetrisch und beige, es schien einerlei, ob sie den Flur rechts oder links hinablief.

Als sich die Türen des Aufzugs öffneten, sah sie Rural vorbeihuschen. Sie holte ihn ein, und als er sich umdrehte, befand er sich schon mitten im Gespräch mit ihr.

»Nie weiß man, wo man sich in diesem beigen Kubus eigentlich genau befindet. Habe mich schon wieder verlaufen auf dem Rückweg von der – wo war ich gerade noch mal? – Fachbereichssitzung. Wir beide haben jetzt einen Termin, oder?«

Zazie musste sich ein Schmunzeln verkneifen, als sie erwiderte, dass sie jetzt in seinem Büro verabredet seien und sie leider auch keinen blassen Schimmer hätte, wo das war.

»Alles in Brailleschrift hier, aber wenn man sein eigenes Büro nicht findet, wird's schwierig. Vielleicht muss ich mich mal in Braille beschweren«, wetterte Rural, und Zazie dachte, dass sie gerade nicht nur mit einem der kritischsten Menschen dieses Fachbereichs, sondern auch mit einem der witzigsten durch die Gänge lief.

»Ihre Arbeit war natürlich, ich erinnere mich gut, das war natürlich schmerzhaft.«

Zazie zuckte zusammen. Obwohl er ihre Masterarbeit als inhaltlich, methodisch und methodologisch ausgezeichnet bewertet hatte, beschlich sie die Angst, er habe sie treffen wollen, um sie letztlich doch zu rügen.

Sie hatte alles auf eine Karte gesetzt und das Parteiprogramm der AfD analysiert. Sie musste allerdings feststellen, dass sich die Scheiße zunächst einmal fast harmlos las. Frustriert hatte sie rechte Foren durchkämmt und fiebrig versucht, den menschenverachtenden Rotz, der im Internet zu finden war, mit diesem Programm in Verbindung zu bringen.

»Vielleicht bin ich dafür ein bisschen zu schlicht, aber es ist gar nicht so leicht zu verstehen, was diese Neurechten planen, wenn man sich nur die offiziellen Publikationen anschaut. Oder wie sehen Sie das, Frau Ambs?«, fragte er sie jetzt. »Aber Sie haben das Programm dann erstaunlich detailliert analysiert und das Menschenbild dieser Jungs herausgearbeitet. Chapeau, kann man da nur sagen. Tut natürlich weh.«

»Was meinen Sie genau?«, traute sie sich zu fragen.

»Na ja, dass wir uns als Gesellschaft mit Ökonomisierung, Optimierung und Liberalisierung an einen Ort manövriert haben, an dem menschenverachtende Eugeniker uns erzählen können, was sie vorhaben, und wir nicht so richtig wissen, was genau daran jetzt problematisch ist. Auf den ersten Blick zumindest.« Er fuhr sich durchs Haar. »Dass es eine auf Krawall gebürstete Pädagogikstudentin braucht, die herausarbeitet, dass diese Leute nur konsequent zu Ende denken, woran wir alle«, er blieb stehen, »seit Jahren mitarbeiten. Die Leistungsgesellschaft, aber auch wir hier.« Er sah sich ratlos um.

»Ah, ein bekanntes Gesicht«, rief er der Sekretärin seines Instituts entgegen und eilte den Gang hinunter. »Hier haben wir es doch!« Das Schloss seiner Bürotür blinkte, als er seine Karte davorhielt. »Voilà! Nehmen Sie Platz, Frau Ambs!«

Zazie spürte ein Engegefühl in der Brust, so als stünde sie kurz vor einer mündlichen Prüfung. Wollte er ihr erzählen, dass er mit der Gesamtsituation unzufrieden war? Dass ihn die Ökonomisierungsprozesse an dieser Hochschule fertigmachten und dass sie Wegbereiter für antidemokratische Tendenzen waren?

»Ja, danke noch mal für dieses tolle Gutachten«, stotterte sie.

Er lächelte sie an, was beinahe süffisant wirkte, und bedeutete ihr, Platz zu nehmen. »Bitte schön.«

Sie setzte sich.

»Ich würde Ihnen gerne ein Angebot machen.« Er lehnte sich in seinem Schreibtischstuhl zurück und sah sie unverwandt an.

Was würde sie tun, wenn dieses Angebot beinhaltete, dass sie all seine Arbeit übernehmen sollte, um hier eine halbe Stelle zu bekommen?

»Und was ist das für ein Angebot?«

»Es ist so: Ich kann Ihnen nicht sofort eine Stelle anbieten. Aber Sie könnten im kommenden Semester mal als Externe in die Lehre reinschnuppern und ab Oktober mit einer Fünfzigprozentstelle hier anfangen. Also vorausgesetzt, Sie können sich vorstellen zu promovieren.«

Ihr Herz begann schneller zu schlagen.

»Promovieren?«

»Ja, promovieren. Vier bis zehn Jahre, ein Buch schreiben, viel lesen, Sie wissen schon. Frau Doktor Ambs klingt doch gut.«

Zazie nickte.

»Leider gehört auch der ganze Papierkram vom Mentoringprogramm dazu.«

Sie hörte ihm kaum mehr zu, stellte sich vor, wie sie tagelang lesend in einem Büro wie diesem verbrächte.

»Darf man ein Sofa im Büro haben?«

»Wie bitte?«

»Ich habe mal bei einem Prof hier am Fachbereich ein Sofa im Büro gesehen ...«

»Das müssen Sie wohl mit der Person klären, mit der Sie Ihr Büro teilen. Ach so, und natürlich dem Faciltydings.«

Sie nickte wieder.

»Ich würde mir das gerne in Ruhe überlegen«, sagte sie langsam. »Bis wann habe ich Zeit?«

Rural lächelte. »Klar, nehmen Sie sich Zeit, und geben Sie mir wegen des Sommersemesters am besten in ein oder zwei Wochen Bescheid. Sie können ja mal auf der Frühjahrstagung in Leipzig vorbeischauen, gucken, ob sie mit den Nasen dort etwas anfangen können. Was die Stelle betrifft, müssen Sie sich ohnehin formal bewerben, das kommt dann im Sommer.« Er stand auf und seufzte. »Ja dann, ich bin gespannt, von Ihnen zu hören. Ich frage mich, was Ihre Generation mal aus diesem Laden machen wird ...«

Zazie nahm ihre Jacke von der Stuhllehne, verabschiedete sich und verließ mit glühenden Wangen sein Büro.

Zu Hause angekommen ließ sie ihren Rucksack noch im Flur fallen und zog ihre Jacke aus. Sie drehte ihre Braids zu einem riesigen Nest auf ihrem Kopf zusammen und ging in die Küche. Erst eine Zigarette drehen? Nein, zeichnen. Sie riss ein Blatt Papier von einem Block ab und legte es auf den Tisch. Die kleine Zazie stand in ihrem Zimmer und strahlte über das ganze Gesicht. Sie hatte einen gemusterten Pyjama an, und die Wesen, die unter der Decke schwebten und ihr die Hände entgegenstreckten, trugen Gewänder mit dem gleichen Muster.

Und plötzlich reichten sie Zazie ihre Hände und zogen sie in
eine Welt voller Brüder und Schwestern.
Zazie tanzte mit ihnen Tage und Nächte
und fast ein ganzes Jahr.

15 DIEO

Simon war bereits seit zwölf Minuten zu Hause und telefonierte mit Christian. Er hatte seine Jacke mit dem großen Kragen an die Garderobe gehängt, seine Schuhe ausgezogen und sich in einen Sessel fallen lassen. Es war, als wollte er ihr mit seiner Körperhaltung zeigen, dass dieses Gespräch ihm kein Vergnügen bereite und jede Kritik daran keine Kritik an ihm sein dürfe, sondern sich an ein entferntes Außen richten müsse, das ihn dazu zwinge, hier zu sitzen, vierzig Minuten nach der Zeit, die sie vereinbart hatten. Zweiundvierzig Minuten, um genau zu sein.

Dieo wusste nicht, wann sie wieder angefangen hatte, die Minuten zu zählen. Sie wusste, dass sie es als Kind getan hatte, weil die Worte »gleich« und »einen Moment noch« bedeuten konnten, dass Ulrike endlos erscheinende Monologe über einen Mann oder einen ihrer Patienten hielt, bevor sie ins Schwimmbad aufbrachen.

Simon hatte kleine Knöpfe im Ohr, sein iPhone in der Hosentasche und schien sich Mühe zu geben, in einem möglichst geschäftlichen Tonfall zu sprechen. Das Glück und das große Problem an ihrem Mann waren, dass er sie auf eine Weise kannte, ja verstand wie kein anderer Mensch. Er beherrschte die Klaviatur ihrer Ängste und Zweifel, ihrer

Empfindlichkeiten und Empfänglichkeiten perfekt. Hatte sie einen Wutanfall, warf er ihr einen schelmischen Blick zu und verwandelte die Situation in etwas grotesk Komisches. Dann war sie unfähig, sich daran zu erinnern, was eben noch das Problem gewesen war.

Simon verabschiedete sich und stand auf. Er entschied aber nicht etwa, sich bei ihr zu entschuldigen oder ihr einen Kuss auf die Stirn zu drücken, sondern verschwand im Badezimmer und blieb dort weitere fünf, vielleicht sogar zehn Minuten. Die Jungs lagen in Leanders Zimmer und hörten griechische Sagen, Dieo würde also nicht mit der Belastung durch die Betreuung, Bekochung oder Bespaßung der beiden argumentieren können. Warum glaubte sie eigentlich, ihren Ärger in einem Streit erklären zu müssen, der durch die einstündige Verspätung ihres Mannes verursacht war? Wie kam es immer wieder zu dieser Schieflage?

Sie hörte, wie er sich die Hände wusch, langsam öffnete sich die Tür. Simon spazierte an ihr vorbei in die Küche und murmelte: »Sorry, dass das jetzt so lange gedauert hat. Willst du auch was trinken?«

Er steckte den Kopf aus der Küchentür. Sie war kurz davor, hysterisch zu lachen.

»Sag mal«, sie wusste, dass ihr Gesichtsausdruck gerade leicht wahnsinnig wirken musste, »hast du eigentlich vor, dich zu entschuldigen?«

»Habe ich doch gerade«, erwiderte er wahrheitsgemäß.

»Ich bin seit heute Morgen um Viertel vor sieben auf den Beinen, um Kinder zu wecken, Brote zu schmieren, Kinder herumzukutschieren, zur Arbeit zu hetzen, um weitere Kinder und ihre Eltern zu fragen, wie es ihnen geht, bevor ich losfahre, um deine Kinder abzuholen, Snacks zuzubereiten, das morgendliche Chaos zu beseitigen und mir Gedanken darüber zu machen, wie ich diese Ausbildung schaffen soll, wenn nicht mal die zwei oder drei Stunden, die ich mir nach einem vollen Arbeitstag für irgendwelche hochkomplizierten Texte abknapse, übrig bleiben, weil du kommst, WANN DU WILLST!«

»Es tut mir leid. Wirklich.« Er ging auf sie zu.

»Zazie sagt, ich leide unter *mental load*!« Sie stand auf, um an ihm vorbei in die Küche zu gehen.

»Unter was?« Er sah sie durch die offene Tür an, während sie den Kühlschrank öffnete.

»... unter mentaler Überlastung ...«

»Aha. Ich dachte, ihr hättet heute euren Jour fixe gehabt.«

»Ja, hatten wir auch. Wir haben viel über ihr Hanau-Projekt geredet«, antwortete sie. »Soll ich deshalb etwa ein schlechtes Gewissen haben? Dass ich mich mit meiner Schwester treffe, um über ein kollektives Trauma zu sprechen?«

»Nein, ich fand nur, dass dein Rant ziemlich einseitig war. Ich habe mit Christian telefoniert, weil in meinem Zehn-Stunden-Arbeitstag keine Zeit dafür war, geschweige denn für ein Mittagessen mit einem Freund. Im Moment jagt eine Deadline die nächste. Das wird bis zum Launch nächsten Monat so bleiben. Und ich bin ehrlich gesagt immer der Erste, der geht. Das ist nicht der Ruf, den man als Rookie haben will, glaub mir.«

Das schlechte Gewissen meldete sich leise, und Dieo suchte nach Argumenten, die stützten, was vor wenigen Minuten noch so klar erschienen war. »Es war wahrscheinlich eine Schnapsidee zu glauben, dass dein neuer Job mit der Ausbildung vereinbar ist«, sagte sie schließlich resigniert.

»Was wäre, wenn du anfangen würdest, Texte zu lesen, während die Kinder miteinander im Zimmer spielen, statt dich in deine Wut auf mich hineinzusteigern?«

»Siehst du, das ist *mental load!*«, gab sie zufrieden zurück.

»Ich verstehe immer noch nicht, was jetzt damit gemeint sein soll …«

»Dass ich ständig darüber nachdenke, wie das alles funktionieren kann, wann der nächste Elternabend ist und ob die Kinder Regensachen für den Ausflug dabeihaben, während du dich um eine Stunde verspätest und dann erst mal in aller Ruhe kacken gehst!«

Simon lächelte sie an, als hätte sie ihm gesagt, dass er ein besonders gelungenes Exemplar seiner Spezies sei.

»Du findest das also lustig?«, fragte sie und konnte sich ein Grinsen nicht verkneifen. »Zazie ist der Meinung, du müsstest mir das alles bezahlen. *Carework* heißt das«, legte sie nach, hatte aber sofort das Gefühl, unsouverän zu wirken.

»Aber ich sorge doch für dich und die Jungs, oder nicht?«, fragte er, sein Ton hatte sich verändert.

»Ja, du sorgst sehr gut für uns«, sagte sie und merkte, dass sie eigentlich schon vor Minuten den Elan verloren hatte, das alles auszudiskutieren.

Sie musste Zazie unbedingt fragen, wie Menschen, die über Carework nachdachten, sich das konkret vorstellten. Sollte man von seinem Partner einen Stundenlohn dafür verlangen, dass man sich um die gemeinsamen Kinder kümmerte? Sollte man den Stundensatz anpassen, wenn das Kind gerade zahnte oder stundenlang auf dem Teppich seines Zimmers lag und Hörbücher hörte?

»Warum ist bloß alles so anstrengend?«

Simon schien einen Moment nachzudenken, streckte

sich dann auf dem Sofa aus und sah sie an. »Ich habe Zazie letzte Woche zum Mittagessen getroffen.«

»Was? Warum denn?«

»Keine Ahnung, sie wollte mit mir über Weihnachten reden.«

Dieo räumte die Kopien eines Textes, auf den sie heute Nachmittag zwei Stunden lang gestarrt hatte, ohne ein Wort zu lesen, beiseite.

»Komm doch mal zu mir.«

»Nur, wenn du mir erzählst, warum du dich heimlich mit meiner Schwester triffst!«

Er nickte, und sie stand auf, um sich neben ihn zu legen. Während sie an die Decke sahen, erzählte er ihr von weißen Wolken.

»Woher hat sie das? Ich meine, ist das eine Theorie oder so?«

»Keine Ahnung.« Er strich ihr über den Arm. »Ich wünschte nur, dass deine weißen Wolken etwas weniger anspruchsvoll wären.«

Er hatte recht. Es waren ja letztlich ihre Vorstellungen und Wünsche, die sie abends aus dem Bett krabbeln und einen Blätterteig aus der Tiefkühltruhe holen ließen, damit sie am nächsten Tag zwei verschiedene Sorten Zimtschnecken für irgendeinen Bakesale in der Schule fabrizieren konnte. Es war sie, die Ende November begann, stundenlang im Internet nach origineller und nachhaltiger Weihnachtsdeko und Rezepten für allergenfreie Plätzchen zu suchen.

»Aber ich sorge doch auch gut für dich und die Jungs, oder?«, fragte sie ihn jetzt, und er schmunzelte. »Ich koch uns mal was.«

16 SIMON

Das war es, was sie gebraucht hatten. Abstand vom Alltag, einen Drink in der Hand und einander. Erst hier und jetzt an diesem Frühstückstisch im Innenhof eines Riad war er wieder in der Lage, seine Frau wirklich zu sehen. Als wäre sie erst aufgewacht, als er sie aus dem nasskalten Januarwetter heraus in das milde Klima Marrakeschs gehoben hatte, wie einen kleinen Vogel, der zusammengekauert in seinem kleinen Strickmantel ...

»Hörst du mir überhaupt zu?«, fragte Dieo ihn gereizt.

»Entschuldige, was hast du gesagt?« Er lächelte sie an.

»Wovon träumst du gerade?«

»Ich – ich habe gerade gedacht, dass du wie ein kleiner Vogel bist.«

Sie hob eine Augenbraue.

»Ja, ein Babyvogel, der erst ab zwanzig Grad anfängt, die Augen für die Welt zu öffnen.«

»Das wäre dann eher eine Echse«, sagte sie. »In Frankfurt verfalle ich in Froststarre.«

»Ich wollte nicht gleich einen Streit provozieren, indem ich dich beim Frühstück mit einer Echse vergleiche«, schob er nach, und sie legte den Kopf zur Seite, so als wollte sie sagen: »Fair enough.«

Die Atmosphäre, die seit ihrer Abreise aus Frankfurt entstanden war, hatte wenig mit der ihres Alltags zu tun. Selbst jetzt, wenn sie über Dieos fragiles Wohlergehen sprachen, hatte ihr Gespräch das Spielerische, das ihnen zu Hause so oft verloren ging.

»Worauf hast du heute Lust?«, fragte er sie und dachte, dass die Farbe des Orangensafts ihr unglaublich schmeichelte.

»Du hast doch bestimmt was im Ärmel«, sagte sie.

»Wir könnten Heißluftballon fahren, danach eine Runde über den Markt gehen, vielleicht einen schönen Teppich für Jonathans Zimmer kaufen und heute Abend in ein Rooftop-Restaurant.«

»Heißluftballon? Das ist mir too much. Lass uns erst mal einfach auf den Markt gehen.«

Sie griff nach einem Stück Brot und biss davon ab. Die Ballonfahrt hatte er bereits gebucht. Er hatte geahnt, dass seine Frau zunächst etwas daran auszusetzen hätte. Selfiesticks waren ihr peinlich, bis sie realisierte: »Simon, das sieht alles aus, als hätte jemand sich richtig Mühe gemacht, uns zu fotografieren!« Sie wollte auf den Azoren in Airbnbs ohne Internet, damit nicht »jeder an seinem Gerät hängt«, und schaute sich dann mit ihm zwei Staffeln *Narcos* im Bett an. Seine Frau musste manchmal zu ihren guilty pleasures gezwungen werden (das klang widerlicher, als er das meinte).

Er stand auf, um sich die Zähne zu putzen. Er hatte versprochen, weniger auf sein Handy zu sehen, während sie hier waren, also musste er sich in regelmäßigen Abständen ins Badezimmer zurückziehen. »Mirhad« – Toilette – und »Zina« – Körperpflege – waren zwei der wenigen Wörter, die er auf Arabisch gelernt hatte.

Wörter wie diese waren die Mitbringsel, die Leander besonders liebte. »Wie sagt man da eigentlich ›Ich heiße Leander‹?«, wollte er wissen, als sie aus Barcelona zurückgekommen waren, oder nach ihrem Urlaub auf den Azoren: »Was heißt ›Hier stinkt's‹ auf Portugiesisch?« Sie sahen dann im Internet nach und spielten unzählige Male die Audioversionen unterschiedlicher Schimpfwörter ab, und die Jungs kringelten sich beim Klang des dänischen Wortes für Stinktier.

Nachdem er die Nachrichten und Kryptokurse gecheckt hatte, putzte er sich die Zähne, feilte sich bei der Gelegenheit auch die Fingernägel und stutzte seine Barthaare.

Als sie am Abend auf dem Rooftop der *Pergola* saßen, Gin Tonic tranken und Jazz hörten, befühlte Dieo seinen Bart, ein sicheres Zeichen dafür, dass sie heute miteinander schlafen würden.

»Denkst du viel an die Kinder?« Sie rührte mit einem Stab in ihrem Glas.

»Weißt du, was Otis von mir wissen wollte, bevor wir gegangen sind?«

»Hm?«

»Papa, hat er gesagt und mich ganz nah an sich herangezogen.« Simon griff über den Tisch hinweg nach ihrem Hinterkopf und zog sie sanft zu sich heran.

»Papa, gehst du in Marokko durch die *Abendluft* spazieren mit Mama?« Er lispelte genau wie Otis.

»Und, und *macht ihr ein Fahrradtürchen zum Restaurant*, hat er mich gefragt.«

»Es ist unglaublich, wie gut du ihn nachmachen kannst. Bis hin zu seinem Wimpernklimpern ...« Dieo stützte ihren Kopf auf einer Hand ab und schien einen Moment nachzudenken. »Was er sich alles vorstellt.«

Sie hatte wieder die Kinderanalytikerin angeschaltet und würde ihm gleich erklären, welche Eigenschaften ihrer Söhne ein Zeichen für diese Fähigkeiten oder jene Symptome seien.

»Er wollte natürlich auf was ganz Bestimmtes hinaus ...«, sagte er. »Ob ich dann mit dir an der Laterne *knutschen* würde auf dem Heimweg, wollte er wissen. Er hat mir auch ein paar Tipps gegeben, wie ich das angehen soll.«

»Ah ja?« Dieo schmunzelte.

Am Nachbartisch nahm ein Paar Platz. Anscheinend Franzosen.

»Excuse me, have we met before?«, wollte die Frau jetzt von Dieo wissen.

»Sie waren in der Gruppe nach uns, ich erinnere mich«, sagte Dieo und er nickte.

Jetzt begann sein Tischnachbar zu erzählen, dass seine Frau und er sich nicht einig seien, ob diese Ballonfahrt »'orribly corny« oder eine seltene Gelegenheit auf den Anblick unberührter Natur gewesen sei. Dieo nickte enthusiastisch und schien sie beide in diesem Paar wiederzuerkennen. Als der Hauptgang serviert wurde, befand sie sich mit der Frau im Gespräch über die seelischen Zustände Achtjähriger, und Simon musste sich anhören, was Mathieu für das Hauptproblem hielt. Erstens sagte er immer wieder »Se world is falling apart, n'est pas?«. Und das liege zweitens an einer alles umfassenden »sensibilité«. Simon hatte eine grobe Ahnung, in welche Richtung das jetzt gehen würde. Wenn er seine Kinder betrachte, sagte Mathieu, während er sich eine Zigarre anzündete, frage er sich, wie die mit echten Problemen je fertigwerden wollten. Sie hörten in sich hinein, ununterbrochen, diese jungen Menschen, guckten auf ihre Telefone und seien im Grunde nicht überlebensfähig.

Nach dem Dessert schlug Anne vor, gemeinsam noch eine Flasche Wein zu bestellen, da warf Dieo ihm einen kurzen Blick zu und er sagte etwas von Magenproblemen und dass er jetzt wirklich zurück ins Hotel müsse. Dieos gespielte Enttäuschung hätte nicht einmal Otis überzeugt.

Als sie wieder im Hotelzimmer waren, warf sie ihre Handtasche in eine Zimmerecke und zog ihre Silberarmreifen aus. »Das nächste Mal musst du mich bremsen! Warum lasse ich mich immer wieder in Gespräche verwickeln von diesen unglücklichen Menschen ...«

Er griff nach ihrer Hand. »Weil du Menschen magst.«

»Tue ich das?«

Er küsste ihre Wange und dann ihre Nasenspitze. »Hm.«

Sie schliefen miteinander, und Simon dachte, dass er jetzt einmal im Monat nach Marokko reisen wollte. »Wir sollten Mathieu und Anne öfter treffen.«

»Du meinst, um dann vor ihnen fliehen zu müssen?«

Er nickte. »Vielleicht war es das, ja? Vielleicht ist es aber auch einfach die Einsicht, dass wir nicht in einer dieser verschrobenen Höllen leben.« Er strich ihr über den Arm. »Ich meine, es sind ja nicht nur dein Körper und deine Seele. Es ist noch etwas anderes ...«

»Was denn?«

»Ich weiß, dass du mir sagst, wenn ich ein Idiot bin.«

Dieo zuckte mit den Schultern. »Nicht immer.«

Er griff nach einer Wasserflasche auf dem Nachttisch. »Ich hatte bei diesem Mathieu das Gefühl, er hat sehr lange nicht gehört, was für ein selbstgerechter Besserwisser er ist.« Er hielt Dieo die Wasserflasche hin, nachdem er daraus getrunken hatte. »Verstehst du, was ich meine?«

»Ich bin dein Korrektiv …« Sie setzte sich auf und trank einen Schluck.

17 ZAZIE

Als das Display des Telefons ihr anzeigte, dass Ulrike anrief, ging sie ins Badezimmer und sah sich im Spiegel an. Sie zählte bis zehn, dann bis zwanzig, das Telefon hatte aufgehört zu vibrieren, nur um sich kurz darauf wieder zu melden. Sie zupfte sich die Augenbrauen und bepinselte danach ihr Gesicht mit einer drei Jahre alten Gesichtsmaske. Sie lief durch die Wohnung und sah sich um. Es fiel ihr all das ins Auge, was Ulrike ihr mal vermacht hatte. Sie habe sich einen neuen Schrank gekauft und wisse nicht, wohin mit dem alten. Der Wandspiegel habe ihr einfach nicht mehr gefallen, ob Zazie ihn nicht in ihrem Flur aufhängen wolle. Zazie zog ihre Daunenjacke an und ging auf den Balkon. Selbst hier stand ein Stuhlpaar, das ursprünglich einmal ihrer Mutter gehört hatte. Sie zündete sich eine Zigarette an. Die Gesichtsmaske fühlte sich kalt an, und Zazie fragte sich, ob sie ab einer bestimmten Temperatur auf ihrem Gesicht einfrieren würde. Sie stellte sich vor, wie Ulrike panische Nachrichten an Dieo und Simon schrieb und die beiden in ihrem marokkanischen Riad die Koffer packen mussten, weil angeblich einer von Ulrikes Patienten suizidal war. Sie drückte die Zigarette aus und ging wieder hinein.

Als sie sich die Maske vom Gesicht gewaschen hatte und

sich ihre Haut wie ein Babypopo anfühlte, ging sie in die Küche und griff nach ihrem Telefon. Winta hatte ihr wegen morgen Abend drei Nachrichten geschrieben, Ulrike hatte sie natürlich übertroffen:

> 14:02 Hey Süße, kannst du in die Nordendstraße kommen? Bräuchte dringend deine Hilfe beim Babysitten!
>
> 14:11 Hey Zazie, Folgendes: Es geht um einen Patienten, er ist ziemlich instabil. Ich muss in die Klinik. Am besten gleich! Kannst du mich zurückrufen?
>
> 14:15 Ich erreiche dich nicht. Es wäre dringend. Bitte ruf mich an!
>
> 14:32 Kannst du um drei hier sein? Ich würde Leander und Otis ungern allein lassen.

Winta schrieb sie, dass family drama dazwischengekommen sei, aber dass sie hundertprozentig morgen Abend pünktlich um fünf im JUZ sei. Sie zog ihre Turnschuhe an und packte drei T-Shirts und drei Unterhosen in ihren Rucksack. Eine Zahnbürste hatte sie in der Nordendstraße.

Mit Leander und Otis hatte sie unter dem Hochbett ein Matratzenlager gebaut und dann gemeinsam mit ihnen darauf geschlafen. Am nächsten Morgen hatten sie Dieos alte Kassetten von Janosch und Astrid Lindgren gehört, und Zazie hatte versucht, den Jungs zu erklären, dass das N-Wort-König ein Wort war, mit dem Menschen versucht hatten, anderen ihre Würde zu nehmen. Leander hatte dann gesagt, dass Simon sich auch immer über Mamas alte Kassetten aufrege. Otis hatte wissen wollen, ob das mit der Würde weggehe, wenn man sie *digilatisiere*, so wie Simon das vorhabe, und sie hatte resigniert genickt. Nach einem Ausflug in den Ostpark hatten sie nachmittags Waffeln gebacken, und gegen vier war Jonathan gekommen, um bei den Kleinen zu bleiben.

»Danke, Joni! Guck dir mal meine Story an später, dann ist es, als wärst du live dabei. Winta und Lamine haben ultraviel vorbereitet in den letzten Tagen!«

»Ja, gerne! So cool, dass ihr das macht …« Er umarmte sie, während Otis sich an seinem Bein festhielt.

»Wir spielen jetzt Verstecken, bis du zurück bist, Zazie!«

»Ihr könnt Zazie ruhig sagen, dass wir zusammen einen Film gucken.«

Otis grinste verschmitzt. »Joni lässt uns Filme ab sechs gucken, obwohl ich ja erst so bin.« Er hielt Zazie vier Finger entgegen. »Mama erlaubt das eigentlich nicht. Aber ich halte mir immer die Augen zu, wenn's zu doll wird.«

»Joni war vor Kurzem ja auch noch so klein wie du. Der kennt sich aus …« Sie strich Otis über den Kopf.

Zazie schloss die Wohnungstür hinter sich und sah auf ihr Telefon. Papis hatte ihr geschrieben. Wie konnte es sein, dass ausgerechnet, wenn sie versuchte, mit ihren Freund*innen das kollektive Trauma eines rassistischen Anschlags aufzuarbeiten, ihre beiden Eltern sich innerhalb von vierundzwanzig Stunden bei ihr melden mussten?

> Néné, ich bin deiner Einladung gefolgt und befinde mich im Zug nach Frankfurt. Ankunft am Bahnhof: 17:30. Euer Projekt klingt interessant, und ich werde es nicht verpassen.

Upsi. Sie hatte Papis wohl in den Verteiler aufgenommen, als sie die Einladung zur Gedenkveranstaltung verschickt hatten.

> Hallo, Papis, ich hatte keine Ahnung, dass
> du kommen würdest! Fahr am besten mit der
> S-Bahn zum Offenbacher Marktplatz und
> ruf mich dann an, ich hole dich dort gegen
> 18 Uhr ab.

Sie wickelte sich ein buntes Halstuch, das sie in Dieos Schrank gefunden hatte, um den Kopf, um ihre Ohren gegen den Wind zu schützen, und trat auf die Straße.

Als Zazie ihr Fahrrad vor dem JUZ angeschlossen hatte, kam Lamine auf sie zugelaufen. »Hey! Endlich bist du da. Winta ist schon ziemlich am Durchdrehen ...«

Sie umarmten einander, und dann raunte er ihr zu, dass Winta wieder einen auf Eventmanagerin mache. »Wir haben uns vor zwei Stunden getroffen. Sie sieht aus, als würde sie gleich 'ne Dragshow veranstalten.« Die Menge von Wintas Make-up hatte schon immer mit dem Grad ihrer Aufregung korreliert.

Sie betraten das JUZ. Die Jungs hatten etwa zwanzig Stühle in Reihen aufgestellt und aus der Sofaecke eine Art Bühne gemacht. Es standen ein paar Leute in Grüppchen herum, wahrscheinlich Student*innen von der Hochschule für Gestaltung. Ayoub und ein paar Jungs, die ihr nur vage bekannt vorkamen, befestigten gerade eines der Porträts, das sie in den letzten Wochen auf Pappe gesprayt hatten.

Als er sie sah, kam er auf sie zu. »Zazie! Wir dachten schon, du bist untergetaucht!« Er stellte sie den anderen

Jungs vor. »Das ist Zazie, die arbeitet hier mit Achim und so.«

Sie schüttelte ein paar Hände.

Jetzt kam Dragan dazu. »Ey, Zazie, was geht?«

»Was geht bei euch? Seid ihr vorbereitet?« Zazie hatte den Jungs schon vor Wochen vorgeschlagen, sich mit dem Schicksal eines der Ermordeten zu beschäftigen und dann am open mike etwas dazu zu sagen.

»Geht, geht. Auf den letzten Drücker und so ...« Ayoub grinste schelmisch.

Lamine legte seine Hand auf Ayoubs Schulter. »Ach was, die Jungs haben sich richtig reingehängt!«

Winta kam aus der Küche. Jetzt sah sie Zazie. »Oh mein Gott, Zazie!« Sie rannte, so gut es ihre Plateauschuhe zuließen, auf sie zu. »Ich dachte schon, du kommst nicht mehr, ohne Scheiß!«

»Es war ein bisschen stressig mit meiner family. Tut mir leid!« Zazie sah jetzt Ayoub und Dragan an. »Wollt ihr mir zeigen, was ihr vorbereitet habt?«

»Wart's ab! Wir gehen noch mal ins Büro und proben kurz ...« Er winkte den anderen. »Jungs, kommt ihr?«

Als sie im Büro verschwunden waren, sah Zazie, dass Lamine zwei Wasserkästen aus dem Keller geholt hatte. »Warte, ich helf dir!«

»Das geht schon! Erzähl mir lieber, warum du so spät bist ...« Er zwinkerte ihr zu. »Liegt es vielleicht doch an deiner situationship?«

Zazie schüttelte den Kopf. Winta kam aus der Küche und hielt ihr eine Tüte Chips unter die Nase. »Ja, was geht mit *white boy?*«

»Das hat wirklich nichts mit Max zu tun. Ihr wisst ja,

dass meine Mom ein bisschen, na ja, dass wir eine schwierige Beziehung haben und …«

»So wie jeder Mensch ever!«, unterbrach Winta sie und stopfte sich eine Hand voll Chips in den Mund.

»Nein, nicht so wie jeder Mensch ever!«

Lamine sagte, er werde sich etwas aus dem Kühlschrank holen, und verschwand.

»Guck mal, Zazie. Es geht heute um Kaloyan und Vili, um Mercedes und Ferhat, um Hamza und Said Nesar, um Sedat, Gökhan und Fatih. Und sonst niemanden!« Sie ließ sich aufs Sofa fallen.

Und um Mouhamed, dachte sie. »Du hast recht!« Ihr Blick fiel auf Wintas Telefon. »Scheiße, ist es schon sechs?!«

Winta sah jetzt auch auf ihr Telefon. »Ja, gleich. Wir wollten so in einer Stunde die Tür aufmachen.«

»Ich muss zum Marktplatz. Mein Vater wartet da auf mich …«

Sie erkannte Papis schon von Weitem, obwohl es bereits dunkel war. Er trug einen Hut und einen beigen Trenchcoat. »Ma fille!«, rief er, als er sie erblickte, und streckte die Arme aus.

»Entschuldige, dass ich so spät bin. Heute ist ein verrückter Tag …«

Er legte den Arm um sie und sagte, dass er in diesem Jahr noch keinen Tag erlebt habe, der nicht verrückt gewesen sei. »In Dakar werden die Büros von Journalisten in Brand gesteckt, und heute werden wir uns mit der …«, er setzte seinen Denkerblick auf, »… Erosion der Demokratie befassen, ja?«

»Ja, so was in der Art …«

»Können wir deinem klapprigen Vater etwas zu essen besorgen, bevor wir deine Freunde treffen?« Er legte die Hand auf seinen Bauch.

Zazie sah auf die Uhr. »Ja, aber wir müssen uns beeilen. Es geht um halb acht los, und eigentlich muss ich den anderen noch bei den Vorbereitungen helfen …«

»Es wird ganz schnell gehen. Ein bisschen Reis reicht mir. Gibt es hier einen Kebab, vielleicht?«

Um kurz nach sieben sah sie ihrem Vater dabei zu, wie er sich den letzten Bissen Fladenbrot in den Mund schob. »Voilà, das war gut! Und du willst sicher nichts essen? Du bist schmal geworden, ma fille.«

»Ich sehe immer gleich aus, Papis. Und ich esse später etwas mit den anderen, keine Sorge.« Sie griff nach ihrer Bauchtasche und stand auf.

Als sie zum JUZ spazierten, erklärte sie Papis, was das Anliegen der »Wir sind Hanau«-Veranstaltung war. »Wir wollen der Entmenschlichung entgegenwirken, indem wir fühlbar machen, was uns ausmacht.«

»Euch ausmacht?«

»Ja, uns alle, unsere Lebensrealität.«

»Aber du hast doch eine andere Realität als Jugendliche in einer Shishabar …«

»Ach ja?«

»Ja.«

»Es geht aber um das Verbindende. Alle, die die Veranstaltung geplant haben, sollten sich mit den Geschichten der Ermordeten auseinandersetzen und den Besucher*innen dann etwas zeigen, was ihnen dazu in den Sinn kam.«

»Warum sagst du immer *Innen* nach bestimmten Wörtern?«

»Ich gendere.« Sie beschleunigte ihren Schritt.

»Du änderst? Was, die Sprache?«

»Ja, Papis. Es geht um gendersensible Sprache, Geschlechter, weißt du? Jetzt müssen wir uns aber wirklich beeilen.«

Papis bemühte sich, mit ihr mitzuhalten. Aus dem Augenwinkel sah sie, wie er nachdenklich nickte.

Als sie im JUZ ankamen, waren bereits alle Stuhlreihen besetzt. Vorne saßen wohl ein paar Leute aus der Nachbarschaft, sie erkannte einige Kunststudent*innen, die hier ab und zu Workshops angeboten hatten. Die Jungs saßen in der letzten Reihe oder standen dahinter an der Wand.

Winta gab ihr ein Zeichen, sie hatte zwei Sitzplätze frei gehalten. Als sie sich hingesetzt hatten, begann Lamine, ein paar Begrüßungsworte zu sagen. Er dankte dem JUZ und bot Zazie an, etwas zu sagen, aber sie stand nur kurz auf, um die Besucher*innen wissen zu lassen, dass Winta und Lamine alles organisiert hatten. Ayoub, Dragen und die anderen nahmen jeweils eines der Graffitiporträts in die Hand und betraten die Bühne. Nacheinander sagten sie die Namen der Ermordeten. Während sie schwiegen, spürte Zazie Papis' Blick auf ihr ruhen.

Winta nahm die Plakate entgegen und half dabei, sie wieder an die Wand zu hängen. Jetzt hörte Zazie Dragan davon sprechen, dass die Polizei Hamza Kurtović nach dessen Tod als »orientalisch-südländisch« aussehend beschrieben habe. Papis griff nach ihrer Hand. »Das zeigt doch, ich meine, wenn man Bilder anguckt von diesem Jungen. Er war so alt wie mein großer Bruder – das zeigt doch, dass diese Rassisten gar nicht mehr sehen, was vor ihnen ist. Die sehen nur noch ›biodeutsch‹ und ›Kanacke‹, egal, wie du aussiehst.« Er schaute auf einen kleinen Zettel in seiner rechten Hand, die etwas zitterte. Er sprach weiter von seinen Erfahrungen in der Schule und beim Arzt, immer wieder die gleichen Fragen, die ihm gestellt würden. Immer wieder der gleiche Wunsch, ihm zu zeigen, er gehöre nicht dazu.

Es wurde geklatscht, und Dragan strahlte, ging auf Ayoub zu und schlug mit ihm ein. Als Ayoub die Bühne betreten hatte, kündigte er an, ein Gedicht vorzulesen. Zazie fragte sich, ob er sich kurzerhand für etwas anderes entschieden hatte, und sah ihn irritiert an. »Zazie hat es mir gegeben.« Er hielt ein Blatt Papier in der Hand, auf das er das Toni-Morrison-Zitat geschrieben hatte.

»Die sehr ernste Funktion von Rassismus
ist Ablenkung.
Er hält dich davon ab,
deine Arbeit zu tun.
Er lässt dich immer und immer wieder erklären,
warum du da bist.
Jemand sagt,
du hast keine Sprache,
also verbringst du zwanzig Jahre damit
zu beweisen, dass du eine hast.
Jemand sagt,
dein Kopf ist nicht richtig geformt,
also forschen Wissenschaftler darüber,
dass er es ist.
Nichts davon ist notwendig.
Es wird immer noch etwas geben.«

Irgendwie hatte er aus dem Zitat ein Gedicht gemacht. Ihr traten Tränen in die Augen, und sie sah, wie Ayoub Lamine zunickte, der jetzt *Angst* von Apache 207 abspielte. Die Jungs, die hinten an der Wand lehnten, jubelten nun.

Lamine bedeutete ihnen, etwas leiser mitzurappen, und ging dann auf die Bühne. Er dankte allen fürs Kommen und erzählte von dem Tatabend. »Ich war in Frankfurt mit meinen Freunden unterwegs. Wir sind ein paar Jahre älter, ich hatte das Privileg, studieren zu können, deshalb sitze ich jetzt in irgendwelchen Restaurants in Frankfurt, in denen eine Tasse Kaffee vier Euro kostet.« Leises Gelächter war zu hören. »Meine Freundin Zazie spricht regelmäßig mit Jugendlichen hier, zockt mit ihnen und macht es möglich, dass wir hören, was das rassistische Attentat von Hanau mit ihnen gemacht hat.« Er hielt einen Moment inne. »Bevor wir euch einladen, auf dieser Wand dort zu notieren, was der Anschlag bei euch hinterlassen hat, möchte ich noch etwas sagen. Es ist etwas trocken, und ich bemühe mich, es kurz zu halten.« Er begann, davon zu sprechen, dass Rassismus keine Ausnahme, dass auch das Sterben im Mittelmeer keine Ausnahme, sondern immanenter Teil des Systems seien. »Rassismus ist sehr flexibel. Mal haben wir nicht die richtige Religion, mal ist es unsere Hautfarbe, unsere Haarstruktur oder die Form unserer Nase. Diese Strukturen sind so gebaut, dass unser Erfolg nicht wahrscheinlich ist.« Er strich sein Hemd glatt. »In diesem System sind unser Scheitern und unser Sterben ein Übel, das billigend in Kauf genommen wird. Ja, mehr noch: Unsere Körper gelten nicht als menschlich. Schaut doch aufs Mittelmeer und seht euch an, wie auf das Sterben unserer Körper reagiert wird.« Seine Stimme war lauter geworden, und es hatten sich Schweißperlen auf seiner Stirn und Oberlippe gebildet. »Seht euch an, wie diejenigen, die für unseren Schutz verantwortlich sind, in Hanau, hier in Offenbach und in Frankfurt, mit uns umgehen.« Zazie faltete die Hände vor ihrem Gesicht und deutete eine Verbeugung an. Dann stand sie auf und betrat die Bühne.

»Ihr alle habt mitbekommen, dass im letzten Sommer ein Junge aus dem Senegal von Polizist*innen getötet worden ist. Es fällt mir schwer darüber zu sprechen, weil …« Sie sah Papis an, der den Blick gesenkt hatte. »Weil es so unglaublich nah ist.« Sie holte tief Luft. »Bevor ich anfange, zu weinen, möchte ich euch bitten, gemeinsam eine Minute Mouhamed Lamine Dramé zu widmen, der am 8. August 2022 von Polizist*innen mit fünf Schüssen getötet wurde.« Ihre Stimme versagte und Lamine legte den Arm um sie. Nach der Schweigeminute verließ sie die Bühne. Ihr Vater nickte ihr zu, für einen kurzen Moment schienen seine Gesichtszüge weicher als sonst. Aber dann war, was immer da über sein Gesicht gehuscht war, schon wieder verschwunden.

Papis zog aus seiner Ledertasche einen Füller und kritzelte an die Wand: *I read the news today. Oh boy.*

»Geht es noch generischer?« Zazie griff nach einer Packung Zigaretten in ihrer Tasche und ging zu dem Tisch, auf dem Getränke und Gläser standen.

»Du bist zu hitzig.« Papis schob seine Lesebrille auf den Kopf. »Es ist gut, wenn du diesen jungen Männern hilfst, sich mit ihrem Schmerz auseinanderzusetzen. Aber wenn ihr nur ihre Wut anstachelt, tut ihr ihnen keinen Gefallen.«

»Was sollen die Jungs denn empfinden, wenn in ihrer Nachbarstadt Jungs wie sie ermordet werden und ihr Land dabei zusieht?«

»Néné, dir fehlt, was er hier hat …« Papis sah an ihr vorbei, und als sie sich umdrehte, stand Lamine hinter ihr.

»Hallo, freut mich, Sie kennenzulernen!«

»Ganz meinerseits.« Papis schüttelte Lamine die Hand.

»Sie sind Jurist?«

Lamine nickte. »Ja, aber noch kein Anwalt ...«

»Ein interessanter Vortrag war das ...«

Zazie fragte sich, wie dieser Abend verlaufen wäre, hätte sie Max dazugebeten. Sie spürte, dass Papis heute nicht mehr davon abzubringen wäre, dass sie Lamine heiraten müsse. Sie würde ihm jetzt also unmöglich von dem *weißen* Schreiner in ihrem Leben erzählen können, das wäre ein schlechter Start.

»Ich muss mich bald auf den Weg zu Dieo machen. Ich passe ja auf die Jungs auf«, kündigte sie an, und Papis wirkte enttäuscht.

»Du kannst noch hierbleiben, wenn du möchtest.«

Er sah auf seine Armbanduhr. »Ich muss den Zug nach Heidelberg nehmen gegen zehn.«

Sie nickte und umarmte die beiden zum Abschied.

18 DIEO

Dieo wusste, dass die Tage in Marrakesch ihrem Teint gutgetan hatten und sie für einen Morgen im Februar außergewöhnlich erholt aussah. Sie betrat die Stufen, die zum Eingang des *Café Laumer* führten, und überlegte, ob sie die Power Moves, von denen Simon ihr erzählt hatte, noch unauffällig machen könnte, bevor sie auf Gabriele de Latour traf. Angeblich halfen die Posen, die Sportler einnahmen, wenn sie einen Wettkampf gewonnen hatten, selbstbewusster in Situationen zu gehen. Dieo war zu Hause die Spezialistin fürs Seelische, aber wenn es um Strategien zur Stressbewältigung ging, waren Simons Tipps, die er aus TED-Talks und Onlinemagazinen hatte, unschlagbar.

Frau de Latour war schön, unnahbar und hatte den Geist einer Margarete Mitscherlich. Wie alle Grandes Dames des Instituts hatte sie den Weg in die Psychoanalyse über das Medizinstudium gefunden und nicht wie Dieo oder Ulrike über die Psychologie. Sie praktizierte in einem großzügigen Altbau im nördlichen Westend, und wenn sie von dort aus zum Psychoanalytischen Institut spazierte, rauchte sie in Dieos Vorstellung langstielige Zigaretten. Jemand wie sie entzog sich sicherlich dem Gesundheitswahn, dem Dieos Generation verfallen war.

»Frau Rosenbaum!« Frau de Latour winkte ihr aus einer Nische des Cafés.

»Ach, da sind Sie, wie schön!« Dieo winkte zurück.

Während sie auf sie zulief, fragte sie sich, ob sie heute ansprechen sollte, dass sie perspektivisch auch Interesse an ihrem Kassensitz hätte. Oder wäre das zu forsch? Vermutlich war das Frau de Latour ohnehin klar. »Wie lange gedenken Sie noch zu arbeiten, wann, für wie viel und vor allem an wen verkaufen Sie Ihren Kassensitz?« Die Lehrenden und Supervisoren am Institut strahlten etwas Geheimnisvolles aus. Wenn Dieo sich mit anderen Kandidaten auf ein Glas Wein traf, spekulierten sie zwar ab und zu über das eine oder andere Detail aus ihrem Privatleben, aber letztlich blieben sie alle auf ihre Art entrückte Autoritäten.

Dieo blieb hinter einem Stuhl stehen. De Latour stand auf und gab ihr die Hand, die sich kühl und weich anfühlte. Sie musste an Ulrikes Hände denken und wie trocken sie sich anfühlten, wenn sie sie auf ihrem Arm ablegte.

Der Kellner kam zu ihnen an den Tisch, und Frau de Latour bestellte einen Cappuccino. Sie sah Dieo fragend an.

»Für mich auch«, sagte sie schnell. Erst als die Tasse vor ihr stand, realisierte sie, dass ihr davon gleich übel werden würde. Aber lieber trank sie den Cappuccino und riskierte Bauchschmerzen, als ihre Unverträglichkeit zu erwähnen. Frau de Latour würde sich wahrscheinlich fragen, warum den jüngeren Menschen heutzutage die Fähigkeit abhandengekommen war, zu verdauen, was man stetig konsumierte, oder Dieo für hypochondrisch halten. Man hatte ihr auch schon empfohlen, nur noch Produkte aus der Heimat ihres Vaters zu essen. Vielleicht sei ihr Organismus einfach nicht darauf ausgerichtet, diese ganzen europäischen Produkte zu verarbeiten.

»Der Kaffee ist bei Ihnen im Nordend besser. Aber ich dachte, wir bleiben bei unserem ersten Treffen in Institutsnähe.«

Dass sie auch wusste, wo man in Frankfurt den besten Kaffee trank, hätte Dieo sich denken können. Allerdings hatte sie Mühe, sich Frau de Latour in einem der Hipsterläden zwischen Nordend und Innenstadt vorzustellen.

»Der Kuchen ist hier aber besser!«, sagte sie und überlegte, ob sie zum Beweis nun ein Stück bestellen musste.

»Ja, der Kuchen ist wunderbar. Kennen Sie die Himbeerschnitten?«

»Nein, ich darf hier kaum etwas essen.« Nun hatte sie das Thema doch nicht umschiffen können. Aber vielleicht war es besser so. Wenn sie die Praxisräume teilten, ließen sich ihre Unverträglichkeiten ohnehin nicht verheimlichen.

»Ach je, das ist ja ärgerlich, wenn man darauf achten muss! Aber für Kuchen ist es mir jetzt auch zu früh.«

»Meine kleinen Söhne würden mich beneiden, wenn sie wüssten, dass ich zwischen Donauwelle und Erdbeertörtchen sitze, während sie in der Schule und im Kindergarten sind.«

Frau de Latour lächelte distanziert, und es fiel Dieo schwer einzuschätzen, ob ein Gespräch über Kinder sie schmerzte oder einfach nicht interessierte.

»Wie alt sind Ihre Kinder denn jetzt?«

»Vier, acht und fünfzehn. Der Große will nächstes Jahr nach Amerika, der Mittlere ist in der zweiten Klasse, und der Kleine hat noch ein bisschen Zeit, bis er in die Schule kommt.«

Kurz fühlte sie sich wieder wie damals bei den Bewerbungsgesprächen vor Beginn der Ausbildung. Gott, war man da durchleuchtet worden. Die Motive, die Ausbildung zu machen (»Die Berufswahl ist ein Symptom, müssen Sie wissen«), die familiäre Situation (»Damals bekamen unsere Freunde das zweite und dritte Kind, wir entschieden uns stattdessen für die Ausbildung«) und die finanzielle Situation (»Andere kauften sich eine Eigentumswohnung, wir machten die Ausbildung«) – auf allen Kanälen wurde einem signalisiert: Lass es besser bleiben. Aber wenn du bereit bist, in allen Lebensbereichen Opfer zu bringen, können wir uns unter Umständen vorstellen, dass du das Potenzial hast, Teil unseres erlauchten Kreises zu werden. Diese Menschen, die sich seit Jahrzehnten mit dem Unverstandenen, dem Geheimnisvollen auseinandersetzten, hatten sie fasziniert. Sie hatte sich mutig gefühlt, als sie entschieden hatte, sich dem Unbewussten zuzuwenden, anzuerkennen, dass es so vieles gab, was sie über sich wusste und doch vor sich selbst verbarg.

»Wie sehr man wieder mit der eigenen Kindheit beschäftigt ist, wenn die Kinder das alles durchlaufen – Kindergarten, die ersten Abschiede und Neuanfänge ... Aber jetzt rede ich schon wie mit einer Patientin mit Ihnen, dabei wollen wir ja heute etwas anderes klären!« Frau de Latour lachte.

»Ja, manchmal kommt man aus der Rolle kaum mehr heraus.« Sie lachten nun beide, und Dieo hatte den Eindruck, diese Frau könnte ihr richtig ans Herz wachsen.

»Da sagen Sie was!« Frau de Latour nahm einen Schluck von ihrem Cappuccino. »Rosenbaum, das ist der Name Ihres Mannes, oder? Wie hießen Sie denn vor der Hochzeit?«

»Ambs. Das ist der Name meiner Mutter, die Familie ist ursprünglich aus Thüringen und aus Schlesien auf der Seite meiner Großmutter. Senegalesisch ist nur mein Vorname. Dieynaba heiße ich ja eigentlich.«

»Ach, das gefällt mir gut, Dieynaba.« De Latours Stimme

wurde weich. »Und haben Sie Kontakt zu Ihrer Familie im Senegal?«

»Kaum, meine Schwester ist aber häufig dort.« Nach all den Jahren der Seelenerforschung hatte sie die immer gleichen Sätze parat. »Das innere Afrika« hatte Freud verdrängte, fremde, weit entfernt erscheinende Sehnsuchtsorte genannt. Wie schön, eigentlich. Und doch blieb das geografisch weit entfernte Afrika, aus dem Papis kam, für sie so fremd. Mit dem Satz über ihre Schwester, die häufig dort sei, simulierte sie eine Verbundenheit.

»Fahren Sie hin, Dieynaba! Die Zeit in Nigeria war die beste meines Lebens. Ich meine, da war ich in einer ganz anderen Rolle. Wir waren da die verehrten weißen Medizinmänner. Aber die Mimik der Menschen, ihre Art, in dieser Welt zu sein, so was habe ich nie wieder erlebt!«

Dieo war irritiert. Gleichzeitig gefiel ihr, dass de Latour sie mit ihrem Vornamen angesprochen hatte. »Ich muss sagen, dass ich nicht weiß, ob das gerade so mein Thema ist.«

»Sie haben recht, es spielen ja auch immer eine Menge Projektionen eine Rolle, wenn wir über Afrika reden.«

»Sagen Sie, darf ich Sie etwas fragen, Frau de Latour?«

»Nennen Sie mich doch Gabriele!«

»Oh – äh ja, Gabriele.« Dieo zögerte. »Ich frage mich, wie wir diesen ganzen Wiederholungen entkommen. Ist das nicht etwas, das wir als Psychoanalytiker hinbekommen sollten?«

»Zunächst einmal sind wir ja Psychoanalytikerinnen!« Frau de Latour lächelte sie verschmitzt an. »Sie stellen ja wirklich die ganz großen Fragen!« Sie sah sich im Café um, so als würde sie die Antwort auf die Frage an einem anderen Tisch finden.

Nach einer ewig erscheinenden Pause sagte de Latour:

»Indem wir das Unverstandene durcharbeiten und uns dann etwas Drittem zuwenden. Der Weg führt immer durch das, was wir tunlichst vermeiden wollen.«

»Durch den Schmerz.« Dieo nickte. »Frau de Latour, ich meine Gabriele, es tut mir leid, wir wollten ja über Ihre Praxisräume sprechen!«

Frau de Latour nahm ihre Kaffeetasse, führte sie zum Mund und trank einen Schluck.

»Ja, die Praxisräume ... ich hatte mir vorgenommen, Sie erst mal etwas kennenzulernen und erst dann die Räume zu zeigen, aber lassen Sie uns doch gleich rüber in die Praxis gehen. Ich muss sagen, ich kann mir das sehr gut vorstellen mit uns beiden.«

19 ZAZIE

Gestern Abend hatte sie um zweiundzwanzig Uhr beschlossen, Risotto zu kochen, während Max einen Stuhl reparierte, der seit zwei Jahren kippelte. Sie hatten *East Atlante Love Letter* gehört, und danach hatte sie ihm alles von 6lack gezeigt, was sie liebte. Er sollte verstehen, was das Erscheinen seines neuen Albums für sie bedeutete. Am Morgen – draußen war es noch dunkel – drückte Max seine Erektion gegen Zazies Po. Sein Atem in ihrem Nacken fühlte sich warm und feucht an. Im Halbschlaf war sie zu überrascht, um über die Frage nachzudenken, ob Sex Penetration brauchte. Max vergrub das Gesicht zwischen ihren Pobacken, so wie sie ihr Gesicht letzte Woche zwischen den Seiten von *Kindred* vergraben hatte. Sie schob den Po im spitzen Winkel nach oben. Als sie schließlich beide satt und zufrieden nebeneinanderlagen, summte er ein Lied, während seine Hand schwer auf ihrem Brustkorb lag.

Erst als Zazie sieben Stunden später die Tür zum Büro aufschloss, erkannte sie die Melodie, die immer noch in ihrem Kopf festsaß.

Sie steckte den Schlüssel in ihre Hosentasche und fragte sich, warum Max nach dem Sex mit ihr einen Ohrwurm von *Pretty Little Fears* hatte.

Nie würde sie sich daran gewöhnen, dass man in diesem Laden jeden Raum abschließen musste und den Besucher*innen so signalisierte, man könne ihnen nicht vertrauen. Wann immer sie Achim gegenüber argumentiert hatte, dass ein Vertrauensvorschuss Wunder bewirken könne, hatte er begonnen, ihr Horrorgeschichten aus den frühen JUZ-Zeiten zu erzählen. Er sei zigfach beklaut worden von den Jungs, Schlüssel, Geld, alles weg.

»Hier musste man so ein bisschen nach dem Prinzip wilder Westen denken, ja. Am Anfang ist man da naiv, denkt: ›Mann, wir mögen uns doch.‹ Ja, und dann ist halt trotzdem deine Kohle weg!«

Als sie wenig später den Aufenthaltsraum betrat, räumte Achim gerade das Regal auf. Das JUZ hatte ein Abo für die Zeitschriften *Radtouren, Radfahren, BIKE BILD, Rad & Kette* und den *Spiegel*. Immer wieder versuchte er, die Abonnements zu rechtfertigen, indem er mit einem der JUZ-Besucher*innen ein Gespräch über das Fahrradfahren anfing. Er schlug Youssef vor, statt Pumpen und Proteinpulver doch mal mit seinen Jungs eine Fahrradtour im Taunus zu machen. Dragan dachte schon seit Wochen darüber nach, sich einen 1er-BMW zu leasen, und winkte Achim herbei, um ihm auf dem PC das Fahrzeug zu zeigen, das er für sich konfiguriert hatte.

»Ey, guck dir diese Schönheit an! Den werd ich mir holen ...«

Zazie warf einen Blick auf den Bildschirm und fragte sich, wie er vierhundertachtunddreißig Euro im Monat aufbringen wollte.

Achim sagte etwas von einem Fortbewegungsmittel, das günstig sei, keine Abgase ausstoße *und* ein kostenloses Fitnessprogramm enthalte. Er drehte sich zu Zazie um. »Frag Zazies Oberschenkel!«

War das jetzt so eine Art Fatshaming, oder machte er sie gerade an? Sie warf ihm einen Blick zu, mit dem sie normalerweise die Jungs bedachte, wenn sie in ihrem pubertären Übermut unverschämt wurden, aber Achim schien das egal zu sein.

Sie musste an Ijeoma Oluos Tweets über *weiße* männliche Mittelmäßigkeit denken und spürte, wie ihr das Blut in den Kopf schoss.

»Das würde ich bleiben lassen«, sagte sie jetzt ruhig, aber er besaß die Frechheit, sie mit einem fetten Grinsen im Gesicht zu fragen, wovon sie spreche. »Die Kommentare über meinen Körper«, sagte sie und erhielt dafür Props von den Jungs.

»Zazie macht hier freestyle rap, wenn ihr einer dumm kommt«, johlte Ayoub.

Nächste Woche hatte sie Urlaub und endlich eine Pause von alldem. Achim war im Grunde ein guter Kerl. Wenn sie zu zweit waren und Billard spielten, zeigte er ihr beinahe väterlich, wie sie ihre Technik verbessern konnte.

»Ich gucke mal, was im Hof so zu tun ist.«

Sie tastete nach dem Tabaktäschchen, öffnete die Tür zum Hinterhof des JUZ und schob einen Keil darunter, damit sie nicht zufiel. Dann drehte sie sich eine Zigarette und zündetet sie an. Sie erinnerte sich daran, wie dieser Hof zu Beginn ihrer Zeit im JUZ als eine Art Abstellkammer gedient hatte. Neben ausrangierten Ledersesseln hatten hier alte Putzeimer und kaputte Blumenkästen gestanden. Im Sommer wuchsen hier jetzt Salbei, Minze und Lavendel in einem Hochbeet. Sie hatte eine Zeit lang beinahe zu jeder Schicht ein Stück vom Sperrmüll mitgebracht: alte Gartenstühle, einen kleinen Tisch mit geschwungenen Beinen und einen Sonnenschirm, den Ulrike aussortiert hatte. Anfangs hatten sich die Jungs darüber lustig gemacht.

»Der Garten sieht aus, als wärst du so eine kleine Oma, die in England lebt«, hatte Boris gesagt.

Nach einem Barbernachmittag, an dem alle sich kostenlos von ihr und Ayoub die Haare hatten schneiden lassen, hatte der »Garten« Akzeptanz gefunden. Immer häufiger hatten sich die Jungs mit ihrem Döner auf die wirklich sehr britisch aussehenden Stühle gesetzt. Wenn Ehemalige im JUZ vorbeischauten, waren sie beeindruckt. »JUZ ist jetzt gentrifiziert!«, hatte einer von ihnen gerufen, nachdem er einen Blick in den Hof geworfen hatte.

Die Wahrheit war, dass Zazie diese Aktion gebraucht hatte, um es hier auszuhalten. Sie war zwar der Überzeugung, dass die glatte Instagram-Ästhetik Symptom einer narzisstischen und fassadären Welt war und dass Lamine recht hatte, wenn er sie mahnte, ihren Geschmack zu dekolonisieren, aber es ging ihr einfach besser, wenn sie von schönen Dingen umgeben war. Sie befühlte die Erde im Hochbeet und überlegte, ob sie noch eine rauchen solle. Als sie den Aschenbecher, den sie hier neulich deponiert hatte, nicht finden konnte, ging sie wieder rein.

Nachdem Ayoub und die anderen sich verabschiedet hatten, fragte sie Achim, ob er Lust auf eine Runde Billard habe. Ein Friedensangebot. Er willigte ein, und sie plauderten über ihre Pläne für Ostern. Er wolle mit seiner Frau eine Fahrradtour durch die Vogesen machen, aber seine Kinder würden wohl nicht mitkommen. Es sei schön, wenn man abends vor der Herberge sitze, Oliven esse und die Sterne sehen könne, erzählte er ihr, und sie war beinahe gerührt davon, wie viel Mühe er sich gab, ein liebenswerter Kerl zu sein.

Ihr Telefon vibrierte und zeigte eine Benachrichtigung an. Winta hatte ein Selfie gepostet, auf dem sie in einem Hottub saß. *Livin' the life, bitches!* stand darunter.

Zazie lachte. »Eine Freundin hat gerade ein Foto aus einem Spa in Holland gepostet. Sauna mitten im Grünen. Da musst du mal mit deiner Frau hin!«

»Können wir ja auch als Betriebsausflug machen«, erwiderte er.

»Was, Holland?«

»Ne, Sauna. Mal ordentlich ins Schwitzen kommen?«

Bevor sie reagieren konnte, kam eine Gruppe Zwölfjähriger in die Einrichtung gestürmt, und es wurde laut. Die Griffe des Tischkickers drehten sich, und Müllermilch-Flaschen flogen durch die Luft.

»Spielen wir 'ne Runde?«, fragte Tarik sie. »Du und ich gegen Oualid und Achim, ja?«

Sie willigten ein. Zazie war froh, dass die Billardpartie unterbrochen worden war.

»Wir geben euch bös!«, kündigte Tarik an und zwinkerte ihr zu. Er legte den kleinen Kunststoffball auf den Rand des Tischkickers und ließ ihn dann Richtung Mittellinie gleiten. Innerhalb von Sekunden hatte Achim ein Tor geschossen, und Zazie entfuhr vor Schreck ein leiser Schrei. Sie fischte den Ball aus ihrem Tor und ließ ihn wieder zwischen die Figuren fallen.

»Weiter geht's«, sagte sie und nickte Tarik aufmunternd zu. Oualid drehte mit so viel Schwung an einem seiner Griffe, dass seine Spieler sich mehrmals überschlugen, und der Ball wieder im Tor landete.

»Zwei null, ich schwöre, ihr seid gleich finished«, sagte Oualid grinsend, während Achim stoisch auf das Spielfeld sah.

Zazie spürte, wie ihre Handflächen zu schwitzen begannen. Sie würde versuchen, das gegnerische Team zu irritieren und dann gleich nachzulegen. Wenn die anderen erst mal drei Punkte Vorsprung hatten, würde es schwierig werden, die Partie zu gewinnen.

Sie tippte Tarik auf die Schulter und bedeutete ihm, die Abwehr zu übernehmen. Und tatsächlich: Nach einigen Pässen beförderte sie den Ball ins Tor der gegnerischen Mannschaft.

»Yes«, schrie sie und schlug mit Tarik ein.

»Mir gefällt, wie du schreist«, sagte Achim und zwinkerte ihr zu. Zazies Herz hämmerte dumpf in ihrem Brustkorb und schien auf einmal alle Ressourcen ihres Körpers zu brauchen. Achim holte den Ball aus dem Tor und warf ihn wieder aufs Spielfeld. Wie ferngesteuert packte sie die Griffe des Tischkickers und zog sie mit aller Kraft hoch, sodass der Tisch zur Seite kippte. Achim und Oualid sprangen zurück, mit einem ohrenbetäubenden Knall schlugen die gegenüberliegenden Griffe auf dem Boden auf.

»Hör mit dieser Scheiße auf!«, schrie sie Achim an und ging dann mit schnellen Schritten Richtung Toilette. Sie nestelte hektisch an ihrer Hosentasche, um den Schlüssel herauszuziehen. Ihre Hände zitterten.

Als sie sich im Bad eingeschlossen hatte, öffnete sie den Wasserhahn, damit man ihr Weinen nicht hören konnte. Das Problem war: Es kamen weder Tränen, noch verspürte sie Reue. Schweißflecken hatten sich unter ihren Achseln gebildet. Sie hielt die Handgelenke unter den kalten Wasserstrahl und benetzte ihr Gesicht.

Der letzte Satz hallte in ihrem Kopf nach. »Mir gefällt, wie du schreist.«

Hatte er gemerkt, dass sie sich mit Bemerkungen über ihren Körper nicht mehr aus der Ruhe bringen ließ? Ihr Gehirn produzierte jetzt einen Neg nach dem anderen: »Hey

Achim, du bist so teigig geworden in den letzten Jahren, aber der Bauchansatz lenkt von der kahlen Stelle an deinem Hinterkopf ab.«

»Hey Achim, eigentlich turnt mich Mittelmäßigkeit ab, aber du hast ein interessantes Gesicht.«

Sie atmete tief ein. Als sie in den Aufenthaltsraum zurückkam, saß Achim auf einem der schwarzen Ledersessel und blätterte in einem Fahrradmagazin, während die Jungs sich an zwei alte PCs gesetzt hatten. Sie sahen sie betreten an. Der Tischkicker stand wieder an seinem üblichen Platz, als wäre das alles nie passiert. Sie ging wortlos an ihnen vorbei und verließ das JUZ.

Drei Tage und zwölf alte Ausgaben des *MISSY MAGAZINE* später hatte sie die Kraft, Winta anzurufen.

»Was geht, was geht, mein Schatz?«, fragte sie gut gelaunt.

»Ach, nicht viel. Bei dir?«

Winta erzählte ihr, dass Lamines Start-up durch die Decke gehe und sie letzten Freitag alle zusammen auf dem Omah-Lay-Konzert gewesen seien. Sie habe versucht, Zazie zu erreichen. »Du bist im Moment wie so ein Gespenst! Ghosten nennt man das, was du mit uns machst!«

Es stimmte, sie hatte sich in den letzten Wochen kaum bei Winta und den anderen gemeldet. Sie wusste nicht, was das mit Max war, und hatte keine Energie für Codeswitching und Heimlichtuerei.

»Ich hab dich vermisst, Winta!«

»Ich dich auch, mein Schatz, ich dich auch.«

Winta schien in ihrem Kalender zu blättern. »Oh mein Gott, Zazie. Nächste Woche ist Trevor in Frankfurt, und nachdem du wahrscheinlich viel mit *white boy* im Bett gechillt hast, nehme ich an, du hast keine Karte. Lamine hat zwei übrig. Wie wär's?«

Zazie zögerte einen Moment. Sie hatte sich wieder und wieder vorgestellt, wie Max Winta und die anderen beim Kendrick-Konzert kennenlernen würde. Aber vielleicht war Trevor Noahs Show ein geeigneterer Anlass. »Ich frag ihn.«

»*White boy* und du oder was? Im Ernst?«

»Nein, im Achim«, erwiderte Zazie, und Winta lachte schrill.

Nachdem sie aufgelegt hatten, hörte sie *Pretty Little Fears* und räumte die Wohnung auf.

Sie saßen bei *Toh Thong* und beobachteten, wie kleine Gruppen von Menschen in Richtung der Festhalle spazierten. Als eine Schwarze Frau mit dünnen Locs mit ihrem *weißen* Partner an ihnen vorbeilief, grinste Max sie verschmitzt an.

»Glaubst du, die gehen auch zu Trevor Noah?«

Sie nickte und erinnerte sich daran, in den ersten Wochen mit ihm gegoogelt zu haben, welche prominenten Schwarzen Frauen *weiße* Männer dateten. Tina Turner. Serena Williams. Zoë Kravitz.

Er schlürfte einen Eistee und trommelte mit den Fingern auf seiner Armlehne. Auf dem Weg hierher hatten sie kein Wort miteinander gewechselt. Gerade als sie ihm etwas über Lamines schräges Verhältnis zu Männern erzählen wollte, sah sie Winta. Ihr wurde etwas flau, und sie hoffte, dass alles gut gehen würde.

»Hey, was geht?!« Wintas Gesicht glitzerte.

»Hey.« Sie stand auf, umarmte ihre Freundin und drehte sich dann zu Max, dessen Gesichtsfarbe sich am ehesten als tiefes Rosé bezeichnen ließ. »Ihr habt euch ja schon mal kurz getroffen.«

»Ja.« Winta streckte die Hand aus, Max ergriff sie, zog sich hoch und umarmte sie dann, als hätte er Mühe, aufrecht zu stehen. Nachdem sie sich gesetzt hatten, sprudelte eine Geschichte aus ihr heraus, die eindeutig vorbereitet war. Sie sei in der Bahn wegen ihres Headscarves die ganze Zeit von so einem Ömchen angestarrt worden. Max rollte die Augen, als würde er diese Erfahrungen kennen, und nickte auch dann, wenn ihre Schilderungen keiner Zustimmung bedurften. Zazie sah sich nach den anderen um, dachte, dass sie jetzt unmöglich ein Thaicurry essen könne, und suchte in ihrer Tasche nach Tabak. Max zog eine Packung Marlboro Lights aus seiner Jackentasche und schob sie über den Tisch.

»Hast du die extra für mich gekauft?« Zazie griff nach der Packung. Er nickte.

»Moment mal, du rauchst gar nicht selber?« Winta legte ihre Hand auf Max' Arm ab. Er schüttelte den Kopf.

»Du willst mir sagen, dass du sie gekauft hast, weil du wusstest, Bounty vergisst ihren Tabak?!«

»Ja, sie hat gesagt, ich soll mit daran denken.«

Winta schüttelte den Kopf. »Das glaub ich jetzt nicht!«

»Bounty?« Er sah Zazie an.

»Ja, sie ist innen ziemlich *weiß*, findest du nicht?« Winta begann zu lachen. »Als wir auf Malle waren, hat sie morgens ein Ei gekocht, der Frühstückstisch war perfekt gedeckt.« Sie imitierte Zazie, indem sie das Besteck akkurat vor sich auf den Tisch legte. »Ich schwöre dir, the whitest shit ever.«

Max begann zu lachen. »Bounty also, ja?« Er sah Zazie mit leicht glasigen Augen an. Winta war bereits im Begriff, die nächste Geschichte über sie auszupacken.

Sie wusste, was jetzt kam. Winta war jetzt sein Fan. Sie

würde den Rest des Abends damit verbringen, ihn genau zu beobachten, und ihm das Gefühl geben, dass endlich jemand erkannte, was für ein großartiger Mensch er war.

Lamine und Nadja tauchten an der Straßenecke auf und winkten ihnen zu. Nadja trug große Creolen und einen bunt gemusterten Headwrap. Zazie atmete tief durch. Nadja umarmte sie und fragte sie mit einem unsicheren Lächeln, wie es ihr gehe. Lamine legte die Hände auf Max' Schultern, während er davon erzählte, alle alten Stand-up-Shows von Trevor noch einmal vorbereitend für heute Abend angeschaut zu haben. Max sah plötzlich zierlicher als sonst aus.

»Nuri hat mir gerade geschrieben, dass die direkt zur Festhalle kommen.« Lamine trug ein Sweatshirt mit der Aufschrift *069*. Als er und Nadja sich gesetzt hatten, begann Lamine, Max zu erklären, weshalb er Trevor Noah von Anfang an ins Herz geschlossen habe. Er bestellte Getränke für sich und Nadja und wollte dann wissen, ob es für Max so einen Comedian gebe. »Ich meine, kennst du das Gefühl, dass jemand dieses Game vollkommen für dich verändert?«

Max nickte nachdenklich. »Spontan fällt mir niemand ein, nein. Aber ich verstehe, was du meinst.« Er deutete auf ein Paar, das am Restaurant vorbeilief: eine schlaksiger Schwarzer Mann und seine *weiße* Partnerin. »Es scheint vielen so zu gehen.«

Eine Stunde später saßen sie in der Festhalle, in der vor einem Jahr noch Covidimpfungen verteilt worden waren, und Trevor Noah sprach über sein Verhältnis zu Currys. Zazie dachte, dass sie seine Ansichten einmal in ein Seminar zu Postkolonialer Theorie würde einbauen müssen. Max wirkte die meiste Zeit amüsiert, nur einmal, als es um

Noahs Pornokonsum als Jugendlicher ging, lachte er Tränen. Sie verließen die Festhalle, und Max verabschiedete sich mit einer Umarmung von Lamine. »Mir ist jemand eingefallen.«

Lamine sah ihn fragend an.

»Eine Comedian ...« Max schloss den Reißverschluss seiner Jacke. »Sie heißt Jordan Jensen. Guck sie dir mal an und schreib mir, was du denkst.«

Lamine nickte, und Zazie spürte, wie ihre Knie ein weiteres Mal heute Abend weich wurden.

Max wandte sich ihr zu. »Zeig ich dir mal, sie ist wie ich.«

Als sie zu Hause angekommen waren, verschwand sie im Badezimmer und hoffte, dass Max bald aufbrechen und sie allein lassen würde. Als sie das Wasser aufdrehte, um sich ein Bad einzulassen, klopfte Max sanft an die Tür. »Bounty, willst du allein sein?«

Sie musste schmunzeln. »Ja, ich bin müde.«

»Okay, ich geh dann gleich los. Aber lass mich noch richtig Tschüss sagen.«

Sie sah sich selbst im Spiegel an und kam sich plötzlich lächerlich vor. Für den Abend mit den anderen hatte sie sich geschminkt, ihre Haare gemacht und ein Crop-Top angezogen, obwohl es Februar war. Als sie endlich die Badezimmertür öffnete und ihn ansah, kamen ihr die Tränen.

Er umarmte sie. »Ich bin froh, jetzt deine wahre Identität zu kennen.«

»Was meinst du?«

»Die Sache mit dem Frühstücksei.«

Sie schob ihn weg, holte sich ein Stück Klopapier und putzte sich die Nase. »Diese Bountyscheiße ist eine doppelte Beschämung.« Sie ging an ihm vorbei in die Küche.

»Ich hab ihr schon tausendmal gesagt, dass sie mir damit abspricht, Teil der Schwarzen Community zu sein, und das einfach nur toxisch ist!«

Max war ihr gefolgt und setzte sich an den Tisch, während sie ein Glas mit Leitungswasser füllte.

»Ich würde gerne mitbaden.«

Sie ließ das Glas sinken und sah ihn an.

Max griff sich ins Haar und schien angestrengt nachzudenken. »Das alles wird irgendwie immer komplexer, ich würde gerne verstehen, ob ich dich jetzt ›Bounty‹ nennen kann und das so auch etwas Empowerndes haben könnte.«

»Du meinst, sowas wie das N-Wort mit a?«

Er nickte.

»Aber du bist doch *weiß* ...«

»Stimmt.« Er ließ die Schultern hängen. »Es ist nur ...«

»Was?« Sie lehnte mit dem Rücken an der Spüle und trank einen Schluck. Als sie ihn ansah, stand er auf und ging auf sie zu.

»Alles ganz schön verfahren.« Er berührte ihre Hand.

»Was du nicht sagst.«

»Bounty?«

»Hm?«

»Ich wollte sagen, dass ich – ich liebe dich.«

Sie nickte und dachte, dass sie das schon gewusst hatte.

20 SIMON

Er lief den Oeder Weg hinauf und beobachtete, wie geschäftige Nordender ihre letzten Besorgungen vor dem Wochenende machten. Er liebte diesen Kiez: Junge Mütter fuhren ihre Kinder in Lastenrädern durch die Gegend. Attraktive Menschen spazierten mit ihren Hunden die Straße entlang. Wenn man sich hier umsah, bekam man den Eindruck, der Wohlstand sei bei allen angekommen, der Stadtteil sei bunt. Die Leute machten es sich hier schön, genossen das Leben.

Er war froh darüber, dass sie das Wochenende endlich mal wieder zu Hause verbringen würden. Rose war vor ein paar Tagen aus Berlin angereist und hatte begonnen, Geschirrtücher zu bügeln, die Löcher in den Hosen der Jungs zu stopfen und Pullover zu entfusseln. Sie würde ihm gleich über die Schulter sehen, während er auf seinem iPhone ein paar Artikel las. Wenn er dann versuchte, ihr zu erklären, warum Künstliche Intelligenz die Welt revolutionieren werde, würde sie ihn mit großen Augen ansehen. Zazie imitierte diesen Blick manchmal. »Ich würde es nicht direkt als Flirten bezeichnen, nein. Sagen wir, sie setzt dir gegenüber ihre weiblichen Reize ein«, hatte sie mal zu ihm gesagt. Er hatte nur abgewinkt.

Gestern hatte es Blumenkohl mit brauner Butter gegeben, und morgen wollte Rose für sie alle Hühnerfrikassee machen. Es hatte ihn richtig Mühe gekostet, sie davon zu überzeugen, dass er zumindest heute Abend das Kochen übernehmen durfte.

Als er – die Post in der Hand – die Wohnungstür aufschloss, hörte er, wie Zazie mit den Jungs *Halligalli* spielte. Sein Blick fiel auf ein Schreiben der Bauaufsicht. Er hatte schon vor zwei Wochen Widerspruch eingelegt und Dieo einfach nichts von der Mahnung erzählt.

»*... aufgrund der massiven Wohnungsknappheit ... Ballungsgebieten ... leider nicht möglich ... umgehend die Zusammenlegung rückgängig machen ...*«, las er, und dann sah er, wie seine Frau neben ihrer geliebten Großmutter auf dem Sofa saß und ihr einen Bildband zeigte: *Analytiker in ihren Praxen*.

Oma Rose strich ihr über den Arm. Sie hatte sich inzwischen abgewöhnt, bei jedem Gespräch über Psychoanalyse zu fragen, ob das anderen wirklich helfe, was sie da mache. Aber sie betonte oft, wie stolz sie auf ihre Enkelin sei. »Der Statusabstieg, den Ulrike der Familie beschert hat, indem sie allein die Kinder eines Schwarzen großgezogen hat, wird rückgängig gemacht, weil aus einem dieser Kinder nun tatsächlich etwas zu werden scheint«, hatte Zazie einmal spöttisch gesagt.

»Du hast ja ein Samtfell«, sagte Rose gerade und meinte damit Dieos Haut. Er musste ihr recht geben, sah aber sofort zu Zazie rüber, um zu prüfen, ob sie diesen Satz rassistisch fand. Die schien die Bemerkung nicht gehört zu haben und sackte gerade Otis' gesamten Kartenstapel ein.

»Dann bleiben wohl wir beide übrig!«, sagte sie und wandte sich Leander zu. Und als Dieo den Bildband zugeklappt hatte und aufgestanden war, um auf Simon zuzugehen, sagte Zazie doch noch: »Fanon würde das ›Animalisierung‹ nennen, Oma!« Es war, als wäre in ihr ein Scanner eingebaut, der jeden Satz aufnahm und durch ein Diskriminierungs-Prüfsystem laufen ließ. Wie eine Plagiatssoftware, die nur lange genug rechnen musste, bis sie auf eine problematische Textstelle und ihr Pendant stieß.

»Ich habe noch nicht mal meine Schuhe ausgezogen, und ihr seid schon bei Fanon?«, fragte er.

Dieo rollte mit den Augen. »Sie kann nicht anders …«

»Können wir kurz nebenan sprechen, Schatz?«

Dieo sah ihn fragend an, nickte dann aber und folgte ihm ins Arbeitszimmer.

»Wir müssen die Wand wieder einziehen, fürchte ich«, sagte Simon, als Dieo und er die Tür des Arbeitszimmers hinter sich geschlossen hatten.

Dieo lehnte sich an seinen Schreibtisch und sah ihn verständnislos an. »Welche Wand?«

Er deutete Richtung Flur und erzählte ihr von dem Schreiben vor einem Monat und seinem erfolglosen Widerspruch.

»Aber wie soll das denn gehen, ich meine …«

»Wenn wir das Arbeitszimmer im Schlafzimmer unterbringen und die Kleinen sich weiter ein Zimmer teilen …«

»Dann fehlt immer noch Jonis Zimmer«, sagte sie. »Kann er nicht einfach die Wohnung nebenan mieten?«

»Na ja, erstens ist er minderjährig, und zweitens sind die ja jetzt schon auf uns aufmerksam geworden, sie werden wissen, dass das ein Trick ist.«

Dieo ging an ihm vorbei und murmelte, dass immer alles auf einmal kommen müsse. Er folgte ihr zurück ins Wohnzimmer.

»Ich brauche jetzt einen Aperol Spritz!«, verkündete Dieo. »Ich mache euch auch welche, ja?!«

Simon setzte sich neben Rose und erzählte ihr von dem Schreiben.

»Dass diese Bauamtsfritzen euch nicht in Ruhe euer Leben leben lassen können!«

»Na ja, es gibt hier in Frankfurt fünfköpfige Familien, die in zwei Zimmern wohnen müssen. Das ist ein Riesenproblem, Oma!«, mischte Zazie sich jetzt ein.

Simon nickte. »Wir leben ja im Grunde sehr privilegiert hier.«

»Nuja!« rief Rose. »Ihr tut ja auch einiges dafür. Es ist ja ungeheuerlich, was ihr alles leistet!«

Dieo kam mit vier Gläsern aus der Küche. Sie händigte Rose und Zazie jeweils eins aus, in dem eine Orangenscheibe zwischen Eiswürfeln tanzte.

»Kommt Max eigentlich zum Essen?«

Zazie sah auf ihr Handy und sagte beiläufig: »Ihm ist was dazwischengekommen.«

»Soso.« Simon schmunzelte, und Zazie verteilte eine neue Runde Karten und tat, als hätte sie ihn nicht gehört.

»Ah, warte, er ruft gerade an.« Ihr Telefon vibrierte auf dem Tisch. Bevor sie danach greifen konnte, schnappte Simon es sich und hob ab.

»Hey Max, hier ist Simon!«

»Hallo ... Simon.«

Zazie stand neben ihm und sah ihn genervt an, während sie die Hand ausstreckte.

»Weißt du, langsam haben wir den Eindruck, wir sind Zazie peinlich, oder sie will dich vor uns verheimlichen.«

Er hörte Max am anderen Ende der Leitung lachen.

»Du musst ihm nicht antworten!«, rief Zazie.

Max erzählte vom Kennenlernen mit Lamine, Winta und den anderen. Sie habe sich zwar erst ein bisschen dagegen gesträubt, aber dann sei es eigentlich sehr schön gewesen.

»Und wir sind viel weniger kritisch als ihre Freunde!«, sagte Simon und ging ins Kinderzimmer. »Hat sie dich eigentlich hierhergebracht, als wir in Marokko waren?« Er setzte sich in einen Sessel. »Und wie siehst du das mit Sozialarbeit versus Unikarriere, redet sie mit dir darüber?«

Max schwieg einen Moment lang. »Ich weiß nicht, ob ihr das recht wäre – ich meine, dass wir jetzt einfach so darüber reden.«

»Weißt du was, ich schick dir mal meine Kontaktdaten.« Er tippte auf dem Display seine Nummer an und sendete sie Max. »So. Falls mal etwas sein sollte, weißt du, wie du mich erreichen kannst.«

»Netter Kerl«, sagte Simon, als er Zazie ihr Telefon wieder in die Hand drückte.

»Wohl eher grenzverletzender Kerl. Und du bist das auch.« Sie nahm das Telefon und schüttelte den Kopf.

Rose trank einen Schluck und stellte ihr Glas auf einem kleinen Tischchen ab. »Simon ist einfach an deinem Leben interessiert. Ich kann nichts Verkehrtes daran erkennen. Im Grunde wäre es doch ideal, wenn du in der Wohnung nebenan einziehen würdest!«

»Damit Simon meine Liebhaber gleich nach der ersten Übernachtung durchleuchten kann?«

Dieo kam aus der Küche und setzte sich aufs Sofa. »Vielleicht solltest du sie anmieten, Oma. Ich meine, wenn es im Haus nicht mehr geht, dann ...«

Rose unterbrach Dieo schroff. »Ich verlasse mein Paradies nur, wenn man mich mit den Füßen voran rausträgt. Was soll ich euch denn hier zur Last fallen?«

»Du würdest uns doch nicht zur Last fallen, Oma!« Jonathan kam aus seinem Zimmer und half den Kleinen dabei, das Spiel wegzuräumen. »Wir würden der Vereinzelung in der spätkapitalistischen Gesellschaft entgegenwirken! Du und ich als WG!«

»Glaub mir, Kindchen, das willst du nicht!« Sie packte die Nähsachen in ein kleines Täschchen. »Hast du noch was zum Stopfen, Joni?«

Er schüttelte den Kopf.

Als Simon die Zwiebeln für das Risotto anschwitzte, fragte Zazie ihn ihn, ob er es mal mit Milchreis probieren wolle. Sei viel günstiger. Er schüttelte entschlossen den Kopf, erklärte warum und bat sie, ihm mal den Weißwein aus dem Kühlschrank zu reichen. Sie fand seine Erklärung prätentiös und riet ihm, den *ZEIT-Wochenmarkt*-Newsletter abzubestellen.

»Don't let the hipsters get to you!«, warnte sie ihn.

»Ist nicht eher *dein* Leben der Inbegriff von Hipsterdasein?«

»Hipster sind mir zu wenig politisch. Wenn es nur noch um Kaffeearoma und Reiskörner geht, bin ich vielleicht eine Mischung: Zillenial oder so …«

»Wie? Das suchst du dir aus?«

Sie stellte den Weißwein neben dem Herd ab und zog einen Stapel Teller aus dem Schrank. »Na ja, tun wir das nicht alle ein bisschen?« Sie schob ihn Richtung Wohnzimmer und deutete auf Rose, die zwischen Dieo und Jonathan saß. Es stimmte, bei den Ambs trafen diese Kategorien selten zu.

Zazie legte den Arm um ihn. »Wie wäre es denn, wenn ihr euer Leben wie Sartre und Simone de Beauvoir organisiert?«

»Wer? Dieo und ich?«

Sie nickte.

Dieo nippte an ihrem Aperol und winkte ab. »Sie meint, dass wir in getrennten Wohnungen wohnen sollten.«

»Um Gottes willen, lass doch die Leute mit diesen Schnapsideen in Ruhe!« Rose stand auf, um Zazie die Teller aus der Hand zu nehmen. Dieo bat die Kinder, sich die Hände zu waschen, und als Leander aus dem Badezimmer zurückkam, berichtete er, Federico ziehe ab jetzt immer montags zu seiner Mutter und wohne ab Donnerstag bei seinem Papa.

»Hä?«, wollte Otis wissen. »Der muss doch immer arbeiten?«

»Fede sagt, dass sein Papa jetzt eine Frau gefunden hat, die auf ihn aufpasst, wenn er arbeiten muss.«

»Und ist das seine Frau oder ein Kindermädchen?«, wollte Simon wissen.

Leander zuckte mit den Schultern. »Weiß ich nicht.«

Während des Essens diskutierten sie über verschiedene Wohnformen. Jonathan erzählte von einer Achter-WG, in der der große Bruder eines Freundes wohne. Das sei im Moment sein Ziel, falls Dieo und Simon doch vorhätten, mal aufs Land zu ziehen.

»Du meinst hier, in unserer Wohnung?!« Simon schüttelte den Kopf. »Nur über meine Leiche.«

»Die bürgerliche Kleinfamilie ist auf jeden Fall eine Fehlkonstruktion, dabei bleibe ich.« Zazie kratzte den Topf mit einem Kochlöffel aus. »Möchte noch jemand?«

Dieo stocherte in ihrem Risotto herum.

Als Rose das Geschirr abgeräumt, in der Küche verschwunden war und alle daraus verbannt hatte, die ihr Hilfe angeboten hatten, klingelte es an der Tür.

»Ach, das hatte ich ganz vergessen. Papis meinte, er kommt vielleicht noch vorbei …«, sagte Dieo, während Simon aufstand und zur Tür ging.

»Bonsoir mes filles!«, sagte Papis, als er die Treppen erklommen hatte. Schwer atmend lehnte er sich, um Eleganz bemüht, gegen den Türrahmen. Er trug ein Tweed-Jacket und über den Schultern einen karierten Schal. Sein Gesicht sah noch schwärzer als sonst aus. Hager und faltig war er geworden.

Nachdem Leander und Otis ihm die Hand geschüttelt und jeweils zwei Küsse auf die Wangen gedrückt hatten, stand Dieo auf, um ihn zu begrüßen. Zazie stellte ihr Weinglas auf dem Tisch ab und ging dann zögerlich auf ihren Vater zu. Während Dieo ihn umarmte, wartete sie geduldig. Nachdem er Zazie über die Wange gestrichen hatte, wandte Papis sich ihm zu. »Ça va bien, Simon?!«

»Ich kann mich nicht beschweren. Wie geht es dir, Papis?«

»Oh viel zu tun, wie immer. Aber meine Gesundheit macht mir zu schaffen. Ich bin alt geworden.« Er legte die Stirn in Falten, während er das sagte.

Simon dachte an seinen eigenen Vater, der zwischen den Drehs von Dokumentarfilmen unangemeldet vorbeischneite und immer unter Strom stand. Obwohl sie im gleichen Alter waren, wirkte er Jahre jünger als Papis.

Rose öffnete die Küchentür und blieb erstaunt stehen, als sie den Gast bemerkte. Sie begrüßten einander höflich.

Papis ließ sich aufs Sofa sinken und bedeutete Zazie, dass er gerne etwas trinken würde. Sie sah ihn skeptisch an, ging dann aber in die Küche.

»Es ist mein Herz, weißt du«, sagte Papis jetzt und sah Simon an, während er sich die Hand auf die Brust legte.

Simon setzte sich ungelenk auf die Armlehne des Sofas. »Was ist denn mit deinem Herzen?«, wollte er wissen.

»Er braucht einen Stent«, erklärte Zazie nüchtern und brachte Papis eine Tasse Kaffee. »Das ewige Rauchen hat seine Arterien kaputt gemacht!«

Dieo hatte sich wieder zu ihnen gesellt. Ihre Augen waren glasig, aber Simon wusste nicht, ob das am Aperol oder an der Sorge um ihren Vater lag.

»Weißt du, was ein Stent ist, Simon?« Papis wartete die Antwort nicht ab und begann, darüber zu dozieren, wie weit die Medizin in Heidelberg doch sei. »Das ist Technologie auf dem höchsten Niveau, mein Lieber!«

Dieo schlug den Kindern vor, schon mal die Zähne zu putzen. Zu Simons Überraschung gingen sie bereitwillig ins Badezimmer, nachdem sie Gutenachtküsse an Zazie und ihn verteilt hatten.

»Kann Oma Rose uns heute ins Bett bringen?«, wollte Otis wissen und Dieo sah fragend in ihre Richtung.

»Ich habe aber noch ein Weilchen in der Küche zu tun, bevor ich im Nachtzug vorbeikommen kann!«

»Sie spielt immer die Schaffnerin im Nachtzug, wenn die Jungs im Hochbett liegen«, erklärte Simon an Papis gewandt.

»Émouvant ...« Er warf den Jungs Luftküsse zu, griff in die Tasche seines Jacketts und zog ein kleines Metallkästchen hervor. Dann öffnete er die Balkontür und trat hinaus. Aus Angst, das Klischee des spießigen deutschen Schwiegersohns zu erfüllen, begleitete Simon ihn und zog zweimal an dem Joint. Er sagte nichts über den Geruch, von dem er wusste, dass er in alle Ritzen der Wohnung dringen würde.

»Schön, der Mond, nicht?« Papis paffte vor sich hin.

»Wenn ich früher hier mit Zazie stand, hat sie mir immer den Mond gezeigt.«

»Du meinst, hier in Frankfurt?«

»Äh, ja, natürlich. Der Balkon bei Ulrike. Zazie wollte immer wissen, wo der Mond ist, wenn es dunkel wurde.«

Simon erzählte ihm, dass auch Leander ihn manchmal nach dem Mond frage.

»Als Kind dachte ich, er verfolge mich.« Papis machte den Joint aus.

»Wer?«

»Der Mond. Ich konnte niemandem davon erzählen.« Er lachte sanft.

Simon zog sich die Jacke fester um die Schultern.

»Du frierst. Lass uns reingehen.« Papis hielt ihm die Balkontür auf. Er zog sein Jackett aus, faltete es ordentlich und legte es über eine Stuhllehne. Als sie nebeneinander auf dem Sofa lagen, fühlte er sich etwas high.

»Nietzsche sagt, der Mensch ist etwas, das *überwunden werden muss*«, hörte er Papis in die Stille hinein sagen.

Die Schwestern kamen ins Zimmer und schmunzelten.

»War der nicht geisteskrank?«, fragte Simon und fing sich einen kritischen Blick seiner Frau ein. »Ich meine, könnte das nicht Ausdruck von einer Depression oder so sein?«

»Wir Menschen sind unvollkommen, Simon. Ich weiß, für euch Europäer ist es schwer. Schwer einzusehen, dass ihr nicht …«, Papis hielt sich jetzt die Faust vors Gesicht, um zu verbergen, dass er wie ein Kind kichern musste, »… dass ihr nicht die Krönung der Schöpfung seid.«

Simon mochte es, wenn Papis ihn aufzog. Zazie fuhr mit der Hand über den Stapel Kinderklamotten, den Rose sorgfältig gefaltet auf der Heizung platziert hatte. »Krone«, korrigierte sie Papis. »Es heißt: *die Krone* der Schöpfung.«

Papis nickte.

»Nein, nein, für mich ist das okay. Es liegt auf der Hand, dass deine Töchter viel näher an dieser Krone sind. Ich meine, sieh sie dir an.«

Papis lächelte und klopfte ihm auf die Schulter. »Wir Menschen werden für den Über-Menschen zum Lachen sein. Wie Affen es für uns sind. Eine schmerzliche Scham, sagt Nietzsche.«

Zazie zog die Augenbrauen hoch. »Das klingt alles ziemlich darwinistisch. Und rassistisch.«

»Ach papperlapapp!« Papis machte eine wegwerfende Handbewegung, und Simon fragte sich, was einen beinahe sechzigjährigen Senegalesen dazu trieb, den Ausdruck »papperlapapp« zu benutzen.

Er stand auf, um in die Küche zu gehen. Dieser Moment schien ihm zu persönlich, als dass er ihm beiwohnen wollte. Da er wusste, dass Papis weder Wein noch Bier vertrug, kochte er einen Verbeinetee und stellte vier Tassen auf ein Tablett. Als er zurück ins Wohnzimmer kam, war die Diskussion um Nietzsches Rassismusproblem beendet. Es herrschte Schweigen. Simon versuchte, in Dieos Gesicht zu erkennen, was vor sich ging, aber sie wischte auf ihrem Telefon herum.

Papis stand auf und ging wieder auf den Balkon. Nachdem er ein paar Züge gepafft hatte, kam er zurück. Er wandte sich an Dieo, als wären Simon und Zazie gar nicht da. »Ich habe mit Mame Khar telefoniert gestern. Sie fragt mich, warum du sie nicht sehen willst. Wenigstens ein Mal.« Er drehte sich zu Simon. »Meine Mutter denkt, ich hätte nichts mit meinem Leben angefangen. Sie sagt, du hast Kinder mit einer Weißen und doch keine Familie.«

Simon goss schnell eine Tasse Tee ein und hielt sie ihm entgegen.

»Ich hätte zurückgehen sollen, um etwas aufzubauen in meiner Heimat. Stattdessen bin ich hier und muss mir wohl eingestehen, dass ich meine Mutter enttäuscht habe.«

Dieo runzelte die Stirn.

»Mame Khar hat recht, irgendwann muss Dieo nach Dakar. Aber bis dahin solltest du lieber aufhören, so viel zu rauchen und ... Na ja inzwischen bist du auch Großvater. Sagt man nicht, das ist eine zweite Chance auf Familie?«, sagte Zazie.

Als er später im Bett lag, fragte er ChatGPT nach seinem Vater.

Wer ist Werner Rosenbaum?

Die AI reihte ein paar Sätze aneinander, von denen er wusste, dass sie nur in Teilen stimmten.

Werner Rosenbaum ist ein preisgekrönter Dokumentarfilmer und Drehbuchautor. Er wurde am 12. Dezember 1947 in Frankfurt geboren und hat seine Karriere beim Hessischen Rundfunk begonnen. Rosenbaum ist bekannt für seine Filme über deutsche Verschickungskinder, die Euthanasie an behinderten Menschen während der NS-Zeit und die Vertuschung von Missbrauchsfällen innerhalb der katholischen Kirche. Seine Arbeiten wurden mehrfach ausgezeichnet.
Werner Rosenbaum ist ein bekannter und hoch angesehener Dokumentarfilmer, der es sich zur Aufgabe gemacht hat, politische und gesellschaftliche Themen aufzuarbeiten und einem breiten Publikum zugänglich zu machen.

21 DIEO

Während Dieo die Teetassen des gestrigen Abends in die Spülmaschine einräumte, kam ihr der Traum der letzten Nacht in den Sinn. Papis hatte in einem Korbsessel gesessen und war von einer Rauchwolke umgeben gewesen. Ob er sie sehe, hatte sie ihn durch die Rauchschwaden gefragt, aber er hatte sie nicht beachtet, hatte etwas von künstlicher Intelligenz und Affen gesagt.

Ihr Blick wanderte zur Küchenuhr. In einer Viertelstunde war sie mit Vera, Selma und Joy im Café verabredet.

Auf dem Fahrrad sitzend – der Wind blies ihr um die Ohren – versuchte sie, sich vorzustellen, was Klammerthal sie zu diesem Traum fragen würde. Sie stellte sich vor, wie er ein »Hm« von sich geben würde, während sie ihren Erinnerungen nachhing. Sie musste an die Grafiken auf Simons Bildschirm denken, seinen konzentrierten Blick, und dann wurde ihr schlagartig klar, worum es gegangen war.

»Ich habe meinen abwesenden Vater geheiratet!«

»Tun das nicht alle Frauen? Ich meine, das hat doch mit dem System zu tun.« Selma saß ihr gegenüber, zwischen ihnen ein bunter Wiesenblumenstrauß.

»Nein, das meine ich nicht. Ich meine innerlich abwesend! Der eine redet bekifft von Nietzsche, der andere hat immer das Handy in der Hand. Auf jeden Fall sind sie immer woanders. Beide.«

»Hm.« Vera legte den Kopf schief.

»Ich weiß nicht, ob es wirklich ums Kiffen geht oder eher um eine Art generelle Unverfügbarkeit.« Die Kellnerin stellte eine Portion Joghurtmüsli vor Selma ab. »Danke.«

»Was meinst du mit ›Unverfügbarkeit‹?«, wollte Joy wissen, während sie in ihrem riesigen Rucksack kramte. »Und darf ich kurz sagen, dass ich in ...«, jetzt sah sie auf die Uhr ihres Telefons »... eineinhalb Stunden wieder zum Zug muss? Also versucht, mich möglichst verdichtet über eure Leben zu informieren in dieser Zeit, ja?«

Selma strubbelte ihr durchs Haar, »Du weißt, dass wir das nicht können. Wir sind langsame Denkerinnen.«

Joy seufzte.

»Außerdem solltest du deinen Patienten heute absagen und bei uns übernachten! Den Rucksack hast du doch für ein paar Tage gepackt, oder?«

Joy hob die Hände und lachte. »Ich geb's zu, Zahnbürste ist echt drin für alle Fälle ...«

»Ich finde, Selma hat recht, ich glaube, diese ganze Aufmerksamkeitsfrage ist komplexer.« Vera trank einen Schluck von ihrem Milchkaffee. »Das ist ja inzwischen zu so einer Art Währung geworden.«

Dieo nickte. »Jonathan sagt immer, er weiß überhaupt nicht, was bei mir ankommt, wenn er mir was erzählt, weil ich ihn immer so reglos anstarre.«

»Ja, das sagen meine Kinder auch oft!« Selma legte ihren Müslilöffel auf dem Tisch ab. »Ich bin noch dabei, etwas zu verstehen, und sie wollen, dass ich sofort mit einer Antwort rausschieße!«

»Oder hat das was mit André Greens depressiver Mutter zu tun?«, sagte Vera.

»Du meinst, wir sind unseren Kindern depressive, also tote Mütter? Das sagt Green doch, oder?«, wollte Dieo wissen.

»Seht ihr, deshalb bleibe ich im netten Rheingau, mit euch Frankfurtern ist man schon vor dem ersten Milchkaffee bei toten Müttern.«

»Und das, obwohl wir versuchen, etwas über Dieos Vater zu verstehen«, sagte Vera. »Schon krass, wie schnell das immer geht.«

»Vielleicht wird die Mutter auch als Reaktion auf die Verhältnisse depressiv ...« Selma sah Dieo fragend an.

»Ja, das dachte ich auch gerade. Sie wird in dieser ganzen Überlastung ja irgendwie auch ihrer Lebendigkeit beraubt.« Vera fuhr sich durchs Haar.

»Da muss ich an meine beiden Eltern und die ganze Migrationskiste denken ...«, sagte Selma.

»Wobei wir wieder bei Dieos Vater wären«, stellte Vera zufrieden fest.

»Und meinem«, sagte Joy.

»Die migrantischen Väter sind auch aufgrund der Verhältnisse abwesend, meint ihr?« Dieo war verwirrt.

»Und die deutschen Väter dann halt wegen was anderem.« Vera zuckte mit den Schultern. »Ich meine, ich weiß nicht, ob mein Vater im Vergleich zu euren besonders anwesend war ...«

Die Tür des Cafés öffnete sich, und ein junger Schwarzer Vater kam zur Tür herein. Sie sahen ihm dabei zu, wie er sein Kind auf dem Arm trug, einen Tisch ansteuerte und ihm dann die bunte Mütze vom Kopf zog.

»Mir kommt es so vor, als wären die Erwartungen bei

einem Schwarzen Vater ganz andere als bei einem *weißen*«, sagte Vera.

Selma nickte. »Das ist bei migrantischen Vätern auch so. Bei deutschen Männern ist die Erwartung: Geld verdienen, sonntags ein bisschen Fußball spielen. So was.«

»Also bei unserer Generation«, sagte Dieo und Selma nickte wieder.

»Aber bei den anderen ist sofort mehr Sehnsucht im Spiel. Bei dem jungen Schwarzen Vater«, sie dämpfte ihre Stimme etwas, »ist sofort der Wunsch da, dass er ein besonders liebevoller, moderner, einfühlsamer Vater ist.«

Vera nahm einen Schluck Kaffee. »Das bedeutet ja, dass da so eine Art Freiheit mit verbunden ist. Nicht so ein typischer weißer deutscher Fußballvater zu sein ...«

»Irgendwie schon«, sagte Selma.

Dieo dachte an Simon und überlegte, was an ihm einem typischen deutschen Fußballvater ähnelte und was nicht. »Manchmal frage ich mich bei Simon, was wäre, wenn er nicht unter diesem narzisstischen Druck stünde.«

»Was meinst du damit?«, fragte Vera.

»Na, zu liefern!« Joy schob die Blumenvase etwas zur Seite, damit sie Dieo besser sehen konnte. »Das meinst du doch, oder? Dass *weiße* Männer ständig liefern müssen und wenig Raum ist für ...«

»Fürs Bedürftige?«, bot Vera an.

»Ja, oder dafür, was nicht zu können, sich erklären zu lassen.«

»Das hat aber auch viel mit so einer deutschen Mentalität zu tun.« Selma verzog den Mund. »Immer alles wissen müssen, die Kontrolle behalten und so. Das sind auch deutsche Frauen ...«

»Wie schön«, stellte Joy fest.

»Was denn?«

»In dem Bekifftsein liegt ja auch die Fähigkeit, die Kontrolle abzugeben.«

»Hm.« Dieo dachte an den im Korbsessel sitzenden Papis aus ihrem Traum.

»Unser Resümee ist also, dass dein Mann deinem Vater noch nicht genügend ähnelt.« Vera zwinkerte ihr zu.

»Und du auch nicht, Dieo«, sagte Joy.

ZWEITER TEIL

22 ZAZIE

Es war endlich warm geworden, hinter ihr lagen Wochen, in denen sie mit Max und den anderen ins Kino gegangen war und in Bars rumgehangen hatte. Manchmal hatten sie abends auf dem Sofa gelegen, *Love Island* geschaut und Popcorn gegessen.

Ab und zu hatte sie sich nach dem JUZ gesehnt, hatte sich gefragt, was Ayoub und die anderen darüber dachten, dass sie »beurlaubt« war. Sie vermisste es, mit den Jungs Fifa oder Billard zu zocken, aber irgendwie fühlte sich ihre Aktion auch wie ein Befreiungsschlag an.

Es war verrückt, dass sie jetzt Student*innen etwas über die gesellschaftliche Funktion von Rassismus erzählen durfte und dafür bezahlt wurde. Sie war aber auch schrecklich nervös gewesen, und Dieo hatte etwas von Größenfantasien gesagt, die jetzt in Berührung mit der Realität kämen. Rural war der Meinung, sie solle doch am Freitag im Doktorand*innenkolloquium ihr Vorhaben präsentieren. In der Gruppe zu diskutieren biete ihr die Möglichkeit, ihre Ideen zu konkretisieren. Sie hatte Max sofort eine Nachricht geschrieben:

Ich muss bis Freitag aufschreiben, worüber ich promovieren will! Du musst mir unbedingt dabei helfen.

Jetzt, vier Stunden später, saßen sie an ihrem Küchentisch. Max hatte leicht gerötete Wangen und die Arme hinter dem Kopf verschränkt. In der rechten Hand hielt er einen Edding. Bisher hatte er nichts als einen angedeuteten Kreis und zwei Wörter auf das große weiße Blatt Papier geschrieben: *Neoliberalismus* und *Inklusion*.

»Also noch mal von vorn.« Er atmete tief ein. »Mit deiner Masterarbeit hast du *was* gezeigt?«

Sie setzte zu einer Antwort an, da unterbrach er sie schon. »In drei Sätzen!«

»Puuuh, in drei Sätzen, ja?« Sie wusste nicht, ob sie ihn gerade extrem heiß oder total ulkig fand. Er sah sie hingegen an, als könnte er absolut nichts Ulkiges an ihrer Session finden.

»Ich muss mal was Bequemes anziehen«, sagte sie und wollte aufstehen, aber er hielt sie zurück.

»Wir sollten das hier erst zu Ende denken. Sobald du etwas anhast, in dem sich dein Arsch stärker abzeichnet, sind wir auf verlorenem Posten.« Er blieb vollkommen ernst, während er das sagte.

Sie stand dennoch auf und holte sich eine Orange. »Geht das? Können wir mit einer Orange zu Ende denken?«

»Du nimmst das hier nicht ernst! Willst du das jetzt oder nicht? Was hast du herausgefunden?«

Sie war entrüstet, aber es breitete sich gleichzeitig ein wohliges Gefühl der Vertrautheit in ihr aus.

»Also, in der Masterarbeit habe ich herausgefunden, dass faschistische Tendenzen in der Gesellschaft angesichts eines blinden Vertrauens in Adam Smiths unsichtbare Hand – also einen Markt, der schon alles regeln wird – im Grunde keine Überraschung sind.«

»Aha, ich verstehe …«, begann er, aber sie hob den Zeigefinger.

»Mich beschäftigen Fragen nach dem Zusammenwirken von Unterdrückungsmechanismen wie patriarchaler Gewalt, Rassismus, Ableismus und so weiter und diesem blinden Vertrauen in den Markt. Es ist ja ein Versprechen, das unermüdlich wiederholt wird. Wir alle glauben daran, obwohl wir es längst besser wissen: Wenn wir uns nur genug anstrengen, smart sind, fleißig – you name it –, dann können wir den Markt bezwingen und gehen vergoldet daraus hervor. Dabei werden wir indirekt dazu ermutigt, die unterdrückerischen Kräfte nicht nur zu dulden, sondern sie zu unserem Vorteil zu nutzen.«

»Das klingt für mich alles auch ein bisschen nach Geschwafel«, unterbrach er sie.

»Was meinst du damit?« Er hatte noch nie so mit ihr gesprochen.

»Na ja, du sollst nicht formulieren, was du an der Welt ungerecht findest, sondern du sollst – wenn ich das richtig verstehe – zweihundert Seiten zu einem Thema schreiben und dabei etwas herausfinden, was vor dir noch niemand herausgefunden hat. Dass Kapitalismus und das Patriarchat zusammengehören wie ich und Moritz – dafür braucht man nicht deine Arbeit.«

»Welcher Moritz?«

»Max und Moritz?«

»Du bist manchmal so ein Lauch!«

Aber sie merkte, dass sie sich ertappt fühlte. War sie wirklich davon ausgegangen, dass sie nun der Welt erklären musste, was Angela Davis seit vierzig Jahren unermüdlich betonte? Sie legte den Kopf auf dem Tisch ab und musste wie eine Vierjährige aussehen.

»Ich kann nicht mehr. Können wir jetzt kochen? Oder zumindest einen Wein aufmachen?«

»Nein.«

Sie seufzte.

»Du willst dich doch die nächsten fünf Jahre damit beschäftigen. Wenn du schon jetzt schwächelst, wird's schwierig.«

Er sah sie an wie Papis damals, als er versucht hatte, ihr an einer kleinen Tafel in seinem Wohnzimmer die Konjugation von »avoir« beizubringen.

»J'ai, tu as, elle a, nous avons, vous avez, elles …« Er hatte sie mit großen Augen angesehen und darauf gewartet, dass sie die Aufzählung beendete.

»Können wir aufhören, Papis?«

»Warum nennst du mich nicht Papa? Ich bin nicht dein Kumpel!«

»Können wir aufhören, Pap-a-is?«, hatte sie gefragt und ihn schelmisch angesehen.

»Alors, ich werde etwas arbeiten. Die Übersetzung will ich bis Freitag fertig haben. Du kannst Helga helfen, sie macht uns jetzt etwas zu essen.«

Er war aufgestanden und hatte sich ins Schlafzimmer zurückgezogen. Bald darauf war der süßliche Geruch von Marihuana durch den Türschlitz gedrungen.

»Wollen wir einen rauchen?«, fragte sie jetzt unvermittelt.

Max sah sie an, als hätte sie den Verstand verloren. »Du willst mich provozieren, oder?«

»Nein, ich meine das ernst. Vielleicht erweitert das meinen Blick.«

»Du brauchst keinen erweiterten Blick. Du musst dich jetzt einfach mal zusammenreißen und bei der Sache bleiben.« Er stand auf und goss den Rest seines Kaffees in die Spüle. Erst jetzt fiel ihr auf, dass er noch seine Schuhe anhatte.

»Ich glaube, ich schlafe heute zu Hause«, sagte Max ruhig.

Sie stand auf und berührte seine Schultern. »Es tut mir leid.«

Er drehte sich zu ihr. »Um ehrlich zu sein, gehst du mir ziemlich auf den Wecker mit deinen Spielchen.«

Das kam unerwartet. Und saß ganz schön. »Was meinst du mit ›Spielchen‹? Ich spiele keine Spielchen.«

»Doch! Du willst ein lockeres Ding, wir haben ein lockeres Ding. Du streichelst am Abend, bevor ich einschlafe, und am Morgen, wenn ich aufwache, meine Haare, und dann darf ich nicht zum Frühstück bleiben. Du willst, dass ich dir mit dem Exposé helfe, benimmst dich wie eine Vierjährige, die die Welt blöd findet, und jetzt soll ich mit dir einen rauchen?«

Sie setzte an zu sagen, dass es ihr leidtue, aber er schien noch nicht fertig zu sein.

»Ganz ehrlich, das, was Achim da im JUZ treibt, ist armselig und falsch, aber du bist kein besserer Mensch, nur weil du per Geburt weniger Privilegien hast als er. Du bist ein besserer Mensch, weil du – keine Ahnung –, weil du besser mit anderen Menschen umgehst.«

»Okay, okay, du hast vollkommen recht. Kannst du mir bitte, bitte noch eine Chance geben?« Sie legte ihre Handflächen wie zum Gebet aneinander.

»Welche Leute haben dich eigentlich am meisten beeindruckt in deinem Studium?«

Er lehnte jetzt an der Küchenzeile, und sie konnte sich

gut vorstellen, wie er so in der Schreinerei stand und seine Kund*innen zu erotischen Tagträumen inspirierte.

»Du meinst: international?«

»Nein, back doch mal kleinere Brötchen! Leute, bei denen du studiert hast!«

»Hm. Ich würde sagen, Radtke und Diehm.«

»Du solltest deren Texte noch mal lesen und von vorne anfangen. Das hilft dir bestimmt auch fürs Seminar.« Er öffnete den Kühlschrank und holte die angebrochene Weinflasche heraus.

»Ich bin irgendwie so blockiert. Es ist, als würde alles, was vorher Spaß gemacht hat, plötzlich zu einem riesigen Ballon aufgeblasen werden, in den ich immer weiter heiße Luft puste.«

Max lachte, gab ihr ein Weinglas und ließ sich wieder auf den Stuhl fallen. »Du musst einfach mal anfangen. Ein bisschen was ausprobieren. Wenn's zu viel wird, lässt du's bleiben.«

Sie stand auf und ging ins Schlafzimmer, um sich eine gemütliche Hose zu holen. Als sie zurück in die Küche kam und der Seidenstoff angenehm kühl um ihre Beine schlackerte, fiel ihr Blick auf einen Brief auf dem Tisch. Achim hatte den Stempel des Jugendzentrums auf die Rückseite des Umschlags gedrückt, und sie ignorierte ihn seit zwei Tagen. »Ich glaube, dadrin ist meine Kündigung.«

»Was?!« Max stellte sein Weinglas auf dem Tisch ab. Sie legte ihm die Hand in den Nacken, und er stand auf, kam ihr sehr nahe, um sie dann zur Seite zu schieben. »Wie verbinde ich mein Telefon mit deiner Anlage?«, wollte er wissen.

»Ähm, für den Fall, dass du nicht verstanden hast, was ich gerade gesagt habe …«

»Doch, doch! Ich will nur ganz kurz …« Er tippte etwas in sein Handy, und kurz darauf erklang ein Song: *She loves me when I'm drunk. She loves me when I'm jobless. She loves me like damn.* Max ging um sie herum, ohne sie anzusehen, und setzte sich wieder auf den Stuhl. Sie wusste nicht, wohin mit sich, stand einfach da. Er griff nach ihrem Arm, zog sie an sich heran und schob ihr T-Shirt hoch. Er strich mit seiner Hand über ihren Bauch, ließ sie über ihre Pobacken wandern und gab einen Laut von sich, als wollte er sagen: Endlich.

Am nächsten Tag saß Zazie im Wohnzimmer ihrer Schwester und spürte den Alkohol vom gestrigen Abend.

»Weißt du, ich denke im Moment ernsthaft darüber nach, eine Verwandte aus dem Senegal zu fragen, ob sie ein Jahr als Au-pair zu uns kommen will.«

Dieo zupfte an einem T-Shirt herum, das sie gerade zusammengelegt hatte. Sie betrachtete das Kleidungsstück, als könnte es ihr eine Antwort auf alle Fragen geben, die sie beschäftigten.

»Hmm.« Dieo wollte doch nicht ernsthaft Absolution von ihr für diese Schnapsidee.

»Was denkst du?«

»Ich denke, du solltest erst mal hinfahren.«

Dieo schnaubte. »Das eine hat mit dem anderen doch nichts zu tun. Ich frage mich eher, ob du denkst, dass eine unserer Cousinen daran Interesse haben könnte, ein Jahr lang hier zu wohnen.« Sie schnappte sich den Korb mit zusammengelegter Wäsche und verließ das Zimmer. Als sie zurückkam, sah sie traurig aus.

»Was erhoffst du dir denn von der Cousine aus dem Senegal?«, fragte Zazie vorsichtig.

»Ach, weißt du, ich stelle mir vor, dass immer jemand da ist, wenn ich heimkomme. Dass es nach Maffé oder Thieboudienne riecht und die Wäsche zusammengelegt ist und ich das nie wieder tun muss.«

»Du willst also so eine Art Kreuzung aus Oma Rose und mir.«

»Ja, genau!«

»Das wäre auf jeden Fall eine üble Form von *Colourism*.«

»Was meinst du damit?«

»Na, die Dark-Skin-Cousine arbeitet für die Light-Skin-Cousine und deren *weißen* Mann und betreut den *weiß* gelesenen Nachwuchs. Alle Farben sind vertreten und nach Privilegien sortiert, und das alles in einer Familie. Das wäre schon ungut.«

Dieo nickte langsam. »Ich kam darauf, weil wir neulich den Film mit Emma Stone geguckt haben. Ich fand das so cool, wie sie sich für die ganzen Hausangestellten eingesetzt hat!«

Es tat Zazie beinahe leid, dass sie jede Auseinandersetzung ihrer Schwester mit dem Thema Rassismus mit dem Benzin der harschen Realität übergießen und dann das Streichholz menschlicher Abgründe reinwerfen musste.

»Du kennst anscheinend nicht die Hintergrundgeschichte.«

»Es gibt mal wieder eine Hintergrundgeschichte?«

»Willst du sie hören?«

Inzwischen hatte Dieo sich erschöpft aufs Sofa fallen lassen und sah an die Decke. Zazie versuchte, sich kurz zu fassen, erzählte ihr davon, dass keine einzige der Schwarzen Hausangestellten, deren Geschichte in dem Film verwendet worden war, je einen Cent gesehen habe und dass Ablene Cooper sogar den Rechtsstreit gegen die *weiße*

Autorin verloren hätte, nachdem sie vor Gericht gegangen sei.

Dieo stöhnte und fragte: »Aber was kann man deiner Meinung nach denn gegen das alles tun?«

»Also die Einrichtung eines Jugendzentrums zu demolieren hilft aus meiner Erfahrung wenig.«

»Du hast *was*?«

»Long story. Ich habe noch so eine Art Abschlussgespräch nächste Woche, aber das war's mit dem JUZ.«

Dieo setzte sich auf und schmunzelte.

»Was ist so witzig?«

»Na ja, das heißt, du machst das jetzt mit der Uni.«

Eine Woche später spazierte sie aus der Karlstraße Richtung Innenstadt. Das Abschlussgespräch mit Achim und der Mentorin stand an, und Zazie hatte sich fest vorgenommen, Frau Lorke alles zu stecken, was sie problematisch fand: anzügliche Bemerkungen, subtiler Rassismus gegenüber den Besucher*innen und allgemeines Fehlen von Engagement. Als sie die Tür zum JUZ öffnete, kam Achim auf sie zu und gab ihr die Hand. »Schön, dass du da bist, Zazie.« Er verschränkte die Arme. »Wie geht's dir so? Die Uni hat schon angefangen, oder?«

Sie nickte und stellte ihren Rucksack auf einem Stuhl ab.

»Und wie läuft's?«

»Ganz gut, denke ich. Die Jungs fehlen mir ...«

»Die fragen auch viel nach dir. Musst wirklich mal vorbeikommen, wenn wir geöffnet haben!«

Achim griff nach einem Billardqueue. »Lust auf 'ne Partie?«

Sie zuckte mit den Schultern. »Warum nicht?«

Er gab ihr den zweiten Queue. Die Kugeln waren bereits

in der Mitte des Tischs arrangiert, so als habe er diese Partie geplant.

»Das war ein ganz schöner Schreck …«, er eröffnete das Spiel, indem er die weiße Kugel auf das Dreieck aus bunten Kugeln stieß, »… dass du einfach so den Kicker umgestoßen hast.«

Sie lief um den Tisch herum und beobachtete, wie eine volle Kugel in einer Ecke verschwand. »Ja, das war nicht gerade einer meiner glanzvollsten Momente …«

Achim hob den Queue, hielt aber inne. »Ich habe gleich Frau Lorke angerufen nach Feierabend.«

»Du meinst, du hast so eine Art Einzelsitzung bei ihr genommen?«

Er nickte. »Ich hab mich gefragt, was da schiefgelaufen ist … Ich meine, das hatte ja auch mit mir zu tun.«

Wow.

»Ich merke, dass es mir nicht gut geht, im Moment …«

»Und deshalb willst du mit mir in die Sauna?«

Er lachte. »Wenn du es so sagst, klingt es furchtbar.«

»Es war furchtbar!«

Er fuhr sich mit beiden Händen durch die Haare. »Frau Lorke hat jedenfalls ein paar kluge Sachen dazu gesagt …«

Zazie fragte sich, ob sie kluge Sachen über ihn oder über sie gesagt hatte. Er schwieg, und sie dachte, dass es wohl mehr um ihn als um ihre Wut gegangen sein musste.

»Sag mal, rauchst du noch?«

Zazie nickte.

Sie setzten sich in den Garten, und Zazie drehte eine Zigarette für Achim und eine für sich, und er erzählte ihr von den alten JUZ-Zeiten. Lange Fahrradtouren durch den Taunus. Junge Sozialpädagogen, die im Nebenfach Sport studiert hatten, und ein paar Jungs, die Bock hatten. Als

Achim seine Zigarette zu Ende geraucht hatte, sah er sie an. »Vielleicht habe ich dich auch provoziert, weil ich dachte, dass ...«

»Dass was?«

»Dass du eh nicht bleibst. Wir Männer machen so einen Quatsch manchmal ...«

»Verzeihen Sie, ich bin etwas spät dran ...« Frau Lorke stand im Türrahmen und schob ihre Sonnenbrille ins Haar. »Wollen wir loslegen?«

23 DIEO

Während Dieo die Luftpolsterfolie zusammenfaltete, hing sie wieder ihrer Fantasie einer Haushaltshilfe nach. Manchmal, dachte sie, würde diese Frau einfach mit ihr im Wohnzimmer sitzen und etwas in Ordnung bringen. Es wäre beinahe egal, was es wäre. Sie würde dann vielleicht fragen, wie ihr Tag so gewesen sei, und etwas Nettes sagen. In diesem Moment klopfte Gabriele vorsichtig an die Tür. »Es wird ja immer wohnlicher bei dir!«, stellte sie fest.

»Frau de Latour! Ich meine, Gabriele ...« Sie strich eine Haarsträhne glatt, die sich schon den ganzen Morgen dagegen sträubte, sich in ihre Frisur zu integrieren. »Wie geht's dir?«

Gabriele lächelte und sagte, dass sie sich freue, dass die Magnolien blühten. Was für eine elegante Antwort.

»Jetzt kommt der schwierigste Part: Bilder!« Dieo ging zum Fenster, um es auf Kipp zu stellen, und lehnte sich an die Fensterbank.

»Du musst mal ins Domviertel.«

Dieo nickte. Es wäre wunderbar, gemeinsam mit Gabriele durch Kunstgalerien und Ateliers zu streifen.

»Wo hast du eigentlich dieses große Bild her, das über deinem Tisch hängt?«

Gabriele hob die Schultern. »Selbst gemalt.«

»Was echt? Das ist so toll!«

»Aquarell auf Papier.«

»Ach, wenn ich für so etwas mal Zeit hätte. Und Raum.« Dieo wusste nicht, wie ihr Leben sein müsste, damit sie auf die Idee käme, einfach so ein paar Aquarelle zu malen.

»Na ja, wir haben ja das Atelier. Ich musste nur meinen Mann überzeugen, dass mein Diletanttismus das Material wert ist.«

Dieo stellte sich vor, wie Gabriele in einem Overall durchs Atelier ihres Mannes lief, rauchte und nachdachte. »Denkst du auch manchmal an Virginia Woolf, wenn du allein in deinem Raum sitzt? *A room of one's own?*«

Gabriele schüttelte den Kopf. »Nein, ich habe ja viel Platz für mich. Ich betrachte den Behandlungsraum eher als den Raum der Patienten.«

Dieo schämte sich ein wenig. Es klingelte, und Gabriele ging zur Tür. »Ich muss weitermachen. Aber schau doch mal, ob du morgen zu dem Vortrag von Francesca Melandri kommen kannst!«

Dieo nickte.

Als sie bei Klammerthal auf der Couch lag, tauchte das Bild von Gabriele vor ihrem inneren Auge auf. Ihr aparter Haarschnitt, die vielen kleinen Lachfältchen, die wachen blauen Augen. »Glauben Sie, ich könnte so ganz tief unbewusst vielleicht lesbisch sein?«

Klammerthal lachte. »So ganz tief unbewusst?«

»Sie wissen schon, was ich meine.«

Er schwieg einen Moment lang und fragte dann, wie sie darauf komme.

»Ich spüre so eine Art Verliebtheit, vielleicht ist es mehr

eine tiefe Sehnsucht, die mich an meine Teenagerjahre erinnert. Für jemanden schwärmen, der ein paar Jahre älter ist. Die Vorstellung, dass das Leben wunderbar wäre, wenn ich dieser Person nah wäre. So geht es mir mit de Latour.«

Klammerthal setzte an, etwas zu sagen, aber sie unterbrach ihn. »Ich nenne sie ja jetzt Gabriele. Aber das passt gar nicht zu ihr. Eigentlich möchte ich sie ›Eure Majestät‹ oder ›Aimée‹, meine Geliebte, nennen.«

»Es kommt mir so vor, als sprechen Sie über unerfüllte Liebe.«

»Ja, anscheinend.«

»Eine Sehnsucht, die Sie schon lange, vielleicht ein ganzes Leben lang begleitet.«

Dieo nickte.

»Das klingt für mich wie die Sehnsucht nach einer idealen Mutter.«

»Einer Mutter? Ich war doch nur unter Frauen, mein Leben lang. Zumindest, bis Simon und die Kinder kamen. Wieso sollte ich denn Sehnsucht nach einer Mutter haben?«

»Ihre Mutter war viel mit dem Leid anderer beschäftigt.«

»Sie meinen, so wie Sie?«

Er schwieg einen Moment lang. »Ja.«

Dieo sah aus dem Fenster. »Ich denke, es geht auch um das Großartige. Was bei meiner Mutter Otto Kernberg und Freud waren, war für meinen Vater Nietzsche. Immer diese großen unerreichbaren ...«

»Ikonen?«, half er ihr aus.

»Ja, Ikonen.«

»Ikonen waren für Ihre Eltern so wichtig, weil sie für Werte standen, die sie in ihrem unmittelbaren Umfeld nicht fanden, nehme ich an.«

»Ach, ich weiß nicht. Das sind doch alles Größenfantasien. Nie ist jemand gut genug ...«

»Und Sie wollen Ihre neue Kollegin ›Eure Majestät‹ nennen.«

Sie musste schmunzeln. »Ja, wie entkommt man nur diesem allgegenwärtigen Narzissmus?«

»Als Gesellschaft wahrscheinlich nur durch die großen Katastrophen.«

»Das klingt ja ermutigend ... Und als Einzelne?«

»Es ist ja erst mal wichtig anzuerkennen, dass es da um Fragen von Selbstwert geht.«

»Mir fällt jetzt erst auf, was für ein komisches Wort das ist. So als könnte man den messen.«

»Was man ja nicht messen kann, ist, was die Nietzsche-Lektüre in Ihrem Vater berührt hat oder was Ihre Mutter empfindet, wenn sie Freud liest.«

Sie nickte. »Oder was ich empfinde, wenn ich hier liege und mit Ihnen spreche.«

24 ZAZIE

Gerade als Zazie sich an einen Text über *Die Konstruktion des Fremden im Diskurs des Multikulturalismus* setzen wollte, klingelte ihr Telefon.

Dieos Stimme klang gehetzt. »Zazie, kannst du mir bitte einen ganz großen Gefallen tun und die Kinder heute abholen? Luisa ist krank, und da ist so ein Vortrag im Institut, der mir wirklich wichtig ist. Es geht um Flucht und Kolonialismus, Francesca Melandri.«

»Soso.« Der Blick in die Nachrichten reichte ja nicht, Dieo und ihre Leute brauchten eine intellektuelle Literatin, die ihnen auf ästhetisch ansprechende Weise nahebrachte, dass die Flucht übers Mittelmeer – sag bloß – etwas mit den Jahrhunderten des Besetzens, Ermordens und Raubens zu tun hatte? Sie saßen dann wahrscheinlich betroffen nickend zusammen in ihren ockerfarbenen Cordhosen und unterhielten sich anschließend darüber, was das mit ihnen machte.

»Ich gucke mal, was heute noch bei mir ansteht, warte …« Zazie tat so, als schaute sie in ihren Kalender. Ein Teil von ihr freute sich, dass ein äußerer Umstand verhinderte, dass sie sich in dieses Geflecht aus Fremdwörtern, Bezügen und Querverweisen auf Diskurse, die lange vor ihrer Geburt geführt worden waren, vertiefen musste. Es war komisch, das wissenschaftliche Arbeiten war immer nur in der Rückschau etwas, das zu Zufriedenheit führte. Während sie las oder schrieb, hatte sie immer das Gefühl, durch zähen Schlamm zu waten.

»Um vier im Kinderhaus?«, fragte sie schließlich.

»Ja, das wäre super. Wir waren lose mit Federico und seiner Mutter verabredet. Leander hat sich schon sehr gefreut. Also wenn es dir nichts ausmacht, wäre es toll, wenn ihr danach in den Holzhausenpark gehen würdet!«

Zazie verdrehte die Augen. Dieser Park hatte die größte Snobdichte Frankfurts. Schlimmer als Grüni.

»Du nimmst dir ein gutes Buch mit, bestellst dir einen Kaffee und machst es dir schön. Und auf dem Heimweg holt ihr euch Pasta bei Olbia ...«

Zehn Minuten später zog Zazie ihre Turnschuhe an, ohne die Schnürsenkel zu lösen, und steckte ihr Telefon in die Hosentasche. Wenn sie sich beeilte, konnte sie es mit dem Fahrrad in zwanzig Minuten zum Kinderhaus der Jungs schaffen. Sie entschied kurzerhand, tatsächlich noch ein Buch einzupacken und doch die Bahn zu nehmen. Das Rennrad mit Kendrick Lamar im Ohr oder die S-Bahn mit Joshua Cohen auf dem Schoß – diese Entscheidung bestimmte vermutlich darüber, ob sie in den Besucher*innen des Parks hauptsächlich *weiße* privilegierte Eltern von bornierten Kindern oder amüsante, schräge Gestalten sah, die so in ihrem persönlichen Film gefangen waren, dass sie Zazie kaum bemerkten. Sie steckte *Die Netanjahus* in den Rucksack und hoffte, dass sie ihr Schwarzsein für ein paar Stunden weitgehend ausblenden und im Park dann *in-blenden* konnte.

Leander und Otis hatten gemeinsam mit Federico ein kompliziertes Spiel mit verschiedenen Stationen entwickelt.

Während die beiden Achtjährigen einander Rätselfragen über Ninjagos stellten und auf Reckstangen herumturnten, schlenderte Otis immer wieder zu Zazies Cafétisch, um etwas aus seiner Wasserflasche zu trinken, in sein Apfelbrötchen zu beißen oder sich bei ihr über die Großen zu beschweren. Sie hob gerade den Kopf in Erwartung der zwölften Unterbrechung durch Otis, da strahlte sie Eva an, eine Mitarbeiterin von Rural.

»Zazie, richtig? Hier sieht man selten Gesichter, die man aus dem Unikontext kennt! Fünfhundert Meter Luftlinie, aber Welten entfernt vom Fachbereich ...«

Zazie hatte sich erst ein paarmal beim Rauchen mit ihr unterhalten, keinen besonderen Draht zu ihr gehabt, aber hier, inmitten von Jurist*innen, Unternehmensberater*innen und ihren Nannys, war sie froh, sie zu treffen.

»Was führt dich hierher? Sind das deine?« Eva zeigte auf die Jungs, die gerade irgendein Tauschgeschäft mit zwei anderen Drittklässlern abwickelten.

»Ne, das sind meine Neffen.« Zazie nahm ihren Rucksack vom Stuhl, um Eva Platz zu machen. »Wohnst du hier in der Ecke?«

»Du meinst, ob ich geerbt habe und die Wissenschaft nur zum Spaß mache?«, fragte Eva und lachte. »Tatsächlich haben wir bis letztes Jahr in Bornheim gewohnt. Aber jetzt nicht mehr, ich bin nach der Trennung nach Offenbach gezogen. Die Kinder sind aber hier in der Kita, deshalb landen wir meistens doch in diesem Park. Ganz schöner Kontrast zum Campus, was?«

Zazie rollte die Augen. Sie merkte, wie sich ihre Anspannung etwas löste. »Ja, meine Schwester wohnt hier. Das Einzige, was ich zu ihrer Verteidigung vorbringen kann, ist, dass sie Schwarz ist.«

Eva lächelte, als hätte sie den Versuch, einen Witz zu machen, verstanden, sich aber entschieden, dem Schmerz ins Auge zu sehen. »Und, wie erlebt sie das Viertel so? Ich meine, als Schwarze Frau?«

»Ich glaube, ganz okay. Sie ist der Meinung, da, wo ich wohne, habe man es mit einem – wie nennt sie das immer? – viel *archaischeren* Rassismus zu tun ...«

»Wo wohnst du denn?«

»Ach, sorry, auch in Offenbach«, sagte Zazie.

Eva wischte ein paar Krümel vom Tisch. »Ich glaube, ich verstehe, was sie meint. Je knapper die Ressourcen, desto härter die Kämpfe ... Wir da drüben«, sie nickte in Richtung Campus, »wollen so gerne daran glauben, dass die Menschen sich miteinander solidarisieren.«

Zazie musste an Winta denken.

Eine Stunde später hatte Eva ihr von der Trennung von ihrer Jugendliebe Jean Luc erzählt, von dessen neuer Freundin und ihren eigenen Plänen zu habilitieren, nun, da sie kein weiteres Kind bekommen würde. »Irgendwie scheint das doch noch sehr bedrohlich zu sein.«

»Du meinst, Frauen in der Wissenschaft?«

Eva nickte. »All das, was wir in der Theorie richtig gut finden. In der Trennungsphase habe ich immer diese Studie von Koppetsch und Speck gelesen. *Wenn der Mann kein Ernährer mehr ist*. Ich habe Tränen gelacht, manchmal auch geweint. Kann ich dir mal leihen ...«

Zazie befürchtete, dass nun die Frage käme, ob sie eigentlich vorhabe, mal einen Mann zu ernähren. »Und was hast du vor, in der Habil?«, fragte sie schnell.

»Ach, so dies und das. Ich muss jetzt mal warten, wie sich das mit meiner Stelle entwickelt. Aber ich würde gerne weiter die Rolle von Scham im schulischen Kontext untersuchen. Da gibt es immer noch viel zu wenig zu, soziale Scham, doppelte Scham, Scham und Mentalisierung ...«

»Oh, spannend, ich habe neulich angefangen, Annie Ernaux zu lesen, und es fallen einem ja sofort so viele Szenen ein, überall geht es um Scham ...«

Eva nickte. »Ja, Erneaux, hab ich auch verschlungen ...« Sie winkte ihrem Kind zu, das gerade auf einem Mäuerchen entlangbalancierte. »Übrigens, ich suche ja immer noch nach jemandem, der die Leitung des Mentoringprogramms für mich übernimmt. Rural hat dich sicher schon mal darauf angesprochen. Ist echt eine schöne Aufgabe.«

Zazie hatte ganz vergessen, dass er bei ihrem Treffen im Januar das Mentoringprogramm erwähnt hatte. »Ja, ich weiß aber noch nicht viel darüber.«

Eva nahm einen Schluck von ihrer Schorle und erzählte von den marginalisierten Schüler*innen, für die sie seit Jahren auf der Suche nach »sozialem und kulturellem Kapital« sei. Sie organisierte Gespräche mit Klassenlehrer*innen, Musikschulunterricht oder Praktika beim Hessischen Rundfunk. »Mittlerweile habe ich mein ganzes soziales Umfeld eingespannt.« Sie sah sich an den Nebentischen um. »Genau diese Frauen hier sind die idealen Mentorinnen. Die klemmen sich dahinter, als hinge ihr Leben davon ab.«

Zazie schmunzelte. »Ja, Typ Wadenbeißer. So war meine Oma früher auch. Wenn es in der Schule nicht lief, hat sie sich erst mich vorgeknöpft, und wenn das nichts half, waren die Lehrer*innen dran.«

Eva lachte. »Fluch und Segen ...«

Ihr Sohn Finn kam verschwitzt angerannt und war, wie Kinder es immer zu sein schienen, wenn ihnen ihre Eltern einfielen, kurz vorm Verdursten. Er verschlang eine halbe Brezel, nachdem er Evas Rhabarberschorle geleert hatte, und sah Zazie nicht einmal an.

»Langsam müssen wir aufbrechen, mein Schatz«, sagte Eva. Finn gab nur ein unzufriedenes Stöhnen von sich.

»Wollen wir uns heute eine Pizza holen?« Sie sah Zazie bei dieser Frage vielsagend an, sie hatte vorhin darüber gesprochen, wie schnell man nach so einer Trennung Prinzipien verwarf, wenn man um die Gunst der Kinder warb.

»Au ja!«, schrie Finn etwas zu laut. Erst jetzt fiel Zazie auf, dass er etwas Grobes hatte.

»Das hatten Leander, Otis und ich auch vor!«

Als hätten ihre beiden Neffen gespürt, dass es hier um die Möglichkeit ging, Fast Food zu konsumieren, kamen sie herbeigelaufen.

Federicos Mutter Alva war mit ihrem Einjährigen in den Park gekommen und sammelte Federico ein. Sie winkte Zazie zu, woraufhin sie und die Jungs zurückwinkten.

Auf dem Weg zur Pizzeria fiel ihr auf, dass sie noch mal zur Bank gehen musste.

»Dann machen wir einen Schlenker zur Sparkasse?«, schlug Eva vor, und Zazie dachte, dass das Muttersein in der richtigen Gesellschaft wahrscheinlich doch seine netten Momente haben konnte.

»Ich springe schnell rein und hebe Geld ab, ihr könnt hier bei Eva und Finn warten!«, rief sie Otis und Leander zu.

Als Zazie aus der Bankfiliale herauskam, begrüßte Eva gerade eine Frau, die die gleiche strahlend weiße Bluse mit Puffärmeln wie ihre Tochter trug. Zazie hatte gerade beschlossen, der Frau ohne Vorbehalte zu begegnen, da hörte sie sie fragen: »Und das ist das Au-pair-Mädchen?«

»Ich war also nicht mal einer direkten Ansprache würdig!

Das ist das Schlimmste! Nicht die rassistischen Vorurteile – Schwarze Frau kann ja nur Bedienstete und von ganz weit weg sein, da muss sich keine*r die Mühe machen, mal zu gucken, ob die neunzehn oder dreißig ist, die arbeitet für uns. Die ist unserer Sprache wahrscheinlich eh nicht mächtig. Und überhaupt. Gehört zur Peripherie. Fährt U-Bahn und nicht Range Rover. Trägt meine Einkäufe und meine Kinder. Das sind die Menschen, mit denen du dich Tag für Tag umgibst ...«

Dieo tat so, als suche sie etwas in der hintersten Ecke des Küchenschranks. Die Wohnungstür wurde aufgeschlossen. Otis rannte Simon entgegen.

»Ich weiß nicht. Arschlöcher gibt es überall.« Dieo fegte ein paar Krümel ins Spülbecken.

Simon erschien jetzt mit Otis auf dem Arm in der Tür.

»Hey Zazie, wie geht's?«

»Zazie wurde heute von einer Holzhausen-Mutter für das Au-pair-Mädchen gehalten.«

Simon lächelte. »Nimm's doch als Kompliment! Du hast den Körper eines Au-pairs, aber den Geist einer Ehefrau.«

Zazie und Dieo sahen einander befremdet an. »Den Geist einer Ehefrau?«

»Das klingt nach *Handmaid's Tale*«, sagte Zazie.

»Ihr wisst, was ich meine!«

Simon öffnete den Kühlschrank und nahm eine Schwedenmilch heraus. Otis quengelte, dass er auch einen Schluck wolle, und glitt dann an ihm hinab.

»Sie hat mich jedenfalls nicht mal direkt gefragt! Sie hat nur in der dritten Person über mich geredet.«

Simon hielt Otis die Milchflasche hin, damit er einen großen Schluck trinken konnte. »Die dachte wahrscheinlich, du verstehst kaum Deutsch, oder?«

»Vielleicht sind es die Braids?«, dachte Dieo laut nach.

»Heißt das jetzt, du hast endlich *Americanah* gelesen?«, fragte Zazie schnippisch.

»Nein, aber es ist vielleicht einfach naheliegend anzunehmen, jemand wäre von hier, wenn er aussieht wie die meisten Menschen hier. Schwarze Frauen mit Braids sind erfahrungsgemäß migrantische jüngere Frauen. Ergo: Babysitterinnen.« Dieo setzte sich zu ihr an den Tisch.

»Sagt die Frau, die mit neunzehn schwanger wurde«, spottete Zazie.

Dieo betrachtete ihre Fingernägel, und Simon kramte in einem Küchenschrank. Zazie spürte, wie ihr heiß wurde.

»Wie Anfang zwanzig aussehen, aber trotzdem was im Kopf haben. Unglaublich stark sein, einfühlsam, fähig, andere aufzufangen, ihnen zu helfen, sie zu trösten und zu heilen. Bei alldem geht's doch darum zu verschleiern, dass man Frauen of Colour ausbeutet!«

»Fühlst du dich etwa von mir ausgebeutet?«, entfuhr es Dieo jetzt.

»Doch nicht von dir. Ich meine, dass diese ganze Bewunderung unserer Haare oder was auch immer, dass die geheuchelt ist.«

»Und wie sähe aufrichtige Bewunderung aus?« Simon trank einen Schluck Milch und hatte jetzt den gleichen Bart wie sein Sohn.

»Es ist ja immer beides.« Dieo verschränkte die Arme vor der Brust. »Die Bewunderung kann aufrichtig sein und dabei vielleicht trotzdem problematisch.« Sie stand wieder auf, nahm ein Küchentuch in die Hand und schüttelte es aus, um damit die Arbeitsfläche trocken zu wischen. Zazie verspürte den Drang, diese Situation zu verlassen. Sie sah nach Otis, der inzwischen wieder im Kinderzimmer verschwunden war, und kam dann zurück in die Küche. »Das Problematische ist doch, dass das eigentlich total psycho ist, nur redet keiner darüber!«

»Du meinst, die Bewunderung ist psycho?«, fragte Simon.

»Dieo, wie nennt man das, Projektion? Da sind die *weißen* Frauen, die mir so was sagen wie ›Wow, du bist so eine starke Frau‹. Und da bin ich und muss plötzlich auch für sie stark sein. Versteht ihr, was ich meine?«

Dieo hatte sich ein Glas Wein eingegossen und trank einen Schluck, während sie nachdachte. »Ich weiß nicht, vielleicht ist das Projektion, ja.«

»Ich meine, warum macht ihr das nicht an eurem Psychoanalyse-Institut: untersuchen, was da abgeht, wenn überall ständig ge-othert wird?«

Dieo sah Simon an. »Weißt du, was das heißt? Oder bin ich die Einzige, die sich hier immer wie eine blöde, ungebildete Hinterwäldlerin fühlt, weil ich diesen ganzen woken BiPoc-of-Colour-pick-me-Kram nicht kenne?«

Simon schüttelte langsam den Kopf. »Othering habe ich schon mal gehört. Du meinst, dass Menschen zu ›den anderen‹ gemacht werden, oder?« Er malte Anführungszeichen in die Luft.

Zazie nickte. »Ja, ist aber auch egal.« Jetzt wünschte sie, sie hätte einfach die Klappe gehalten, hätte sich eine halbe Stunde früher mit den Jungs auf den Heimweg gemacht oder die Sache einfach verdrängt.

»Zazie, ich weiß doch, dass du politischer und kritischer und weiß Gott was mehr bist als ich, aber ich kann nicht nach jedem Tag im Park, der bestimmt voll von Rassismus und Scheißismus ist, mit dir über diese Welt diskutieren. Ich bin einfach zu müde.«

Simon war anzusehen, dass er auf den richtigen Moment wartete, um sich ins Wohnzimmer zurückzuziehen.

»Hast du schon was gegessen?«, wollte Dieo von ihm wissen.

»Hm, ja. Ich hab mir vorhin mit Christian was geholt.«

Zazie verstand den Hinweis ihrer Schwester. »Ich mach mich dann mal auf den Heimweg.«

»Vielen Dank noch mal, Zazie!«, rief Simon ihr hinterher, als sie schon im Flur war.

Im Türrahmen lehnend sah Dieo sie mit kleinen Augen an. »Du siehst Papis im Profil so ähnlich, wenn du …«

»Wenn ich was?«

»Wenn du so bist wie jetzt gerade.«

»Aha. Also, wenn ich bin, wie ich bin.«

»Ja, wenn du bist, wie du bist.« Dieo seufzte.

Auf dem Heimweg hörte Zazie das letzte Kendrick-Album, skippte aber bald zu *This Feeling* von den Alabama Shakes. Als die S-Bahn den Tunnel verließ, zogen vor dem Fenster die Oberräder Felder vorbei, die in ein seidiges Blaugrau getaucht waren. Ich bin auch müde, dachte sie, eine andere Art von müde. Als sie aus der Bahn am Marktplatz ausstieg, war es schon kurz nach zehn. Sie kaufte am Kiosk zwei Ayran und erinnerte sich daran, wie Max sie in der Nacht ihres Kennenlernens davon zu überzeugen versucht hatte, dass das einzige Getränk, das zu einem After-Hour-Döner passte, Limo war, und sie hatte leidenschaftlich dagegen argumentiert. Als sie gedankenverloren in ihre Straße einbog, sah sie ihn auf einer Stufe ihres Hauses sitzen. »Wo warst du so lange? War kurz davor, wieder zu fahren!«

»Entschuldige, ich hatte ganz vergessen, dass du … Lange Geschichte. Kann ich dich mit einem Ayran besänftigen?«

Zazie zog das Getränk aus der Plastiktüte und hielt es ihm vors Gesicht. Er stand auf und lächelte sie erschöpft an. Wunderschön sah er aus. Sie dachte daran, wie er sich darüber gefreut hatte, dass sie ihm in der Dönernacht ihre Nummer gegeben hatte.

Sie waren zu zweit durch die Stiftstraße spaziert, nachdem auch Winta sich verabschiedet hatte. Er hatte sehr höflich gefragt, ob er sie mal anrufen dürfe, wenn er weder eine Knoblauch- noch eine Wodkafahne habe, und sie hatte ihre Nummer in sein Telefon getippt.

Nachdem er einen Schluck vom Ayran genommen hatte, legte er den Arm um sie und gab ihr einen Kuss hinters Ohr. »Ich fahr zu meinen Eltern am Wochenende. Kommst du mit?«

Woher kam das denn jetzt? Sie atmete langsam aus. »Ähm, ein ganzes Wochenende?«

»Ja, gut, ich war noch nie für einen Kaffee in Bremen, um dann wieder nach Hause zu fahren.« Er grinste sie an, als bereite es ihm Freude, sie in die Enge zu treiben.

»Wie kann ich mir das denn vorstellen bei deinen Eltern?«

»Sag mal, du hast schon einen kleinen Krampf im Kopf, oder? Sind halt Leute.«

»Sorry, aber können wir darüber wann anders sprechen, ich hab für heute genug von Leuten.«

»Wenn mir nicht so scheißkalt wäre, würde ich jetzt gehen«, murmelte er in sich hinein und lief dann schweigend hinter ihr die Treppe zu ihrer Wohnung hoch.

Am Morgen wachte sie sehr früh auf und löste sich aus Max' Umklammerung. Im Schlaf wusste er nichts mehr von seinem Groll, schmiegte sich an sie mit seinen spärlich behaarten Schenkeln und roch nach einer Mischung aus Deo und Schweiß. Gegen neun ging sie zum Bäcker, um ihm zwei Mohnbrötchen zu kaufen. Im Briefkasten fand sie zwei automatisch erstellte Schreiben der Sparkasse: *Abbuchung mangels Kontodeckung fehlgeschlagen.* Sie zerknüllte das Papier und öffnete den Kühlschrank. Nachdem sie beide Brötchen mit Frischkäse und Himbeermarmelade bestrichen hatte, stellte sie zwei Tassen, die Bialetti und den Teller auf einen umgedrehten Wäschekorb und stieß mit dem Rücken die Schlafzimmertür auf.

»Morgen.« Sein Gesicht wurde halb vom Kissen verdeckt, und er klang heiser.

Sie stellte sein Frühstück auf der Matratze ab. »Das gestern hatte nichts mit dir zu tun. Oder deinen Eltern. War ein blöder Tag mit Dieo und Simon und diesen Holzhausen-Snobs.«

Er brummte. »Du hast ja sogar schon das Haus verlassen für mich.« Während er das sagte, berührte er kurz ihren Arm. »Was ist denn jetzt dein Plan?«

»Du meinst heute?«

Er schüttelte den Kopf. »Ich meine fürs Leben.«

Sie nahm ihre Kaffeetasse, trank einen Schluck und griff dann nach einer Brötchenhälfte. »Ich muss mich erst mal sortieren.«

»Okay, sag Bescheid, wenn du fertig bist.« Max stand auf und ging duschen.

25 SIMON

Er war vierzig Minuten in den Rheingau gefahren. Immer wenn er die alten Schlösser und Klöster in den Weinbergen sah, fragte er sich, warum er nicht hier wohnte. Auf dem Parkplatz des Tagungshotels schaltete er den Motor des Wagens aus, es waren fünfzehn Grad. Er wusste, dass er sich darüber freuen sollte, dass der Mai nicht so trocken gewesen war wie letztes Jahr, es war wunderbar grün. Dass er heute Abend nicht wie geplant bei lauen fünfundzwanzig Grad Weinschorle trinken konnte, ärgerte ihn trotzdem. Nachdem er für wenige Minuten die Augen geschlossen hatte, hörte er ein Klopfen am Fenster. Christian grinste ihn hinter der Scheibe an und streckte ihm seine Apple Watch entgegen, sie waren spät dran.

»Oder wir gehen einfach zu einer Weinprobe?«, fragte Simon. Die Aussicht auf peinliche Vorstellungsrunden, teambildende Spiele und etliche Heulkrämpfe mittelalter Männer bereitete ihm Bauchschmerzen.

»Wovor läufst du weg, Shimi?«, fragte Christian, während er sich seine Tennistasche über die Schulter warf.

Simon hielt ihm die Info-Broschüre unter die Nase. »Vor ihm«, erwiderte er. »Ich meine, ist das sein Ernst? Die Glatze, die Daunenweste?«

Christian schmunzelte und sah sich die Rückseite des Flyers an, auf dem ein Sonnenuntergang zu sehen war. Die Wörter »change«, »responsibility« und »strategy« schwebten im Bild.

Der Tagungsraum erinnerte eher an eine Volkshochschule als an ein Schlosshotel. In der Mitte füllte sich allmählich ein Stuhlkreis mit Männern und Frauen in ihren Vierzigern und Fünfzigern. Christian und Simon waren die Jüngsten. Ein Blick auf die anderen Teilnehmer ließ ihn an Kaffeebecher mit geckigen Sprüchen, Billigfleisch und Funktionskleidung denken. Der Coach sah etwas blasser aus als auf dem Flyer und wirkte verbissen.

»Wisst ihr, es geht nicht darum, *was* ist, sondern darum, *wie* ihr es wahrnehmt. Euer Senior sagt ›go‹ und ihr denkt, ich kann das nicht. Dann habt ihr ein Problem.«

Simon sah in Christians Richtung. Sein Freund hörte interessiert zu, als der Coach von Glaubenssätzen und Manifestationen sprach.

»So, dann bildet mal Zweiergruppen und findet heraus, welche Glaubenssätze euren Partner fesseln.« Der Coach stand hinter Simon und legte ihm die Hände auf die Schultern, während er das sagte. Jetzt machte er eine Pause, dann ergänzte er: »Ich weiß, was ihr bei ›Partner fesseln‹ denkt.« Wieder Pause. »Aber das machen wir dann ein andermal.«

Simon schien der Einzige zu sein, der sich seinen Partner nicht aussuchen durfte. Der Coach wies ihn an, sich mit einer untersetzten Anfang fünfzigjährigen Frau zusammenzutun. Birgit war kinderlos und arbeitete als Managerin in einem mittelständischen Unternehmen. Sie habe sich letztes Jahr ein Pferd gekauft, und das sei eine unglaubliche Herausforderung. Aber dieses Pferd gehöre zu ihr, das werde ihr immer klarer. Als Simon ihr von seiner familiären Situation erzählte, kam ihre Frage nach der Dynamik seiner Ehe etwas unerwartet.

»Was meinst du mit *Dynamik?*«, wollte er wissen.

»Na ja, man geht ja einen Deal ein, einen Vertrag. Was investierst du, und was kriegst du dafür?«

Es war erst eine Dreiviertelstunde vergangen, seitdem er hier angekommen war, und schon durfte er sich von einem Pferdemädchen in ihren Fünfzigern grenzüberschreitende Fragen zu seiner Ehe stellen lassen.

»Unser Deal ist, dass ich versuche, kein Arschloch zu sein, und meine Frau unzufrieden ist.«

Birgit verschränkte die Arme.

»Wir haben drei Kinder.« Simon zuckte mit den Schultern. »Ich meine, was ist denn der Maßstab?«

Birgit legte den Kopf schief. »Bei dir scheinen eine Menge hinderlicher Glaubenssätze zu wirken, Simon. Du glaubst also, du müsstest deiner Frau ...«

Simon hob die Hand. »Ich denke, das reicht. Danke.«

Die anderen Teilnehmerteams behaupteten übereinstimmend, dass das Gespräch mit jemandem, den sie erst vor einer halben Stunde kennengelernt hätten, »erfrischend« oder »inspirierend« gewesen sei.

»Im Gespräch mit Inge habe ich an ein Zitat von Wittgenstein denken müssen«, sagte Christian. »Es geht ungefähr so: ›Die Grenzen meiner Sprache sind die Grenzen meiner Welt.‹ Ich habe gemerkt, dass es so viel gibt, wofür ich keine Worte habe. Da hat mir der Austausch mit jemandem wie Inge echt geholfen.«

Einige Teilnehmer nickten, andere sahen gedankenversunken an die Decke.

Der Coach war sichtlich zufrieden mit sich und hatte inzwischen die Ärmel seines Leinenhemdes hochgekrempelt, so als hätte er in den vergangenen eineinhalb Stunden wirklich gearbeitet. »Wir gehen jetzt noch mal mehr in die Vergangenheit, ja? Ich merke, dass diese Gruppe hier hungrig ist. Ihr wollt tiefer graben, und das finde ich gut!«

Simon spürte, wie sein Mund trocken wurde, und er spielte für einen Moment mit dem Gedanken, sich zu entschuldigen und sich in einen nahe gelegenen Biergarten zu setzen, aber da wandte sich der Coach ihm zu.

»Simon, über dich haben wir erfahren, dass du viel gibst und dass dein Glaubenssatz vielleicht lautet: ›Ich kann es nicht richtig machen.‹«

Er sah sich um und nickte Birgit zu, die ergänzte: »Vielleicht lautet er auch: ›Ich bin nicht genug‹?«

Jetzt schaltete sich sogar Christian ein. »›Ich werde nicht um meiner selbst willen geliebt.‹«

Simon warf einen vernichtenden Blick in seine Richtung.

»Wie geht es dir denn mit der Arbeit der Gruppe, Simon?« Der Coach legte die Handflächen aufeinander und presste seine Zeigefinger gegen Lippen und Nase.

»Das alles, was die Gruppe sagt, ist sehr aufschlussreich.«

Die anderen lächelten und nickten wohlwollend.

»Das Problem ist nur, dass das, was ihr für meine Glaubenssätze haltet, doch für euch alle gilt.« Er sah Stirnrunzeln und Kopfschütteln. »Versteht mich nicht falsch, ihr habt bestimmt recht damit, dass ich mich für unvollkommen halte und in dieser Welt, in dieser Gesellschaft nicht das Gefühl habe, es reiche aus, einfach nur ich zu sein. Aber«, er schaute in Richtung des Coaches, »Sie können mir doch nicht weismachen, dass das bei Ihnen oder irgendjemandem in diesem System anders ist.«

Der Coach schwieg lange. Dann sagte er: »Ich erlebe das häufig, dass jemand das nicht annehmen kann, was wir aus der Gruppe für ihn erarbeiten.«

Die anderen Teilnehmer nickten und warfen einander vielsagende Blicke zu zu.

»Christian, ich bin dann im Auto und gucke nach Weingütern in der Nähe. Dem Rest wünsche ich noch eine gute Zeit hier.« Er griff nach seiner Jacke und verließ den Tagungsraum.

Als er wieder im Wagen saß, musste er an Zazie denken. Fühlte sie sich so, wenn sie ein Weihnachtsfest sprengte? Lag es wirklich daran, dass man gewisse Dinge, hatte man sie einmal wahrgenommen, nicht mehr übersehen konnte? Zazie hatte eine Zeit lang immer von »Pathologisierung« und »Individualisierung« gesprochen, und er hatte nie wirklich verstanden, was damit gemeint war. Aber es stimmte: Die dadrinnen hatten gerade versucht, etwas aus ihm zu machen, was er nicht war, und vielleicht versuchte eigentlich die ganze Zeit irgendjemand, etwas aus ihm zu machen, was er nicht war.

Es klopfte an der Scheibe. Christian bedeutete ihm, das Fenster herunterzulassen.

»Wo geht's hin?«, wollte er wissen, und Simon spürte, wie sich Erleichterung in ihm ausbreitete.

»Lass uns nach Hause fahren. Ich reserviere uns einen Tisch im *Ponte*.«

Christian ging zu seinem Auto, machte dann kehrt und beugte sich noch mal zu ihm hinab. »Der Typ wollte uns Vitamin D andrehen, irgendein Präparat aus eigener Herstellung oder so. Ich meine, geht's noch?!« Er schüttelte den Kopf und stieg dann in sein Auto.

Als sie sie sich an einen der Tische vor dem Restaurant gesetzt und gratinierte Birne mit Ziegenkäse, Risotto und Garnelen im Tontopf bestellt hatten, trank Simon einen großen Schluck Vinho Verde und zündete sich eine Zigarette an.

»Fucking hell«, sagte er, und Christian lachte.

»Glaubst du, dem Rest der Gruppe ist in den letzten Stunden klar geworden, was für eine Katastrophe der Typ ist?«

Simon schüttelte den Kopf. »Ich glaube, der hat eigentlich einen ganz guten Ruf. Alles haarscharf an der Grenze zu irgendwas, was Dieo sagen würde. Wenn man genau hinhört, halt Phrasendrescherei. Mir kommt es vor, als würden diese Coaches ein paar Ratgeber lesen, eine Woche im Schweigekloster verbringen und sich dann 2K pro Person für ein paar Stunden Gruppenarbeit zahlen lassen. Ich meine, jeder zwanzigjährige Psycho-Youtuber hat mehr auf dem Kasten als dieser Typ.«

Christian zeichnete mit dem Finger auf dem weißen Tischtuch Linien. »Die Wittgenstein-Sache ist mir im Nachhinein superpeinlich.«

Simon schlug die Hände vors Gesicht. »Was für eine gequirlte Scheiße.«

»Das nächste Mal, wenn wir das Gefühl haben, wir brauchen Bro-Time, geben wir die zweitausend Ocken für Nutten und Koks aus. Da können wir wenigstens sicher sein, dass unsere Begegnungen bereichernd sind.« Christian setzte den verschmitzten Blick auf, mit dem er ihn vor vielen Jahren dazu überredet hatte, MDMA zu nehmen.

Nach dem vierten Glas Wein fragte Simon Christian, ob er das ernst gemeint habe. »Hast du wirklich den Eindruck, ich denke, dass ich nicht genug bin?«

»Na ja, wer denkt das nicht? Hast du doch selbst gesagt.«

»Ja, aber es schienen sich ja vorhin alle einig darin, dass das vor allem mein Thema ist.«

Christian fuhr sich mit beiden Händen durch die Haare und legte den Kopf in den Nacken. »Ich fand das toll damals, dass du dich in Dieo verliebt hast und dann alles mitgetragen hast, aber ...«

»Aber was?«

»Mir kam es schon so vor, als hättet ihr einen Schritt übersprungen. Du hast Kinder abgeholt, dir einen Job klargemacht, und na ja, du bist eigentlich seit fünfzehn Jahren ununterbrochen am Performen. Da frage ich mich schon manchmal: Willst du nicht einfach mal chillen, Shimi?«

Simon lächelte schwach. »Ja, chillen. Wer tut das heutzutage noch? Ich meine, wirklich chillen?«

»Ja, klar, irgendwie geht es allen so. Aber du wollest ja wissen, ob es dein Thema ist.«

»Vielleicht ist es so eine Art Angst vor dem, was ist, wenn nichts ist. Verstehst du, was ich meine?«

Christian nickte, und sie schwiegen, bis Simon die Rechnung bezahlte und die Kellnerin bat, ihm ein Taxi zu bestellen.

26 DIEO

Simon war gestern Abend ziemlich betrunken von einem Firmenevent im Rheingau gekommen. Vor dem Einschlafen hatte er noch den Kopf auf ihren Bauch gelegt und gefragt, ob sie unzufrieden sei. Sie hatte sich erst heute Nachmittag wieder daran erinnert, kurz bevor sie die Jungs ins Auto verfrachtet hatte, um zu Ulrike zu fahren. In Ulrikes Küche sitzend hörte sie sich den neuesten Klatsch vom Dottenfelder Hof und ihre Analysen an.

»Weißt du, Sabine hat dreißig Jahre lang alles getan für diesen Mann, wirklich alles. Es ist unglaublich, was wir Frauen uns gefallen lassen müssen.«

»Ach ich weiß nicht, wir tun einander alle so viel an.«

Ulrike drehte sich stirnrunzelnd zu ihr um und begann dann, die Grünkernbratlinge für die Jungs in der Pfanne zu drehen. »Du musst gleich los, oder?«

»Ja, ich treffe Simon im Bahnhofsviertel.«

»Mein Lieber!«, rief der Inhaber des *Babayitt* mit tiefer Stimme durch den Raum und kam mit wiegendem Schritt auf sie zu. Dieo hätte sich gewünscht, das Frankfurter Szenegeplänkel noch etwas länger aus sicherer Distanz beobachten zu können, bevor sie selbst Teil davon wurde. Zazie war der Meinung, wenn man Teil von so etwas war, dann wollte man das auch. Sie selbst fand, man konnte nach zwei Negroni auch Gefallen an einer Welt finden, die einen in nüchternem Zustand irritierte oder bestenfalls amüsierte.

Ludger war Simons Chef, aber er wollte lieber als eine Art freundschaftlicher Mentor rüberkommen, der jünger war und dabei weltgewandter und *ballsyer*. *Ballsy* – so bezeichnete man jemanden, der »Eier hatte«, mutig war. Es brauchte ungeheuer viele englische Begriffe in dieser Welt, in die Simon vor einem Jahr aufgebrochen war und aus der er leider nicht plante zurückzukehren.

Es war rührend und schmerzhaft zugleich zu sehen, wie ihr zweiundvierzigjähriger Ehemann vor dem Badezimmerspiegel stand und sie fragte, ob sie glaube, er könne doch irgendwie einen Vollbart heranzüchten. Simon hatte eher dünnes und helles Haar. Überall. Er hatte das Glück, dass er nicht zu dem Typ Mann gehörte, über dessen körperliche Merkmale man unter Frauen im Detail sprach, sondern den man als Gesamtpaket betrachtete. Oder war das einfach sie? Mit ihren Freundinnen hatte sie damals stundenlang am Telefon über die Vor- und Nachteile der Männer in ihrer Umgebung diskutiert. Doch als sie ihn kennengelernt hatte, hatte sie gedacht: »Das ist er wohl.« Einfach so.

Sie erinnerte sich genau an den Moment, in dem sie ihm in seiner WG begegnet war. Sie war gleichzeitig irritiert und zutiefst entzückt gewesen. Er hatte damals noch langes Haar, es war zu einem kleinen Dutt an seinem Hinterkopf zusammengebunden, und er trug ein lockeres weißes Hemd. Seine Jeans erinnerten an Pete Doherty und seine Schuhe an Missy Elliot. Er ließ sich gerade von seiner Freundin mit einem Kugelschreiber hebräische Buchstaben auf den Unterarm zeichnen, als er Dieo bemerkte. Mit freundlichen blauen Augen sah er sie an, als wollte er sagen: »Wir sollten mal zusammen Brötchen holen gehen.« Die Freundin mit den hebräischen Buchstaben interessierte ihn wenige Wochen später nicht mehr.

»Ich wollte dann irgendwie immer bei dir sein«, erklärte er ihr Jahre später.

Davon hatte sie lange nichts mitbekommen, da er ihr noch eine Weile vorgespielt hatte, er könne sich nicht binden. Das hatte man als Mann in den Nullerjahren wohl machen müssen, um ernst genommen zu werden. Er könne jetzt einfach keine Beziehung haben, hatte er ihr nachts um vier Uhr in ihrem Bett liegend gesagt, nachdem sie ihm gerade einen Pfefferminztee gekocht hatte. Was denn so wichtig daran sei, dass sie das alles hier »Zusammensein« nannten. Es werde sich dadurch doch gar nichts ändern.

Natürlich hatte sich alles geändert, nachdem er entschieden hatte, dass sie nun doch ein Paar waren. Sie hatte seine Mutter kennengelernt und er ihre. Er hatte angefangen, sie seinen unzähligen Bekanntschaften als seine Freundin vorzustellen, und diese hatten ihm dann einen anerkennenden Blick zugeworfen. Sie hatten darüber gesprochen, wie es denn wäre, wenn sie und Jonathan in das WG-Zimmer, das bei ihm frei geworden war, einziehen würden, und acht Monate später hatte das Familienleben, wie sie es heute lebten, seinen Anfang genommen.

Als sie ihm erzählt hatte, dass sie einen zweijährigen Sohn habe, hatte er gesagt: »Ich glaube, alle Empfängnisse sind unbefleckt«, und das hatte ihr gefallen. Erst Jahre später hatte sie ergoogelt, dass es sich um ein Zitat von George Bernhard Shaw handelte, und sich erneut in ihn verliebt.

Simon trug heute eine blaue Chino und ein helles Leinenhemd. Sein Haar hatte er seitlich gescheitelt und über den Kopf gekämmt. Wie ein mittelalter Mann, der das Kostüm eines dreißigjährigen Städters trug. Trotz einer Sehschwäche von gerade einmal 0,25 Dioptrien trug er jetzt immer häufiger eine riesige Brille. *Passing*, dachte Dieo. Zazie hatte ihr mal erklärt, dass es beim *Passing* für Afroamerikaner darum ging, als *Weiße durchzugehen*. Daran musste sie häufig denken. Als was wollten die Menschen um sie herum durchgehen? Hipster, Künstler, Freigeister? Und wie viele von ihnen waren in Wahrheit Spießer, Mitläufer, Kleingeistige? Indem Simon sich einen Bart stehen ließ und Brillen trug, die aussahen, als hätte Otis sie mit einem schwarzen Filzstift gemalt, verschmolz er mit einer Welt, in der es nicht mehr um Inhalte ging. Es ging nicht darum, die Welt besser zu verstehen, sondern darum, ihr seinen Stempel aufzudrücken. Seinen inhaltsleeren, industrial-designten Stempel.

»Freut mich, ich bin der Jacob!« Der Gastronom presste sein Gesicht einmal von rechts und einmal von links an ihres und küsste die Luft. Er roch angenehm nach einem herben Parfum. Sie erinnerte sich, dass Simon ihr diesen Duft kürzlich in einem Laden gezeigt hatte. Es sei ein Duft für Männer und Frauen, so wie damals CK One. Hatten sich diese erwachsenen Männer in ihren Vierzigern alle wie adoleszente Mädchen darüber abgesprochen, mit welchem Duft man sich in diesem Frühling einsprühte? Sie spürte eine innere Unruhe.

»Ich habe den Namen deiner schönen Begleitung nicht verstanden«, wandte er sich an Simon.

»Dieo, eigentlich Dieynaba. Das ist …«, begann sie und wurde von ihm unterbrochen.

»Senegal?«

»Ja, mein Vater ist tatsächlich aus dem Senegal!«, antwortete sie beinahe verlegen.

Nachdem er sie zu ihrem Platz geführt hatte, schnappte er sich einen Stuhl vom Nebentisch, an dem er sich kurz nach dem Befinden erkundigt hatte (»Bei euch alles in Ordnung?«), und setzte sich zwischen sie und Simon. Er beschrieb der Runde die Gerichte, die kleine Kunstwerke zu sein schienen – kein Fleisch, das nicht auf einem heißen Stein am Tisch gegrillt, kein Gemüse, das nicht in einer komplizierten Schnürtechnik serviert wurde.

»Ich habe etwas, das Dieynaba besonders gut gefallen könnte.« Er war aufgestanden und legte die Hände auf ihren Schultern ab. »Wir haben eine Kooperation mit verschiedenen Restaurants hier in Frankfurt. Im Bahnhofsviertel sind auf engstem Raum so viele Kulturen. Und wir haben gesagt, das sind alles Frankfurter. Lasst uns mal was unter Frankfurtern machen.«

Dieo nickte, was Jacob wohl dazu bewog zu entscheiden, was sie essen würde. Er ging eilig in Richtung Küche, und sie wandte sich Simon und den anderen zu. Es ging um die Pleite der *Silicon Valley Bank*.

Ludger lehnte sich nach vorn. »Nach *Lehman* haben die die Banken hier fit gemacht? Fucking joke is, what this is.« Simon und seine Kollegen schienen sich darin einig, dass das alles eine gute Nachricht für die Kryptokurse und damit für sie selbst wäre. Es wurde mehr Gin Tonic bestellt.

Ludgers Englisch-Deutsch-Kauderwelsch war etwas, das sich in ihrem Zuhause sukzessive eingenistet hatte. Simon sprach von »der nächsten Challenge« oder bemängelte »die Performance« seines Kollegen. Sie versuchte, ihm mit Blicken zu verstehen zu geben, dass er einen grammatikalischen Fehler machte, wenn er seinem Freund Christian am Telefon mit den Worten »Das macht Sinn« beipflichtete, und sie musste aufstehen und in einen anderen Raum gehen, wenn er mal wieder sagte: »Ich bin fein damit.« Das alles hatte sie Ludger, einem niederländischen Narzissten, zu verdanken, der ihrer Vermutung nach kokainabhängig war und heute Abend der gesamten Runde zumutete, seiner Freundin zu verschweigen, dass beim letzten gemeinsamen Abendessen ein lettisches Model seine Begleitung gewesen war.

Simon sah Dieo an, als wollte er sie ermahnen, ein freundlicheres Gesicht aufzusetzen, und sie beschloss, die negativen Gedanken mit einem Negroni hinunterzuspülen. Nach dem Lachs-Sashimi brachte ihr Jacob »Chraime meets Thieboudienne, die Hochzeit unserer Kulturen«, wie er das Fischgericht nannte. Er berührte sie schon wieder an der Schulter und sagte: »Lass es dir schmecken, meine Liebe.« Und bevor sie sich fragen konnte, wie man innerhalb einer Stunde zu »seiner Lieben« werden konnte, spürte sie, dass Simons Stimmung dabei war zu kippen. Sie entschied, ihn zu ignorieren, und vertiefte sich in ein denkbar uninteressantes Gespräch mit ihrer linken Sitznachbarin Sanja, die darüber nachdachte, in welchem Studio sie ihre Yogaausbildung absolvieren solle.

»Ich glaube, dass man bei *Shiva* noch mal mehr die spirituelle Komponente mitbekommt, weißt du? Aber *Motion* hat eben die bessere Location, weißt du? Und ich will ja später vielleicht auch dort unterrichten, weißt du?«

Ab und zu gab sie ein zustimmendes »Hm« von sich, mehr verlangte ihr Gegenüber nicht von ihr.

Sie träumte sich davon. In Gedanken lief sie mit Jacob über einen Markt. An den Ständen gab es eine Vielzahl unterschiedlicher Gewürze und kleine Metalltöpfe voller Köstlichkeiten. Immer wieder blieb er stehen, griff ein Stück Brot, tunkte es in eines der Gerichte und fütterte sie damit.

Sie sah zu Simon rüber, der gerade mit einem Stück Baguette die Soße auf seinem Teller aufwischte und es sich genüsslich in den Mund steckte. Er trank einen großen Schluck Gin Tonic, während er wild gestikulierte. An seinen Fingern klebte noch ein Tropfen Soße, den er jetzt bemerkte und umständlich ableckte.

Während Sanja dazu übergegangen war, über die Vorteile von Vinyasa Flows zu sprechen, dachte Dieo an ihre Söhne, die genau wie ihr Vater am Frühstückstisch Cherrytomaten mitsamt ihrer Hand in ihre Münder schoben oder Nutella von ihren Fingern ableckten. Es war, dachte sie manchmal, als sei ein Teil ihres Mannes in dieser Phase stecken geblieben. Als gehe es für ihn ein Leben lang ums Aufnehmen, Genießen, Genährtwerden. Von ihr, von Ludger, in unzähligen Nächten in dunklen Clubs voller Gin Tonics, abgeriegelt durch kahl rasierte Türsteher, die ihm ein ums andere Mal bestätigten: »Du gehörst dazu.«

Den Rest des Abends verbrachte Dieo damit, sich mit Jacob zu unterhalten, der sich irgendwann wieder neben sie gesetzt hatte. Inzwischen hatte eine Band begonnen, Soulmusik zu spielen, und der Laden hatte sich gefüllt, hauptsächlich mit Leuten in ihrem Alter. Die Frauen trugen Jump Suits oder Culottes und dazu Schuhe mit Keilabsätzen. Wem gehörte das *Babayitt* eigentlich? Jacob? Ihm und seiner Partnerin? Sie fragte ihn danach.

»Ein Freund und ich haben das Restaurant vor achtzehn Jahren eröffnet. Wir haben gesagt, es braucht hier mehr als den Italiener im Westend und den Franzosen auf der Fressgass. Wir wollten den Nahen Osten nach Frankfurt holen. Aber eben nicht als kleines koscheres Restaurant, in das sich keiner reintraut. Wir wollten Völkerverständigung auf Ivrit, verstehst du?«

Dieo nickte.

Gegen ein Uhr tauchten mehr und mehr Zwanzigjährige auf. Oder waren sie noch jünger? Sie trugen beige unförmige Stoffhosen, die über dem Knöchel endeten, und weiße Turnschuhe aus den Achtzigerjahren. Es war, als lieferten sie sich einen Wettbewerb, wer die unharmonischste Silhouette hatte. Sie fühlte sich plötzlich furchtbar spießig und alt.

Jacob deutete auf ihr Glas und nahm es ihr elegant wie ein Taschenspieler aus der Hand. »Ein Negroni war das, oder?«, fragte er und ging zur Bar, ohne eine Antwort abzuwarten.

Da stand Simon plötzlich neben ihr. »Alles okay bei dir?« Er klang angetrunken. »Ich würde noch eine Weile bleiben, aber wenn du müde bist ...?«

»Oh, ich bekomme gerade Nachschub«, erwiderte sie. »Ich frage Zazie, ob sie vorbeikommen will.«

27 ZAZIE

»Nach der Au-pair-Sache dachte ich, wir müssen einfach mal was Schönes zusammen erleben. Nicht immer nur Rassismus hier und Ausbeutung da.« Dieos Worte klangen verwaschen. »Ich fände es schön, wenn wir mal wieder zusammen um die Häuser ziehen würden!«

Wann waren sie denn zusammen *um die Häuser gezogen*, dachte Zazie. »Ich weiß nicht … Ich bin schon im Schlafanzug.«

Dieo sagte, sie sehe darin bestimmt total hip aus und könne einfach so ins Taxi steigen.

»Auf meinem Konto sind im Moment ungefähr dreiundzwanzig Euro. Ich kann mir also eineinhalb Negronis kaufen. Taxifahrten sind eher nicht drin.«

Am Ende der Leitung knisterte es.

»Ich lad dich ein. Simon sagt, er freut sich auch, wenn du kommst.«

Wieder hörte sie undefinierbare Geräusche.

»Und er sagt, er lädt uns alle ein!«

Zazie schaute sich im Zimmer um und überlegte, was sie als Erstes verkaufen könnte. Klamotten? Möbel? Oder könnte sie das zweite Zimmer untervermieten?

Ihr Blick fiel auf ein Paar Stiefel, das Dieo ihr im letzten Herbst vermacht hatte. Irgendwie würde das schon hinhauen. Sie würde morgen zum Arbeitsamt gehen und irgendwas beantragen, und zur Not würde sie für ein paar Monate nach Berlin gehen, bei Rose wohnen und in einem Café jobben.

»Okay, ich kann jetzt sowieso nicht schlafen …«

Dieo kündigte an, ihr noch einen Nachtisch zu sichern. »Ich habe jetzt connections!«, lallte sie ins Telefon, woraufhin jemand im Hintergrund lachte.

Als Zazie das *Babayitt* betrat, hatten sich um die lange Tafel, an der ihre Schwester, Simons Arbeitskolleg*innen und einige andere saßen, kleine Grüppchen gebildet. Dieo saß neben einem Typen mit markanten Gesichtszügen. Unter den hochgekrempelten Ärmeln seines Hemds blitzten Tattoos hervor, und er gestikulierte wild.

»Guten Abend!«, hörte sie jetzt eine vertraute Stimme hinter sich und spürte dann Simons Hand auf ihrer Schulter.

»Gute Nacht, meinst du wohl.« Sie ließ sich von ihm umarmen.

»Dieo sitzt da drüben«, ließ er sie wissen und deutete mit dem Kinn auf sie.

»Ja, schon gesehen.«

Jetzt winkte Dieo ihr und grinste. Sie zeigte in Richtung Hinterhof und stand dann auf.

Draußen ließ sich Dieo Feuer geben und paffte dann ungeschickt eine *American Spirit*, während sie Zazie die anderen Raucher*innen vorstellte.

»Was willst du trinken?«, fragte sie und hängte sich schwer an Zazies Arm.

»Ich hol mir gleich etwas.«

»Aber lass mich bezahlen! Oder hier, nimm gleich mein Portemonnaie!« Dieo kramte in ihrem gelben Rucksack, und Zazie spürte, wie sich ihre Kehle zuschnürte.

»Ich hol euch noch zwei Negronis«, kündigte der Typ mit den Tattoos an und lächelte sie an. Es war eindeutig, dass er sich seines Charmes bewusst war.

Einer der Typen, die Dieo ihr gerade vorgestellt hatte, fragte Simon, was eigentlich seine Finca-Pläne machten.

»Ich glaube, du verwechselst da was«, antwortete Simon.

»Das wäre mir auch neu!«, sagte Dieo etwas zu laut.

»Und du bist auch Psychiaterin?«, wollte jetzt ein Typ von Zazie wissen, dessen Hemd einen Knopf zu weit geöffnet war.

»Nein, ich ...«

»Vincent, ich bin keine Psychiaterin!«, sagte Dieo lachend und legte dann den Arm um Zazie, die brennende Zigarette verfehlte ihr Gesicht nur knapp.

Der Mann mit den Tattoos kam zurück und drückte ihnen ihre Drinks in die Hand, was ihr einen Moment Zeit verschaffte. »Ich, äh, ich nehme eine kreative Pause.«

»Bei meiner Ex hieß das psychosomatische Klinik!« Er grinste, als hätte er einen guten Witz gemacht.

»Nein, keine Klinik. Eher das Gegenteil.«

»Jetzt machst du mich neugierig!«

»Mein letzter Job war voller Me-too-Vibes. Vielleicht war deine Ex ja auch mit Idioten umgeben, die sie krank gemacht haben. Es ist wichtig, da auszusteigen und zu überlegen, was man eigentlich machen will.«

Vincent hob eine Augenbraue. Dieo und Simon schienen die Luft anzuhalten.

»Nein, im Ernst«, sagte Zazie schnell, »ich bin zwischen zwei Jobs, ich fange bald an, an der Uni zu arbeiten. Als wissenschaftliche Mitarbeiterin, habe vor ein paar Monaten mein Studium abgeschlossen.«

Dieo strich ihr beinahe unmerklich über den Arm. In ihrer Hand hielt sie immer noch die Zigarette, die inzwischen ausgegangen war.

Nach zwei Negronis beschloss Zazie, sich auf den Weg zu Max zu machen. Sie vergaß immer, ob der Stadtteil, in dem er wohnte, Heddernheim oder Praunheim hieß. Als sie an der U-Bahn-Station angekommen war, schrieb sie ihm, dass sie auf dem Weg zu ihm sei, aber er antwortete nicht. Vor der Haustür versuchte sie, die Namen zu entziffern, und schloss aus den vielen Buchstaben auf dem Klingelschild, dass es sich um seine WG handeln müsse. Der Typ, der ihr die Tür öffnete, hieß irgendwas mit T. Es schien, als erinnere er sich gut genug an sie, um zu wissen, zu wem sie wollte. Er nickte ihr zu und verschwand in der Küche. Zazie ging den Flur entlang zu Max' Zimmer. Nach einem leisen Klopfen öffnete sie die Tür. Max lag angezogen auf dem Bett, ein Kissen unter dem Kopf und den Laptop auf den Oberschenkeln.

»Hey.« Sie schlüpfte aus ihren Sneakern und legte ihre Tasche auf dem Stuhl ab.

Er seufzte und streckte den Arm aus. Als sie sich in die Kuhle neben ihm legte, sah sie, dass er die erste Staffel von *Atlanta* schaute. »Ich gucke mit«, sagte sie.

Eine halbe Stunde später klappte sie den Laptop zu. Ihr Puls beschleunigte sich. »Also, es ist so: Ich will gerne mal deine Eltern kennenlernen, irgendwann.«

Er atmete hörbar aus.

»Mir ist das gerade noch zu früh, und ich fühle mich nicht, wie soll ich sagen, in Form.«

Mit hochgezogenen Augenbrauen sah er sie an.

»Ich wurde im Park für ein Au-pair-Mädchen gehalten, ich habe keinen Job, und ich weiß nicht genau, wie es weitergeht.«

»Wieso weitergeht? Du hast einen Abschluss, und bald machst du einen Do...«

»Ich musste mir gerade fünfhundert Euro von meiner Schwester leihen. Meine Wohnung kostet sechshundert Euro im Monat«, unterbrach sie ihn. »Ich weiß nicht mal, wie ich das mit dem Ticket nach Leipzig machen soll.« Ihr stiegen Tränen in die Augen.

Max hatte sich inzwischen aufgesetzt, und sie meinte, im Halbdunkeln ein Schmunzeln zu erkennen.

»Was ist so lustig?«

»Keine Ahnung. Ich lache nicht.«

Sie legte sich auf die Seite und kniff die Augen zusammen.

»Sag doch mal was!«

»Also, ich ...«

»Ach, und ein bisschen Angst habe ich auch, dass deine Eltern irgendwelche rassistischen Sprüche machen. Oder irgendwas über meine Eltern erfahren wollen. Und dann sehe ich in ihren Gesichtern, dass sie denken, oh, das klingt aber nach komplizierten Verhältnissen.«

Jetzt lachte er. »Also erst mal: Warum dachte jemand, du wärst ein Au-pair? Das macht doch überhaupt keinen Sinn!«

»Wegen meiner Braids.«

»Wir könnten das mal in ein problematisches Rollenspiel einbauen. Du bist das Au-pair und ich ...«

Bevor er den Satz beenden konnte, hatte sie ihm ein Kissen aufs Gesicht gedrückt. Sie hörte ihn darunter lachen und spürte, wie sich eine wohlige Wärme in ihrem Brustkorb ausbreitete.

»Ich dich übrigens auch, denke ich«, sagte sie.

Max schob das Kissen zur Seite. »Was?«

»Ich denke, ich habe auch Gefühle für dich, also Liebe. Gleichzeitig glaube ich nicht daran, dass das, wie soll ich sagen?, uns an einen Ort führt, an den ich möchte.«

Mit einem Ruck setzte er sich auf. »Du sagst mir also: It's not you. It's me?«

Sie sah ihn fragend an.

»So wird doch in Filmen immer Schluss gemacht.«

Sie dachte einen Moment nach. »It's not you. It's the system.«

Max grinste.

»Ich bin nicht auf der Suche nach einem Menschen, der mich glücklich macht. Ich will viele.«

»Du meinst, eine offene Beziehung?«

Zazie schüttelte heftig den Kopf. »Nein! Ich meine ein Rudel! Ein Kollektiv, das mich auffängt, hält, für uns da ist.«

Er nickte langsam. »Ja, das wäre schön.«

28 DIEO

Am Morgen lag Dieo mit dem Gefühl auf der Couch, ihr Kopf würde gleich platzen. Klammerthal schien auch etwas neben der Spur zu sein. Als sie ein wenig über die Fälle redete, die sie bei der Arbeit beschäftigten, schien er nicht besonders interessiert zuzuhören. Sie kam auf eine Patientin zu sprechen, die schwer an der Missgunst ihrer eigenen Mutter litt. »Es ist, als würde ich diese jungen Frauen anziehen, die Autonomie suchen, aber so sehr von der Liebe und Bewunderung ihrer Mutter abhängen ...«

»Hm.« Klammerthal setzte sich auf.

»Und ich frage mich – ich meine, muss das so sein? Kann es denn wirklich keine aufrichtige Freude einer Mutter an der Unabhängigkeit ihrer Tochter geben?«

»Doch, doch.«

»Sie haben doch mal gesagt, dass das Gönnen eine Leistung des Über-Ichs ist.«

»Ja, ein Zeichen von Reife.«

Dieo sah durchs Fenster einem kleinen Vogel dabei zu, wie er auf einem Ast landete, nur um kurz darauf mit schnellen Bewegungen weiterzufliegen.

»Wissen Sie, ich habe das Gefühl, meine Mutter ist eine Meisterin darin, Reife zu simulieren. Sie tut so, als könnte sie gönnen, aber dann bricht kurz darauf alles zusammen, und alles wird wieder sehr ...«

»Archaisch«, bot er an.

»Ja, archaisch. Hass und Neid und alles, was man sonst noch in der Bibel findet.«

Er lachte leise. »Genau, in den Geschichten, die wir weiterreichen, offenbaren sich diese Gefühle. Die böse Stiefmutter oder der Bruderstreit. Hier und heute glauben wir ja, auf einem reiferen Niveau unterwegs zu sein. Die Identifikation ist ein Versuch, den Neid zu überwinden.«

»Aber wovon hängt es ab, ob dieser Versuch gelingt?«, fragte Dieo.

»Vielleicht vom Grad der Identifikation mit dem Beneideten.«

Das verstand sie nicht. Je stärker die Identifikation mit der beneideten Person, desto besser konnte es gelingen, den Neid zu überwinden? Dieo hatte in Erinnerung, dass Klammerthal sich immer mal wieder abfällig über sehr ambitionierte Eltern geäußert hatte. Was sollte dieser hohe Grad an Identifikation denn dann bedeuten?

»Verstehe ich nicht. Ich meine, dieses ganze Eiskunstläuferinnen-Ding scheint mir auch nicht gerade gesund.«

»Sie denken an diejenigen, die sagen: ›Weil ich es nicht geschafft habe, musst du es schaffen.‹ Ich denke eher an diejenigen, die in der Lage sind zu sagen: ›Was ich nicht bewältigen konnte, wirst du mit meiner Unterstützung schaffen.‹«

»Ein schöner Gedanke.«

»Und dann gibt es ja auch die andere Richtung. Was bedauern Sie? Vor welchen eigenen Fehlern wollen Sie Ihre Kinder bewahren?«

Dieo kamen die Zwanzigjährigen mit ihren unförmigen

Hosen in den Sinn. »Gestern Abend waren wir mit den Kollegen meines Mannes essen. Meine Schwester kam dazu. Sie ist im Moment knapp bei Kasse, also habe ich ihr Geld geliehen, und dabei habe ich mich irgendwie wie eine Matriarchin gefühlt.«

Klammerthal gab einen amüsierten Laut von sich.

Ihr wurde kalt, und sie griff nach der Decke, die am Fußende der Couch bereitlag.

»Bei der Jugendarbeit ist sie rausgeflogen. Sie sagt«, Dieo malte Anführungszeichen in die Luft, »es habe ›Me-too-Vibes‹ gegeben.«

»Was heißt das?«, wollte er wissen.

»Ich kann es Ihnen nicht so genau sagen. Ihr Chef war so ein Provokateur, er hat häufig anzügliche Witze gemacht. Zazies Wokeness immer ein bisschen ins Lächerliche gezogen. Sie ist dann neulich ausgerastet und hat randaliert.«

Klammerthal lachte. »Ihre Schwester gehört einer anderen Generation an.«

»Ja.«

Der Sessel, in dem Klammerthal saß, quietschte etwas, als er sich bewegte.

»Wissen Sie, ich würde ihr einfach ein bisschen mehr Robustheit wünschen. Natürlich ist das unangebracht, wenn ihr Kollege anzüglich wird, aber ...«

Klammerthal räusperte sich. »Es geht ja darum, welche Bedeutung die Bemerkungen für ihre Schwester bekommen.«

»Das sagen Sie, weil Sie Analytiker sind.«

»Schuldig im Sinne der Anklage.«

Sie schwiegen einen Moment lang, und dann wollte Klammerthal wissen, was er denn ihrer Meinung nach sagen würde, wenn er kein Analytiker wäre.

Sie sah an die Decke und versuchte, sich vorzustellen, wie er auf ihre Geschichte reagieren würde, wenn sie gemeinsam mit Simon und den Kindern und seiner Frau bei *Romanella* Pizza essen und Primitivo trinken würden. »Na ja, dass die Welt ein komplexer und widersprüchlicher Ort ist und dass nichts besser wird, nur weil eine Siebenundzwanzigjährige in differenzierter Weise beschreiben kann, wo Kolonialismus und Frauenhass verwoben sind, und dann Tischkicker umwirft.«

»Sie glauben, ich würde für Robustheit plädieren.«

»Ja, außerdem sind Sie alt genug, um erlebt zu haben, dass die Achtundsechziger auch nicht frei von Neurosen waren.«

»Mein Alter hilft also.«

War es das? Dachte sie, dass sie Zazie etwas voraushatte, einfach weil sie länger auf der Welt war?

Er nahm einen Schluck aus seiner Kaffeetasse. »Ich würde aber gerne noch mal als Analytiker sprechen. Die Bedeutung, die das alles für Ihre Schwester bekommt, und die pragmatische Haltung, die Sie sich wünschen, die gehören zusammen. Ich sitze als Ihr Therapeut hier. Dass Sie mich manchmal wie eine Mutter oder einen Vater wahrnehmen, spielt genauso eine Rolle wie die realen Bedingungen unserer Begegnung.«

»Sie meinen Ihr Alter?«

»Ja, oder meine Hautfarbe.«

»Sie haben doch gar keine.«

Er lachte, und sie dachte, dass sie das liebte.

»Was mir verwehrt blieb, kannst du vielleicht mit meiner Unterstützung machen«, wiederholte er jetzt, und Dieo spürte, dass ihr die Tränen kamen. Ironischerweise war es Zazies Privileg, später geboren worden zu sein, in einer anderen Welt, das es ihr ermöglichte, so kritisch zu sein. Ihre Entrüstung über Achim oder die Sache mit dem Au-pair war vielleicht die Reaktion auf so etwas wie die Labilisierung, die während einer Analyse eintrat, Jahre nach den eigentlichen Belastungen und Traumata.

In Dieos Brust breitete sich eine wohlige Wärme aus, und sie wusste, dass das Ende der Stunde nahen musste. Die Fäden, die sich zu Beginn der Stunde in ihrem schmerzenden Kopf verknotet hatten, waren jetzt eher zu einem Geflecht verwoben, dem eine gewisse Logik zugrunde zu liegen schien.

29 SIMON

Das Navi zeigte ihm an, dass er in zwölf Minuten die Klinik auf dem Königstuhl erreichen würde. Er rief Papis an und wusste, dass eine Stimme ihm gleich mitteilen würde, dass *der Teilnehmer derzeit nicht erreichbar* sei. Der Teilnehmer vergaß nämlich gern, den Akku aufzuladen. Er entdeckte Wochen später den entgangenen Anruf und rief dann zurück, um weitschweifig davon zu berichten, was er gerade tat, während man gerade im Büro saß oder an der Supermarktkasse stand »Weißt du, Simon, ich lese wieder Sartres Aufsätze über Literatur. Es ist, als wären alle Menschen, deren Meinung mich interessiert, tot«, hatte er ihm vor ein paar Tagen erklärt und ihn dann gebeten, ihn kommenden Samstag aus der Rehaklinik abzuholen und zum Frankfurter Flughafen zu fahren.

»Bist du sicher, dass eine Flugreise so kurz nach deiner OP eine gute Idee ist?«, hatte Simon zaghaft gefragt.

»Es ist alles mit Helga besprochen. Sie hat mir meine Sachen vorbeigebracht und ist dann in die Provence gefahren.«

»Deine Töchter hast du schon gefragt, ja?«

Papis hatte kurz geschwiegen und dann mit brüchiger Stimme geantwortet: »Ich hätte gerne gehabt, dass sie mich begleiten, aber das hat alles keinen Sinn. Bitte tu mir den Gefallen. Ihr werdet dann erst mal nichts mehr von mir hören. Ich muss in Dakar ein paar Dinge klären.«

Als Simon das Klinikgelände erreichte, klingelte sein Telefon. Er konnte Papis und drei riesige Koffer sehen. Er trug ein Poloshirt in einem hellen Gelb. Es war faszinierend, wie wandelbar dieser Mann war. Aus der Entfernung hätte man ihn beinahe für ein vierzigjähriges Hilfiger-Model halten können. Simon parkte den Wagen und stieg aus. Er ging auf Papis zu und umarmte ihn.

»Ça va bien, Simon?«

Ein älterer Mann in Jogginghose kam auf sie zu.

»Günther, schön, Sie noch einmal zu sehen! Darf ich vorstellen, mein Schwiegersohn!«

Günther nickte ihm zu. »Freut mich!« Dann klopfte er Papis auf die Schulter. »Alles Gute. Und passen Sie auf sich auf. Wir leben in stürmischen Zeiten!«

Papis schmunzelte und legte den Arm um Günther, »Wissen Sie, mein Sohn Simon wird mit diesen digitalen Währungen die Zukunft meiner Töchter sichern, das beruhigt mich schon mal. Falls Sie einen Finanzberater brauchen, rufen Sie mich an!«

Simon wäre gern im Boden versunken. »Ich glaube nicht, dass das eine gute Idee ist. Ich mache keine klassische ...«

»Ach papperlapapp, sei nicht so bescheiden. Günther und ich hätten schon vor Jahrzehnten einen Berater wie dich gebraucht, dann sähe jetzt alles anders aus. Nicht wahr, Günther?«

Günther winkte ab. »Bei mir ist alles zu spät ...«

Simon hievte die Koffer ins Auto und öffnete die Beifahrertür für Papis. Sie winkten Günther durchs Fenster noch einmal zu, als sie vom Parkplatz rollten.

»Hach, Männer in meinem Alter, Simon, ich sage dir, es ist ein zer-mür-ben-der Tanz mit ihnen!«

Simon warf ihm einen schnellen Blick zu. »Was meinst du?«

»Na, diese Günthers oder Jürgens oder wie sie heißen.«

»Du meinst, das eben war nicht echt?« Simon lenkte den Wagen auf die Bundesstraße.

»Ach, was ist schon echt? Ich meine, ich habe die Wahl.« Papis hob die Hände. »Entweder ich wickele ihn mit vielen Worten um den Finger oder er hält mich für einen Primitiven, einen, der mit dem Unterleib denkt.«

Simon betrachtete die Landschaft, die an ihnen vorbeizog. »Du bist ja ganz schön abgebrüht.«

Papis lächelte müde. »Ich bin dem Tod von der Schaufel gesprungen. Ein kleiner Metallkranz hält meine Blutgefäße davon ab zu verstopfen. Und wer hat ihn mir eingebaut? Ein Mann, der genau wie Günther ist, mit einem Horizont, der kurz hinter dem Schwarzwald endet.«

Sie schwiegen eine Weile, bis Simon in die Stille hineinsagte: »Es heißt ›von der Schippe gesprungen‹.«

Nachdem sie sich vor den Sicherheitskontrollen am Flughafen verabschiedet hatten, rief Simon Zazie an.

»Hast du das Gefühl, alle spielen alten weißen Männern die ganze Zeit etwas vor?«, fragte er, als sie ranging.

Zazie lachte los und erwiderte nur: »Mir geht es gut, danke der Nachfrage, Shimi.«

Simon sah einer afrikanischen Familie mit drei Kindern dabei zu, wie sie ihr Gepäck auf einem Trolley stapelte. »Entschuldige. Ich habe euren Vater gerade zum Flughafen gebracht und frage mich jetzt, ob er mir gegenüber immer seine übliche Show für weiße Männer abzieht.«

»Wie kommst du darauf?«, fragte Zazie.

»Vor der Klinik hat er mit einem anderen Patienten gesprochen und ihn regelrecht umgarnt. Das alles hatte etwas vom Stockholm-Syndrom. Auf der Fahrt hat er mir erzählt, dass er das aus Selbstschutz macht.«

Er schob das Parkticket in den Automaten und bezahlte siebzehn Euro. Am anderen Ende der Leitung sagte Zazie etwas über *male fragility*. »Ich dachte, es heißt *white fragility ...?*«

»Ja, die gibt es auch, Robin DiAngelo.«

»Also, es gibt weiße und es gibt männliche Fragilität?«

»Ja, Simon, du bist sozusagen intersektional von sozialisatorisch bedingter Zerbrechlichkeit betroffen.«

Er sah ihr Schmunzeln vor sich. »Dein Schreiner aber auch!«, gab er zurück und dachte gleich darauf, dass er sich diesen Kommentar hätte sparen können.

»Ja, Max wahrscheinlich auch. Ich muss jetzt Schluss machen, mein fragiler Liebhaber macht Pasta all'amatriciana für mich.«

»Hört er zu?«

»Hm.«

Simon legte auf und fragte sich, wie dieser Max es ertrug, dass Zazie am Telefon über seine angebliche Fragilität sprach.

30 ZAZIE

Max hatte ihr einen Henkelmann gekauft. In die oberste Etage hatte er Cracker gefüllt, in den Fächern darunter Babykarotten, das, was er »High-Class-Studentenfutter« nannte: geröstete Haselnüsse mit Datteln, zwei Hanuta und einen Joint. Heute Morgen hatte er gesagt, er habe eine Überraschung für sie, wenn sie zurückkomme, und hatte sie nicht mehr ins Wohnzimmer gelassen. Der Bus war voll mit ganz normalen Leuten, und kurz schämte Zazie sich, dass sie in ihrer privilegierten Offenbacher Bubble saß, sich weigerte, auch nur nach Nordhessen zu gehen, während jeden Tag Geflüchtete in irgendwelche Nazinester fuhren, weil sie keine andere Wahl hatten.

In Leipzig angekommen stieg sie aus und lief zur S-Bahn. Sie hatte schon nach wenigen Minuten das Gefühl, häufiger angesehen zu werden als zu Hause. In Offenbach fiel sie nicht so auf. In der Stadt, in der Frauen blaue Braids und Ivy Park trugen, Brudiletten, Hijab, Kippa oder Vokuhila. Leipzig hingegen war weiß und ungehobelt. Die Leute starrten einen unverhohlen an. Selbst wenn sie zurückstarrte, starrte Leipzig weiter.

Sie hatte eine schwarze Hose an und die bunt gemusterte Bomberjacke, die sie sich fürs *Afro-Nation-Festival* gekauft hatte. Ihr Motto war auch im Osten: *unapologetically African*. Nach drei Stunden Busfahrt nach rechts auf der Karte spürte sie den vielbesungenen Kulturschock stärker als nach einem ebenso langen Flug nach Nord, Süd oder West.

Wie passend, dass der Titel der Tagung lautete: *Lernen und Entwicklung im Spannungsfeld kultureller Vielfalt*. Dieo war der Meinung, Starren sei nichts Rassistisches, einer ihrer Freundinnen sei es in Leipzig auch so gegangen, und die sei blond und blauäugig. Natürlich.

Nachdem Zazie ihren Koffer im Sekretariat des Instituts abgestellt hatte, schlenderte sie über einen Flohmarkt und sah sich ein paar Playmobilfiguren an. Fein säuberlich in kleinen Plastiktüten verpackt, gab es hier hellbraune und dunkelbraune, gelbe und rote Schaffner, Bauarbeiter, Polizisten und andere Männchen zu kaufen. Nach ein paar Stunden in der Stadt verfestigte sich bei ihr der Eindruck, dass die Haltung, mit der ihr die Leipziger*innen begegneten, weniger mit ihrer Hautfarbe zu tun hatte als mit einer generellen Abneigung gegenüber amerikanischer Freundlichkeit und dem Willen, seine Waren an den Menschen zu bringen.

Eine Frau mittleren Alters mit Pausbacken winkte ihr zu. »Biste aus Brasilien?«, fragte sie strahlend, und Zazie schüttelte zögerlich den Kopf.

»Frankfurt«, antwortete sie.

»Du erzählst 'n Quatsch! Willst mich verhohnepiepeln, oder?«

Sie entschied sich, der freundlichen Frau entgegenzukommen, indem sie ihr schnell die Antwort auf ihre eigentliche Frage lieferte: *Warum bist du Schwarz?*

»Ich bin aus dem Senegal.« Sie verzog das Gesicht zu einem angestrengten Lächeln und lief weiter.

In ihr Handy tippte sie eine Nachricht an Max:

> Bisher weder Glatzen noch Nazi-Hipster. Habe gerade einer netten Sächsin meine »wahre Herkunft« verraten. Sie hat mich für eine Brasilianerin gehalten. Meine diplomatischen Ressourcen sind aufgebraucht. Come and get me.

Er antwortete unmittelbar:

> Hey Bounty, du weißt, mein Englisch ist eine Katastrophe – ist das sexting? Wenn ja: Okay, ich hole dich und komme erst danach. Und du auch.

Sie schmunzelte und steckte das Telefon in ihre Hosentasche.

Sie hatte einen kurzen Input gehalten und folgte nun zufrieden der Diskussion, die sich angeschlossen hatte. Ein Typ aus Berlin, den sie interessant fand, lobte ihre Forschungsfragen, und sie spielte kurz mit dem Gedanken, mit ihm die Nacht in einem Hotel zu verbringen, als ihr wieder einfiel, dass sie keine überarbeitete Professorin war, die in teuren Hotels abstieg, sondern eine arbeitslose Sozialarbeiterin, die zum ersten Mal eine wissenschaftliche Tagung besuchte. Und so etwas wie einen Freund hatte. Eine türkisch, vielleicht auch lateinamerikanisch gelesene Frau sagte in extrem eloquenter und irgendwie auch unglaublich ästhetischer Weise etwas über die Aporien, die sich ergäben, wenn das Postulat der Akzeptanz der Verschiedenheit aller ernst genommen würde. Zazie musste unbedingt nachsehen, was das noch mal bedeutete, Aporien.

Es war, als vibrierte sie im Inneren. Aufrecht saß sie auf ihrem Stuhl und dachte, dass sie gerade einen Einblick in das Leben erhielt, das ihr als wissenschaftliche Mitarbeiterin bevorstand. Hier saßen Menschen, die sich seit den Achtzigerjahren mit Kritischer Theorie beschäftigten. Menschen, die das Zeitgeschehen beobachteten und gesellschaftliche Entwicklungen erahnten, bevor davon auf *Zeit Online* oder in *Aspekte* zu hören war. Diese Menschen waren vermutlich alle depressiv, weil sie in einem Umfang über die Abgefucktheit der Welt Bescheid wussten, der jeden Rahmen sprengte. Dennoch, bei dem Gedanken, dieser Gruppe anzugehören, fühlte sie sich high. Sie musste an einen *New-Yorker*-Cartoon denken, in dem zwei Jungs auf dem Sofa chillen und einer sagt: »I wanna be so successful that it ruins my life!«

Ein österreichischer Professor sprach jetzt über ein Forschungsprojekt, in dem sein Team teilnehmende Beobachtungen im Bereich der politischen Bildungsarbeit mit migrantischen Jugendlichen vornahm. Ihr Körper reagierte auf das N-Wort, bevor es in ihrem Kopf angekommen war. Sie erstarrte. Einer der Jugendlichen habe einen anderen so genannt, und man habe dann versucht, darüber ins Gespräch zu kommen.

»Es ist ja so eine Sache mit den Signalworten, nicht?«, erwiderte eine Frau aus dem Publikum. »Sicherlich geht es auch um die Provokation, die man als Adoleszenter mit dem Wort N**** auslösen kann. Das hat immer auch mit Machtdynamiken zu tun, die …«

Zazie merkte, wie die Worte sich immer weiter entfernten. Sie schätzte die Frau auf etwa fünfzig und fragte sich, was sie mit »Signalworten« meinte. Ein Mann im selben Alter schaltete sich jetzt ein und äußerte die Vermutung, dass der Junge vielleicht gar nicht gewusst habe, was das Wort

N**** bedeute. Ihr Herz begann, heftig zu schlagen. Sie spürte, wie Schweiß zwischen ihren Brüsten bis zu ihrem Bauchnabel lief, und grub die Fingernägel in das Fleisch ihrer Handflächen. Zazie kam sich vor wie in einer rassistischen Variante des Märchens *Des Kaisers neue Kleider*. Erinnerte sich denn niemand, dass dieses Wort benutzt worden war, um Menschen, die verschleppt und versklavt worden waren, zu demütigen? Hatte denn niemand in den letzten drei oder zwanzig Jahren irgendetwas mitbekommen? Warum sprachen gerade drei mittelalte *Weiße* über ihren Kopf hinweg über einen Vorfall, der Zazie aufs Intimste betraf und beschämte, so als ginge es um jemanden, der sich die Haare grün gefärbt hatte?

Sie meldete sich und versuchte, den Schweißfleck unter ihrem Arm zu verdecken. Wie würde sie das angehen, fragte sie sich noch, als sie schon zum Sprechen aufgefordert wurde. Sie räusperte sich. »Ich würde gerne etwas zu Ihrem Beitrag sagen, Herr ... Ich habe Ihren Namen nicht mitbekommen, entschuldigen Sie.«

»Obermayer«, erwiderte er und sah sich etwas amüsiert um.

»Herr Obermayer. Ich würde gerne zu Ihrem Beitrag etwas sagen, vielleicht ist das nicht so überraschend.« Sie ließ den Blick durch den Raum schweifen, auf der Suche nach Personen, die nickten oder den Kopf auf den Tisch schlugen, aber entdeckte niemanden. »Er war – wie soll ich sagen? – sehr aufschlussreich für mich in Bezug auf ...« Sie schluckte. »Ich kann mir nicht vorstellen, dass die Debatte um rassistische Sprache an Ihnen allen vorbeigegangen ist. Dennoch hat jeder und jede Einzelne von Ihnen soeben die Entscheidung getroffen, das N-Wort nicht zu zensieren, sondern die Demütigung und Beschämung zu wiederholen, die für Schwarze Menschen mit diesem Wort verbunden ist.« Unruhe breitete sich im Raum aus. Eine Unruhe, die sie bis eben schmerzlich vermisst hatte.

Der Moderator, ein schmaler, brilletragender junger Wissenschaftler, der sich für eine Art Manager zu halten schien, wollte das Wort nun an eine Frau geben, die die Hand gehoben hatte, aber Zazie sprach weiter.

»Wissen Sie, ich habe Freund*innen, die können nicht durch eine Stadt wie diese laufen, ohne das Wort ›Kanacke‹ zu hören. Wir Frauen wissen genau, was es bedeutet, wenn jemand die Wörter ›Fotze‹ oder ›Schlampe‹ benutzt, oder?« Sie suchte den Blick der Dame, die sich eben zu Wort gemeldet hatte und pausierte. »Ich würde Sie bitten, sich gemeinsam mit mir vorzustellen«, jetzt schaute sie Obermayer an, dessen Stirn in tiefe Falten gelegt war, »ich spräche Herrn Professor Obermayer von nun an mit ›alter weißer Sack‹ an.«

Sie stieß keine Tischkicker mehr um, und sie hatte auch nicht das Gefühl, sich gleich übergeben zu müssen. Dennoch: Sie hatte wohl die Chancen auf eine Karriere in der Wissenschaft mit dieser kleinen Ansprache gesmasht.

Sie gab dem erröteten Moderator zu verstehen, dass sie ihren Redebeitrag beendet hatte, und hörte nun, wie sich eine Frau über die Mittel beklagte, derer sich die »Generation woke« bediene. Zazie sah sich um. Eine der wenigen PoC im Raum lächelte sie an und bedeutete ihr, dass sie in der Pause miteinander sprechen müssten. Dann hob sie die Hand.

Zazie musste an Simon und Dieo denken. Worum ging es überhaupt die ganze Zeit zwischen ihnen? Und was hatte das mit diesem Gefühl zu tun, das ihr das N-Wort gerade gegeben hatte? Sie tippte eine SMS an Dieo.

Ich glaube, das mit der Wissenschaft und mir war ein kurzes Intermezzo. Habe gerade das Pendant zum Tischkicker abgezogen.

Sie beendete die Nachricht mit einem gebrochenen Herzen.

Als sie gegen ein Uhr nachts nach einer ermüdend langen Busfahrt die Wohnung betrat, hörte sie sphärischen Rap aus dem Wohnzimmer und beschloss, die Ereignisse des Tages zu vergessen und nie wieder daran zu denken. Durch den Türschlitz sah sie, dass das Zimmer hell erleuchtet war, und als sie eintrat, kniete Max vor einer riesigen Regalwand. »Ich bin in einer halben Stunde fertig, es hat alles länger gedauert.« Er trug eine Art Martial-Arts-Hose, und um ihn herum war Werkzeug ausgebreitet.

Zazie ließ sich auf das Sofa fallen. Wie schön es war, nach Hause zu kommen.

»Ziehst du bei mir ein?«, fragte sie und lachte, als er sich langsam zu ihr umdrehte und kurz das Gleichgewicht verlor.

»Ich wollte dich nicht überrumpeln oder so. Beim Aufbauen hatte ich ziemlich lange Zeit, nachzudenken und ...« Er setzte sich neben sie aufs Sofa, gemeinsam betrachteten sie die Regalwand. Die eine Hälfte war voller Bücher, die andere war leer.

»Du hast also ein Regal gebaut, um mir zu sagen, dass du jetzt hier einziehst?«

»Ich weiß nicht so genau. Ich habe einfach gedacht, du könntest Ordnung in deinem Leben brauchen. Tobi hatte noch die ganzen Bretter im Zimmer stehen, und da habe ich sie ihm spontan abgekauft.«

Vor ihrer Abreise hatten überall kleine Häufchen von

Büchern, Zetteln, Zeitschriften und Flyern herumgelegen. »Das Zimmer ist plötzlich doppelt so groß«, stellte sie fest.

Nachdem sie eine Weile Still Woozy gehört hatten, stand Max auf und tippte etwas in sein Telefon, das auf der Fensterbank lag. »Ich zeig dir mal, was ich zu Hause höre.« Er lächelte und ergänzte: »Gehört habe. Du hast meinen Musikgeschmack ganz schön beeinflusst in letzter Zeit.«

Durch die Boxen drang die Stimme des Black-Keys-Leadsängers, und sie dachte an Jimi Hendrix. Er kniete sich vor ihr auf den Boden und berührte ihre Oberschenkel. Ihr war der Geruch von Trauma, der sie umgeben musste, unangenehm. »Ich gehe mal duschen«, verkündete sie und schob ihn sanft zur Seite.

Sie hörte unter der Dusche, wie Max ihr Wohnzimmer weiter mit der Musik weißer Millenialmänner beschallte, und stellte sich vor, wie die andere Hälfte des Regals aussehen würde, wenn er sie mit Büchern befüllte. Als sie aus dem Badezimmer kam, lief irgendein Klassiker aus den Sechzigerjahren, in dem es um einen Sugar Man ging, und sie fragte ihn, ob sie diese Art Musik hören würden, wenn er hier wohnen würde. Er sah sie mit einem weichen Blick an und zuckte mit den Schultern. »Ja, vielleicht.«

Sie zog ein T-Shirt und eine Unterhose an und setzte sich aufs Sofa. »Was ist das denn?« Sie griff nach einem Flyer, auf dem Yachten und sehr viel Holz abgebildet waren.

»So ein Flyer …«

»Ja, das sehe ich. Aber wofür ist der?«

Max warf sich neben sie aufs Sofa und zog sie an sich heran. »Ein Kollege von mir will da mitfahren.«

»Wie ›mitfahren‹?«

»Na, die segeln um die Welt und suchen Leute, die handwerklich begabt sind …«

»Wohin segeln die denn zum Beispiel?«

Er zuckte mit den Schultern. »Kap Verde, Südostasien, keine Ahnung ...«

»Und denkst du darüber nach, das auch zu machen?«

Er schüttelte den Kopf. »Ich habe im Moment kein Fernweh.«

31 SIMON

Sie hatten es geschafft. *Chainges* würde die Musikindustrie Deutschlands und den Cryptospace revolutionieren. Künstler mussten nicht mehr fürchten, dass ihr geistiges Eigentum konsumiert oder kommerzialisiert würde, ohne dass sie davon erfuhren oder – und das war noch viel wichtiger – daran mitverdienten.

Simon hatte heute ausgeschlafen – wann hatte er das letzte Mal an einem Freitag ausgeschlafen? – und sich einen Cappuccino gemacht, nachdem alle das Haus verlassen hatten. Er schlürfte die Milchschaumdecke ab und summte dann den Song der Beatles, der ihm seit Wochen nicht aus dem Kopf ging: *Chains*. Die Ketten der Liebe. Sie waren unsichtbar, aber bindend. Genauso wie das Blockchainprotokoll. Was für eine Analogie.

Heute stand ein früher Lunch mit Kiana, der Krypto-Feministin, an. Danach würde er kurz ins Office gehen. Vielleicht wollten Ludger und die anderen anstoßen.

Er legte sich aufs Sofa und las ein paar von Kianas Tweets. Er hatte bisher nicht die Ruhe gehabt, sich auf das Treffen mit ihr vorzubereiten, und wenn er ehrlich war, hatte er Ludgers Vorschlag nicht gerade als Kompliment aufgefasst. Was hatte das überhaupt heißen sollen: Er könne doch mit

Frauen? Nur weil er seine nicht am laufenden Band belog und betrog?

Die Tweets dieser Kiana hatten es in sich. Es war, als träfe Zazies Unzufriedenheit mit der Welt auf Ludgers Wunsch, reich zu werden. Sie hielt Frauen für die Zukunft des Cryptospaces und empfahl Investitionen in alternative Coins. Es sei nicht zu spät, um mit Blockchain Geld zu verdienen.

Er stand auf und ging in die Küche. Kiana hatte einen Abschluss vom MIT, einer der renommiertesten Technikunis der USA. Sie hatte zu Streamingdiensten geforscht und mit siebenundzwanzig ihr erstes Start-up gegründet. In einem Interview mit dem *Bitcoin Echo* hatte sie schon vor drei Jahren gesagt, dass die Struktur der Streamingdienste im Grunde die Ausbeutung der Musiklabels der Sechzigerjahre reproduzierten. Sie hatte gesagt, es sei Zeit für »musicians of colour«, durch die Blockchain die Anerkennung zu bekommen, die ihnen zustehe. »And we all know that there's nothing like money to do that.« Wow.

Sein Telefon klingelte, es war Dieo.

»Kannst du Leander abholen? Er hat sich wohl im Kunstraum übergeben, und ich komme hier nicht weg vor eins.«

Er sah auf die Uhr und spürte, wie ihm heiß wurde. Was für ein Timing. Der erste entspannte Vormittag seit einem Dreivierteljahr, ein interessantes Lunchdate und jetzt das.

»Shit! Ich habe ein wichtiges Meeting um eins ...«

Dieo seufzte. »Du behauptest seit einem Dreivierteljahr, wir müssten nur bis Juni durchhalten. Es ist Juni.«

Er überlegte, wo er Leander während des Treffens mit

Kiana unterbringen könnte. Ihm fiel ein, dass sie sich bei ihren Treffen auf Zoom immer nach seinen Kindern erkundigt hatte.

»Du hast recht, ich hole ihn.« Er ging ins Badezimmer und stellte die Dusche an. Während er sich einseifte, versuchte er, sich vorzustellen, wie er sich angeregt mit Kiana unterhielt, während Leander mit einem kühlen Waschlappen auf der Stirn neben ihm auf einer Bank lag.

Er wollte etwas jünger wirken als der Anfang-vierzig-jährige Familienvater, der er war, sich aber nicht zu sehr anbiedern. Sein Blick blieb an einem hellblauen Oxford-Hemd hängen. Dazu passten seine weißen Boss-Sneaker. Jetzt blieb noch die Frage, was er in den nächsten Stunden unbedingt dabeihaben sollte.

- Taschentücher. Das war nie verkehrt.
- Etwas zu essen? Gleichzeitig bestünde damit die Gefahr, dass Leander auf den Bistrotisch in der *Margarete* kotzte.
- Wasser! Obwohl, das konnte man auch im Café bestellen.
- Kaugummi oder Mints für einen frischen Atem?
- Desinfektionsgel, das hatten gut organisierte Mütter immer dabei. Auch für den Fall, dass es ein Magen-Darm-Infekt war.

Zufrieden mit sich und seinen Vorbereitungen des feministischen Lunchs verließ er die Wohnung und machte sich auf den Weg zur Schule.

Leander saß im Sekretariat und sah blass aus. Er ließ den Kopf theatralisch hängen.

»Papa, holst du mich heute ab?«, fragte er und klang, als hätte er einen Fiebertraum.

»Wie du siehst, hole ich dich ab, ja! Mama ist noch bei der Arbeit.«

»Gehen wir jetzt nach Hause?«, fragte Leander, und Simon schaute zur Schulsekretärin hinüber. Sie trug konzentriert etwas in ein Formular ein.

»Ja, gleich, wir müssen noch kurz woandershin.«

Leander sah blass aus. Simon beugte sich zu ihm hinab, bereit, ihn zum Auto zu tragen, aber in dem Moment stand er auf und ihre Köpfe stießen zusammen.

»Ich kann noch laufen!«, sagte Leander jetzt ziemlich resolut.

»Na dann: auf jetzt!« Sein Sohn hatte bereits im Sekretariat dreißig Prozent seines Krankenbonus aufgebraucht.

Im Auto stieg die Stimmung etwas, als Simon eine Folge *Die drei ???* einschaltete. Stoisch sah Leander aus dem Fenster, und er dachte, dass sie mal zu zweit einen Ausflug machen sollten. Leander würde eine CD hören, und er selbst würde auf die Straße sehen und nachdenken. Entspannte Vater-Sohn-Zeit ohne die ständigen Geschwisterrangeleien. Von hinten hörte er etwas, das wie ein Schluckauf klang, und drehte sich um. Noch bevor er das Erbrochene sah, roch er es: beißend und vergoren.

»Nein! Warte!«, schrie er noch, aber da war es schon in die Ritzen der Sitzpolster gedrungen. Als es vorbei war, sagte Leander nur: »Mama gibt mir immer eine Tüte.«

Simon verkniff sich einen Kommentar und fuhr eine Tankstelle an.

»So können wir nicht in die *Magarete*«, stellte er kurz darauf fest. Die Taschentücher waren aufgebraucht, als er Leanders Gesicht (auch in seinen Wimpern hingen ein paar

Spritzer) und seine Jeans abgewischt hatte. Er versuchte, mit dem harten grauen Tankstellenpapier das Erbrochene aufzuputzen. »Ich weiß jetzt, warum ich Ledersitze wollte«, murmelte er. »Ich bin gleich wieder da, ja?«

Leander nickte.

Er kaufte zwei Duftbäume, Müllsäcke und zwei Flaschen Cola. Die Duftbäume hängte er an den Rückspiegel, und eine der Colaflaschen drückte er Leander in die Hand.

»Ich mache mal alle Fenster auf, ja?« Er hoffte, dass der Fahrtwind dabei half, den beißenden Gestank loszuwerden.

In fünfundzwanzig Minuten war er mit Kiana verabredet. Jetzt abzusagen wäre hochgradig unprofessionell. Er hoffte, dass er Regina oder Ulrike erreichen und Leander für ein, zwei Stunden dort absetzen konnte. Bisher waren sein Oxford-Hemd und auch seine Chino frei von Kotze. Er würde eine Nachricht an Kiana schreiben:

> running 30 mins late, pls order two Cremants,
> my treat.

Gerade als er nach seinem Telefon greifen wollte, begann es zu vibrieren, eine ausländische Nummer rief an. In der Annahme, dass Kianas Assistent aus Massachusetts ihm ein Briefing für den bevorstehenden Termin geben wollte, nahm er den Anruf über die Freisprecheinrichtung an und legte den Zeigefinger auf die Lippen, um Leander zu bedeuten, dass er wenn nötig möglichst leise kotzen solle.

»Ça va, Simon, hier spricht dein Onkel Mamadou. Ich bin Papis' Bruder.«

Er runzelte die Stirn. Woher hatte Papis' Bruder seine Nummer?

»Ich lebe in Toronto. Gerade hat unsere Mutter mich angerufen. Er ist gestorben. Es tut mir leid, Simon, er hat uns verlassen.«

Ihm brach schlagartig der Schweiß aus. Simon drehte sich zu Leander, der ihn vom Beifahrersitz aus mit großen Augen ansah.

Mamadou sagte, dass seine Familie im Senegal versucht habe, seine Nichten zu erreichen. Seine Schwester habe ihn dann gebeten, es bei Simon zu probieren.

»Danke, euch allen. Und mein Beileid. Es tut mir leid, dass du deinen Bruder verloren hast.«

»Danke, Simon. Wir haben Papis sehr geliebt. Das Leben hat aber für uns alle nun mal ein Ende.« Er lachte sanft. »Ich hoffe, dass wir einander eines Tages begegnen.«

»Ja, Mamadou, das hoffe ich auch. Alles Gute.«

Als er aufgelegt hatte, sah Leander ihn weiter mit großen Augen an. Er war nicht sicher, wie viel er von dem Gespräch auf Englisch verstanden hatte.

»Wir fahren jetzt zu Oma Regina, Lobsy. Ich muss mich heute um Mama und Zazie kümmern.«

Leander streichelte ihm über den Unterarm, so als wollte er sagen: Es wird alles gut. »Die Haare von deinem Arm fühlen sich schön an«, murmelte er. Simon betrachtete seinen blassen Sohn, gekleidet in Jeans und ein fleckiges T-Shirt, und spürte, wie ihm Tränen über die Wangen liefen. »Wechselklamotten. Natürlich«, sagte er, aber Leander nahm das kaum wahr. »Dieo hätte Wechselklamotten eingepackt.« Er wischte sich die Tränen weg, griff nach Leanders Hand und fuhr los.

Während der Fahrtwind ihm durchs Haar wehte, hörte er Mac Miller. Es war nicht mehr 2009, rappte der Sechsundzwanzigjährige kurz vor seinem Tod zu Streichmusik. *But I don't need to lie no more, nowadays all I do is shine; take a breath and ease my mind. And she don't cry no more.*

Kam dieses Lied gerade im Radio, weil Papis gegangen war? Vielleicht passten die Zeilen depressiver Rapper immer gut, dachte Simon und sah im Rückspiegel seine geröteten Augen.

Er stellte das Auto in der Einfahrt ab und stieg aus. Leander war eingeschlafen, Simon entschied, ihn nicht zu wecken, und rannte hoch in die Wohnung, um ein paar frische Klamotten zu holen. »Kindeswohlgefährdung«, dachte er. Ein Begriff, den er von Dieo schon häufig gehört hatte. Im Grunde schwebte sie doch als Drohung permanent über ihnen allen: die Möglichkeit, das Wohl seines Kindes zu gefährden.

Er warf den vollgestopften Jutebeutel auf die Rückbank und startete den Wagen. »Der Mensch ist etwas, das überwunden werden muss«, hallte Papis' Stimme in seinem Kopf nach, als er in die Straße einbog, in der seine Mutter wohnte. Nachdem er Leander bei Regina abgesetzt hatte, stand er unschlüssig vor ihrer Haustür.

Erst mal würde er Zazie anrufen. Nein, er würde zu ihr fahren.

Zazie, es tut mir so leid. Wir müssen uns ...

Nein.

Wo bist du gerade? Wir müssen reden.

Das klang falsch.

Ich habe gerade einen Anruf von deinem Onkel bekommen. Es gibt traurige Neuigkeiten.

Neuigkeiten? Nein.

Er rief sie letztlich doch an, sie schien gerade unterwegs zu sein.

»Heute meldet sich aber auch die ganze Familie bei mir … Shimi, was geht?«

»Hey, Zazie. Was meinst du?«

»Bin gerade mit Winta unterwegs. Aber ich wurde vorhin von mehreren senegalesischen Nummern angerufen …«

»Bitte ruf nicht zurück. Fahr nach Hause und lass uns sprechen, okay?«

Zazie schwieg einen Moment, und es brach ihm das Herz, sich ihren Gesichtsausdruck vorzustellen.

»Bist du noch da?«

»Ja. Was ist denn los?«

»Fahr nach Hause. Ich bin dann in zwanzig Minuten bei dir.«

»Was ist mit Dieo? Geht es ihr gut?« Ihre Stimme zitterte.

»Ja, mit Dieo reden wir, wenn sie nach Hause kommt.«

Er legte auf.

Als er es ihr gesagt hatte, nickte Zazie minutenlang und sagte immer wieder, sie habe gewusst, dass das passieren würde. Sie schien unter Schock zu stehen, stand auf, öffnete das Fenster und sagte, sie brauche Luft, ob er sie nach draußen begleiten würde.

»Ja, natürlich.«

Sie machte auf dem Absatz kehrt und verließ die Wohnung. Er griff nach ihrem Wohnungsschlüssel und folgte ihr. Sie liefen Richtung Main und schauten eine Weile aufs Wasser.

»Irgendwie habe ich Weite gebraucht.«

»Ich verstehe, was du meinst.« Er sah Richtung Himmel. »Es ist, als wäre man ihm hier näher.«

Hier am Wasser hatten die großen Gefühle Platz, waren nicht eingeklemmt zwischen Häusern, den Leben anderer.

Er roch eine Mischung aus Kakao oder Kokos und ihrem Schweiß und fragte sich, ob Tränen einen eigenen Geruch hatten. Als er versuchte, den Arm um sie zu legen, bemerkte er ihr Zögern, aber dann ließ sie es zu und brach in Tränen aus.

32 DIEO

Dieo sah sich in ihrem Behandlungsraum um und dachte, dass sie eigentlich täglich eine Stunde in ihrem Kalender blockieren müsste, um allein hier zu sitzen. Umgeben von den dunklen Grün- und Blautönen, dem Buchenholz und ihrer wunderbaren Couch mit Filzbezug. Vielleicht sollte sie in dem kleinen Kühlschrank in der Küche eine Flasche Aperol deponieren und gemeinsam mit Gabriele die Sommerabende auf einer Bank vor der Praxis verbringen. Sie würden sich über Patienten unterhalten und einander von ihrem Leben erzählen. Als sie den Flur betrat, erkannte sie an der leeren Garderobe, dass Gabriele bereits nach Hause gegangen war. Schade. Sie hatte Lust, heute für alle Pasta bei *Olbia* zu holen und einen Merlot für Simon und sich aufzumachen. Leander würde hoffentlich mit Zwieback und Tee auf dem Sofa liegen und sich von Simon umsorgen lassen. Sie schaltete ihr Telefon ein, es vibrierte und zeigte die Nachricht einer unbekannten Nummer an. »Chère Dieynaba, mes condoleances …«, las sie. War das eine französische Nummer? Oder eine senegalesische? Kurz darauf vibrierte das Handy erneut und informierte sie über mehrere Anrufe in Abwesenheit. Sie zögerte und entschied dann, Zazie anzurufen. Irgendetwas schien vorgefallen zu sein. Ihre Schwester ging nicht ran. Dieo stieg aufs Fahrrad und schaltete den E-Motor an. Ein mulmiges Gefühl breitete sich in ihrer Magengegend aus. Sie sah ein letztes Mal auf ihr Telefon und las eine weitere SMS von einem unbekannten Absender:

> Liebe Cousine, mein Beileid. Ich habe erfahren
> vom Tod deines Vaters. Es tut mir sehr leid.

Der Lenker rutschte ihr aus der Hand, und das Lastenrad krachte in ein parkendes Auto.

Die ersten Tage nach der Nachricht von Papis' Tod fühlte Dieo sich taub. Wenn sie versuchte, sich daran zu erinnern, wie sie nach Hause gekommen war, sah sie kurze Szenen verschwommen vor sich: Sie hörte den Knall und das Regenverdeck, das zusammengeknautscht wurde und dann riss. Simon, der ein schickes Hemd trug, seine blauen Augen, die sie mitfühlend und erschöpft ansahen. Ob er Zazie rufen solle, wollte er immer wieder von ihr wissen, aber sie schüttelte nur den Kopf.

Die erste Nacht war von Brechanfällen in kurze Intervalle zerschnitten worden. Sie hatte Gott sei Dank gespürt, wann es so weit war, und immer rechtzeitig das Badezimmer erreicht. War es Leanders Magen-Darm-Infekt oder ihre Reaktion auf die Nachricht gewesen, das Verdautes, Halbverdautes, Überhaupt-nicht-Verdautes und zum Schluss Galle aus ihrem Körper in die Toilette befördert hatte? Vielleicht waren ihre Allergien und die Infekte, die sie sich regelmäßig von ihren Kindern einfing, auch eine Art Vehikel für ihren seelischen ...

Es klingelte an der Tür. Das musste Zazie sein. Sie hatte

vollkommen das Zeitgefühl verloren, seitdem Simon mit den Jungs bei seiner Mutter war. Waren es zwei Stunden oder zwölf gewesen? Mit der Nachricht vom Tod ihres Vaters verhielt es sich wie mit den Geburten ihrer Söhne oder anderen einschneidenden Ereignissen: Sie durchlebte die Emotionen des Ereignisses wieder und wieder bei jeder Begegnung, die es nötig machte, darüber zu sprechen. Es war, als schleife man mit Sandpapier über eine Holzfläche: Mühsam bearbeitete man am Anfang den Schmerz und die Überwältigung, bis die Widerstände abnahmen.

Zazie betrat den Flur und stellte beinahe andächtig einen Topf auf dem Stuhl neben der Anrichte ab. »Ich habe dir eine Suppe gekocht.«

Dieo legte sich die Hand auf den Bauch, und Zazie ergänzte entschuldigend: »Es ist nur Brühe und ein paar Kartoffeln. Simon hat erzählt, dass du einen Infekt hast.«

»Danke.«

Zazie bewegte sich langsam auf sie zu und fragte, ob sie sie umarmen dürfe. Dieo zuckte mit den Schultern. Die warme Umarmung ihrer Schwester fing auf, was sonst niemand auffangen konnte. Es fühlte sich an, als trage Zazie ihr ganzes Gewicht, als könnte sie die Füße vom Boden heben, wenn sie wollte. Sie begann zu schluchzen.

Nachdem sie auf dem Bett gesessen und einander die spärlichen Fotos gezeigt hatten, die sie von Papis hatten finden können, schlug Zazie vor, eine Portion Suppe warm zu machen. Sie schien die Eigenheiten des Ceranfeldes besser zu verstehen, als Dieo das je getan hatte, und die Brühe hatte innerhalb kürzester Zeit die richtige Temperatur.

Als sie auf dem Sofa saßen, löffelte Dieo konzentriert die Suppe in sich hinein. Die Wärme breitete sich wohlig in ihrem Magen aus. Es schien ihr, als wäre die Luft bereinigt, wie nach einem Gewitter. Ihr Kopf war angenehm leer, was sie an die Katersonntage erinnerte, die sie vor Jahren gemeinsam auf der Couch verbracht hatten. Sie hatten dann Essen bestellt, Serien geguckt und waren dabei eingeschlafen.

»Ich fühle mich gerade wie in deiner Hip-Hop-Club-Phase – wann war das eigentlich noch mal genau?«, fragte sie.

»Oh mein Gott, habe ich viel gesoffen in der Zeit!« Zazie verdrehte die Augen. »Das muss 2015 oder 2016 gewesen sein. Da hatte ich gerade angefangen zu studieren.«

»Stimmt, du hast an der Bar gearbeitet und hattest was mit diesem – wie hieß er noch mal?«

Zazie verbarg ihr Gesicht hinter den Händen und ließ dumpf den Namen ihrer damaligen Flamme ertönen: »Quame.«

»Wie der dich behandelt hat. Unglaublich!«

Quame hatte Zazie zwei Jahre lang Hoffnungen gemacht, dass sie gemeinsam nach Ghana auswandern, Kinder bekommen und die Welt erobern würden. Zazie war jedes Wochenende auf irgendwelche Partys gegangen, weil Quame angekündigt hatte, dort zu sein. Er war dann mit einer Verspätung von fünf Stunden, manchmal auch zwei Tagen aufgekreuzt, hatte all ihre Zeit okkupiert und war dann wieder spurlos verschwunden. Schließlich hatte Zazie ihn mit ihrer Freundin Deena in der Ecke des Clubs erwischt, in dem sie gearbeitet hatte, und hatte den Barjob und den beiden Turteltauben in einem Aufwasch gekündigt.

Zazies Blick wurde nachdenklich. »Das war kurz nach meiner Reise mit ihm.«

Dieo hob die Augenbrauen. »Du bist mal mit Quame verreist?«

»Nein, mit Papis.«

Der Klang seines Namens versetzte ihr einen Stich. Für einen kurzen Moment hatte sie nicht an ihn gedacht. »Du warst so sauer«, erinnerte sie sich.

»*Sauer* ist ein Euphemismus für meine Gefühle nach diesem Desaster.« Zazie kämmte mit ihren Fingern die Fransen der Decke, die über der Sofalehne lag.

Ihre Nase war ganz rot.

Dieo strich ihr über den Rücken. »Ich beneide dich so.«

Zazie sah sie skeptisch aus dem Augenwinkel an. »Dafür, dass ich unseren Vater nach Saint-Louis gefahren und mich von ihm belügen lassen habe?«

»Dafür, dass du so mutig bist. Ich meine, du hast all die Dinge, über die ich Jahre nachgedacht habe, einfach gemacht.«

Zazie begann zu weinen. »Nur das, worauf es wirklich ankommt, habe ich nicht gemacht.«

»Was meinst du?«

»Ich hätte ihm vergeben müssen.«

Papis hatte sich auf der Reise vor sieben Jahren von seiner zwanzigjährigen Tochter Geld geliehen. Er hatte sie belogen und ihr das Geld nie zurückgegeben. Als Zazie ihn irgendwann konfrontiert hatte, war er ausgerastet. Papis hatte zwei Jahre lang kein Wort und danach nur das Nötigste mit ihr geredet.

»Ich weiß nicht«, sagte Dieo sanft, »es wäre doch an ihm gewesen, auf dich zuzugehen.«

»Nein, er war zu stolz. Ich hätte wissen müssen, dass er niemals über seinen Schatten springen wird.«

Dieo sah ihn vor sich: hager und elegant gekleidet, aber eine einzige Mogelpackung. Sie musste schmunzeln.

»Es ist eben nicht mehr 2009«, sagte sie.

»Was?«

»Simon spielt dauernd dieses Lied im Moment. Mac Miller. Es geht darum anzuerkennen, dass …«

Zazie unterbrach sie: »Dass etwas vorbei ist.«

Dieo stand auf und schaltete die Stereoanlage an. Sie hörten den Streichern zu, die den wehmütigen Rap ankündigten. Zazie griff nach ihrer Hand, während sie nebeneinanderlagen und an die Decke starrten.

Nachdem sie gefühlt Tage auf dem Sofa verbracht hatten, richtete Zazie sich ruckartig auf.

»Ich muss heute noch etwas entscheiden …«, sagte sie tonlos, stand auf und holte ihr Telefon aus der Tasche. »Onkel Mamadou hat mir heute Morgen geschrieben. Er hat gesagt, es werde von uns erwartet, dass wir nach Dakar kommen.«

Für einen kurzen Moment sah Dieo sich und Zazie in weißen Gewändern eine Art animistisches Ritual vollführen. »Wie, du meinst jetzt?«

»Na ja, in den nächsten Tagen, ja.«

Dieo sprang auf. »Wie viel Zeit haben wir denn?«

Zazie tippte auf ihrem Smartphone herum. »Na, du weißt doch, dass man innerhalb von vierundzwanzig Stunden begraben werden muss.«

Dieo nickte, obwohl sie nicht gewusst hatte, dass man innerhalb von vierundzwanzig Stunden begraben werden musste.

»Danach folgen drei Tage der Trauer. Eigentlich wird in diesen Tagen eine Gedenkfeier abgehalten, weil wir aber aus Deutschland anreisen, wird sie verschoben.«

»Was machst du?«

»Ich gucke nach Flügen. Mamadou hat mir geschrieben,

dass er selbst nicht kommen kann, aber dass wir ihn dort vertreten sollen. Die Anreise aus Toronto ist zu beschwerlich, sagt er.«

Dieo erinnerte sich daran, dass es immer gewirkt hatte, als könnte ihr ein Meter neunzig großer Onkel seinen schmächtigen Bruder problemlos mit einer Hand hochheben und über die Schulter werfen. Dass Papis sich verletzte oder sein Herz aufhörte zu schlagen, war ihr unausweichlich erschienen. Aber dass etwas für einen Koloss wie Mamadou zu beschwerlich war, das konnte sie sich nicht vorstellen. Dieo griff nach ihrem Telefon, ohne genau zu wissen, was sie tun konnte.

»Wir müssen mit zwei- bis dreitausend Euro rechnen. Plus ein paar Hundert für die ganzen Frauen, die kochen. Es kommen wahrscheinlich etwa vierhundert Menschen.«

Dieo schwirrte der Kopf. Sie stand auf, ging ins Badezimmer und sah sich im Spiegel an. Sie konnte plötzlich sehr gut nachvollziehen, warum man im Judentum die Spiegel abhängte, wenn jemand gestorben war.

Als sie die Dusche anstellte, fragte sie sich, wie viele Menschen wohl zu Oma Roses oder ihrer eigenen Beerdigung kommen würden. Es tröstete sie auf eine eigentümliche Art und Weise, dass ihr Vater sogar über seinen Tod hinaus Teil einer Welt war, in der vierhundert Menschen um ihn trauerten.

Zazie kam ins Badezimmer und hielt Dieo ihr Telefon hin. Es war ein Video mit zehn, vielleicht fünfzehn Männern zu sehen, die sich auf kleinen Teppichen verbeugten. »Das hat Mame Khar geschickt. Es wurde heute für ihn gebetet! Mame Kahr will wissen, wann sie dich endlich sehen wird.«

Langsam dämmerte ihr, dass das alles bedeutete, dass sie

gemeinsam mit ihrer Schwester in den Senegal reisen würde. Zu ihrer Familie.

»Wir müssen Mame Khar und den anderen heute per Western Union Geld schicken. Ich versuche, einen Flug für morgen zu bekommen. Dann könnte ich Awa und den anderen schon etwas bei den Vorbereitungen helfen. Für dich buchen wir einen Flug für Donnerstag, dann kannst du in Ruhe mit Simon planen, wie hier alles in deiner Abwesenheit läuft. Und ...« Zazie hielt inne und sah sie verlegen an.

»Ich weiß, du bist knapp bei Kasse.«

Zazie nickte. »Es tut mir so leid, ich zahle dir die Hälfte von allem zurück.«

Dieo winkte ab, zog ihre Schlafanzughose aus und stieg in die Dusche. Sie konnte sich nicht daran erinnern, wann Zazie sie das letzte Mal nackt gesehen hatte. Sie ließ das warme Wasser in ihr Gesicht prasseln und versuchte, das Bild ihres Großvaters vor ihrem inneren Auge erscheinen zu lassen. Der Mann hatte für Frankreich im Krieg gekämpft. Zum ersten Mal fiel ihr auf, dass ihre beiden Großväter im Krieg hätten aufeinandertreffen können. »Glaubst du, unsere Großväter hätten einander gemocht?«

»Ich weiß nur, dass alte Schwarze Männer sich in ihrem Denken nicht so sehr von alten *weißen* Männern unterscheiden«, drang Zazies Stimme durch den Vorhang.

Dieo stieg aus der Dusche und griff nach einem Handtuch. »Was ist mit jungen Männern?«

Zazie verschmierte gerade Dieos teure Anti-Aging-Creme auf ihren Wangenknochen. »Jonathan-jung oder Simon-jung?«

»Sagen wir, Max-jung.« Dieo trocknete sich ab und wickelte sich das Handtuch um den Körper.

»Die leiden.«

»Woran?«

Zazie zuckte mit den Schultern. »Ich glaube, langsam dämmert ihnen einiges.« Sie betrachtete ihre Fingernägel.

Dieo dachte darüber nach, ob sie Schwarze Männer in Zazies Alter kannte, und kam zu dem Schluss, dass sie überhaupt sehr wenige Männer wirklich gut kannte. »Ich wünschte, ich wüsste, wer Papis war. Ich meine, wer er wirklich war, verstehst du?«

»Meeh«, entfuhr es Zazie. »Weißt du, ich habe die Ferien oft bei ihm und Helga verbracht, und wir waren zusammen in Paris und im Senegal. Die meiste Zeit habe ich mit Helga gechillt. Er hat sein Ding durchgezogen, war irgendwie immer so unbeholfen, wenn wir zu zweit waren. Winta sagt das Gleiche: Sie hat keine Ahnung, was für ein Dude ihr Vater eigentlich ist. Oder wer er früher in Eritrea war. Es ist nicht unbedingt so, dass man seinen Vater wirklich kennenlernt, nur weil man mit ihm Zeit verbringt.«

Dieo brach in Tränen aus. »Aber du konntest all diese Erfahrungen machen! Du bist bis zur Enttäuschung vorgedrungen! Wir sind uns immer mit einer Art höflicher Distanz begegnet. Mein Leben lang. Sein Leben lang.«

»Es tut mir leid, so, so leid.« Zazie legte jetzt den Kopf auf ihrer Schulter ab. »Übermorgen sind wir alle zusammen.«

DRITTER TEIL

33 ZAZIE

Zazie trug ihr Haar offen und zog einen Rollkoffer hinter sich her. Sie hatte schon am Gate in Frankfurt den Geruch des Thioraye wahrgenommen, der in der Kleidung ihrer Mitreisenden hing. Und jetzt, da sie senegalesischen Boden betreten hatte, legte sich die warme Luft um ihren Körper. Der elfenbeinfarbene Boden wurde mit grellem Neonlicht beleuchtet, und die Menschen um sie herum wirkten wie überbelichtete Passfotos in Bewegung. Am Gepäckband standen neben wartenden Senegales*innen einige *weiße* Rentner*innenpaare. Immer wieder wurden ihre Blicke mit einem freundlichen Nicken erwidert.

Sie ging vom Gepäckband Richtung Ausgang und sah sich nach Awa um. Sie hatte gehofft, Papis' Cousine und ihr Mann Amadou würden an der Absperrung stehen und ihr zuwinken. Als sie nach draußen trat, spürte sie einen kühlen Wind auf der Haut, und für einen kurzen Moment kam ihr Max in den Sinn. Nach Papis' Tod waren sie in der Wohnung umeinander herumgeschlichen. Sie hatte kaum mit ihm gesprochen. Dann hatte sie einen Zettel auf dem Küchentisch gefunden. *Ich dachte, es ist besser, wenn ich dir Raum gebe. Wenn du mich brauchst, komme ich zurück. Sofort.*

Sie war erst mal zu Dieo gegangen, hatte ihm dann geschrieben, dass sie in den Senegal fliegen müsse und sich danach melde. Wie sollte sie ihm das alles schon erklären?

Awa fuhr mit ihrem Geländewagen in eine Haltebucht vor dem Flughafengebäude und wurde argwöhnisch von den Militärs beobachtet. In Zazies Erinnerung waren senegalesische Soldat*innen athletisch und elegant. Jetzt sah sie nur die Maschinengewehre, die sie vor dem Körper trugen. Awa winkte ihr zu und sagte in einem unfreundlich klingenden Tonfall zu einem der Soldaten, dass sie ihre Nichte abholen müsse. Sie sei gerade angekommen: »D'Allemagne!« Der Soldat musterte Zazie mit gerunzelter Stirn. Dann umspielte ein Lächeln seinen Mund. »Bienvenue au Sénégal!«, sagte er.

Awa umarmte Zazie innig. »Ma fille, mes condoléances!« Sie hievte den Koffer ins Auto.

Auf der Fahrt sprach sie ohne Punkt und Komma: von Papis und den letzten Wochen vor seinem Tod, von ihrer Tochter und ihren guten Leistungen in der Schule, ihrem Vorhaben, bald in Paris Jura zu studieren. Und von den Plänen für Papis' *cérémonie funéraire*, ein Begriff, den Zazie bisher nicht gekannt hatte. Der Tod, er gehörte hier zum Leben dazu, wie Geburten, politische Unruhen und das alljährliche Bayram-Fest. Die Tatsache, dass mensch selbst irgendwann an der Reihe war zu sterben, schien weder Awa noch sonst irgendjemanden hier zu beunruhigen. Um einige in der Familie habe Papis sich immer sehr großzügig gekümmert. Es werde jetzt schwerer für sie, erklärte Awa ihr.

»Wie geht es Mame Khar?«, fragte Zazie.

»Sie ist traurig, sehr traurig.« Awa sah mit ernstem Blick

auf die Straße. Dann lächelte sie sanft. »Aber sie ist auch außer sich vor Freude darüber, euch zu sehen. Endlich deine Schwester kennenzulernen. Das hat sie sich immer gewünscht.«

Zazie streckte den Arm aus dem geöffneten Fenster und beobachtete die klapprigen Autos um sie herum. Die Straße war frisch asphaltiert. Vor ihnen streifte ein Taxi mit seinem Seitenspiegel ein vorbeifahrendes Auto. Der Spiegel zersprang. Keiner der beiden Fahrer schien es für nötig zu befinden anzuhalten. Vielleicht sollte sie einfach hierbleiben, dachte sie. Vielleicht war man hier in der Lage dazu, sich auf das Wesentliche zu besinnen.

»Du wirst bald Kinder bekommen, oder nicht?« Awa grinste sie an und erzählte ihr zum hundertsten Mal, wie entzückt Papis gewesen war, als Zazie sich selbst »Néné« genannt habe, was auf Wolof »Baby« bedeutete.

Sie brauche noch etwas Zeit, bevor sie ihre eigenen Nénés bekommen werde. Und sie wolle ihre Kinder nicht wie die Deutschen großziehen, immer sei man alleine mit seinen Kindern dort. »Meine Kinder sollen einmal die Familie um sich haben, so wie hier, Tante!«

Awa nickte. »Die jungen Leute hier wollen mehr Freiheit, sie wollen zusammenziehen, bevor sie heiraten, wollen unabhängig sein, aber sie wissen nicht, was sie damit verlieren.«

Sie habe gehört, dass Deutschland die besten Männer habe. Nur vertrügen sie wohl die Sonne schlecht. Ihre Tante lachte.

Einmal hatte Zazie mit Papis in einer Schlange vor dem deutschen Konsulat in Dakar gestanden, und er hatte allen Ernstes behauptet, er habe eine Sonnenallergie. Er hatte die Leute in der Schlange schon beinahe überzeugt, sie vorzulassen, als einer der Wartenden ihn gefragt hatte, wo er geboren worden sei, und als Zazie stolz für ihren Vater geantwortet hatte, hatte der Mann ihn ausgelacht. »Du kommst aus Kaolack und willst mir weismachen, du hättest eine Sonnenallergie!« Der Mann hatte den Rest der Schlange darüber aufgeklärt, dass Papis sie schamlos getäuscht hatte. Er halte sich wohl für etwas Besseres, weil er so viel Zeit mit Toubabs verbringe. Die Wartenden hatten Zazie teils mürrisch, teils mitleidsvoll angesehen und sich an ihnen vorbeigedrängelt.

»Du musst dich von der Reise ausruhen, ma fille!«, sagte Awa jetzt. »Heute Abend kommen alle Verwandten aus Saint-Louis, um deinem Vater die letzte Ehre zu erweisen. Ich habe dir ein Kleid rausgelegt.«

Zazie bedankte sich, obwohl sie nicht sicher war, ob sie sich in diesem Kleid wohlfühlen würde. Sie wusste, dass ihre Tante es liebte, auf dem Markt in Yoff unendliche Mengen an Stoff zu kaufen, die sie zu Kleidern verarbeiten ließ. Awa trug ein schwarz-weiß gemustertes Kleid und einen dazu passenden Turban. Auf der Rückbank ihres Geländewagens lagen Stoffe mit futuristischen oder floralen Mustern in knalligen Farben. Sie sah für einen kurzen Moment vor sich, wie Papis sie vor ein paar Jahren für den Besuch einer Feier in einen weißen Keyfa gekleidet abgeholt hatte.

Als sie zuhause angekommen waren, legte sie sich auf das Bett und schlief bald ein. Gegen siebzehn Uhr erwachte sie aus einem Traum, in dem ein Säugling in Dieos Praxis auf dem Sofa gelegen hatte. Das Kind war in eine helle Decke gewickelt gewesen, und Dieo hatte von den Knoten in ihrem Kopf erzählt. Zazie hatte das Gesicht nicht erkennen können, aber gesehen, dass das Kind *weiß* gewesen war. Gleichzeitig war ihr klar gewesen, dass es sich um Papis gehandelt hatte. »C'est pas grave«, hatte Dieo immer wieder zu ihm gesagt. Es sei nichts Schlimmes passiert. Er solle sich keine Sorgen machen.

Zazie setzte sich im Bett auf, ihr fiel ein, dass Dieo morgen ankommen würde, und ihr Herz machte einen Sprung. Sie warf einen Blick in ihre Mails. Max hatte ihr geschrieben.

Seit du weg bist, ist es leer hier. Ich habe die ganze letzte Nacht Ashs The Best und Amadou & Mariam gehört. Ja, je pense à toi, Bounty.

Zazie, ich schreibe irgendwelche Wörter und lösche sie wieder, weil ich wirklich nicht weiß, was ich tun soll. Du trauerst, ich weiß. Und du musst jetzt tun, was für dich richtig ist, weit weg von hier. Dass ich nicht für dich da sein darf, macht mich ohnmächtig, zumindest fühle ich mich so. Bitte lass mich zumindest wissen, ob alles okay ist.
Ich hänge dir eine Playlist an, die noch nicht ganz fertig ist. Vielleicht tröstet sie dich.

1 *Rich Spirit* – Kendrick Lamar
2 *Self Care* – Mac Miller
3 *Let It Play* – Lil Cobaine
4 *Nights* – Frank Ocean
5 *Mona Lisa* – Booba
6 *Pretty Little Fears* – 6lack & J. Cole
7 *Goodie Bag* – Still Woozy
8 *Damn* – Omah Lay
9 *Cyanide* – Daniel Caeser
10 *Redbone* – Childish Gambino

11 *Navajo* – Masego
12 *Xel AKk Xol* – Ashs The Best

Sie tippte den Link an, der zur Spotify-Playlist führte, und schlüpfte in ihre Sportklamotten. Bevor sie das Haus verließ, gab sie Awas Hausangestellter Bescheid, dass sie joggen gehe, und versuchte, mit den wenigen Fetzen Wolof, die sie kannte, zu erklären, dass sie bald zurück sei. Sie lief über sandige Straßen Richtung Strand. Während der ersten Minuten hatte sie das Gefühl, keinen Rhythmus zu finden. Alles schmerzte. Als aber Frank Oceans sphärischer Song in ihre Ohren drang, war sie in Max' Erzählung von ihnen beiden angekommen. Es war wie eine Reise zu ihrer ersten Begegnung, zu den Nächten, in denen sie wenig schliefen und sie keine Ahnung davon hatte, wie aufmerksam Max ihr zuhörte. Sie hatte ihm erzählt, was Mac Miller mit »oblivion« meine und warum in Frank Oceans Musik eine warmherzige Gesellschaftskritik stecke. Daran dachte sie, während sie durch Dakar lief und ab und zu von anderen Jogger*innen freundlich gegrüßt wurde. Booba erzählte von Einsamkeit und Omah Lay von Hingabe, und schließlich hörte sie Ashs the best. Sie verlangsamte ihre Schritte und spürte, wie das Blut durch ihre Adern pulsierte. Es gab kaum eine Stelle, an der sie nicht schwitzte. Sie musste an all die Momente denken, in denen ihr Schweiß Angst und Unbehagen bedeutete. Hier war er da, um etwas fortzuspülen, das sie nicht mehr brauchte.

»Ich fühle mich wie neugeboren!«, hatte Papis immer gesagt, wenn er nach dem Tennis aus der Dusche gekommen war. Seit seinem Tod hatte sich in ihr ein Fenster geöffnet, dahinter all die Erinnerungen, die in ihr eingeschlossen waren.

Als sie nach Hause kam, schaltete sie die Dusche ein und zog Hose und T-Shirt von ihrem Körper. Mit einem unregelmäßigen kalten Wasserstrahl spülte sie den Staub und Schweiß ab. Kurz darauf saß sie in ein Handtuch gewickelt auf dem Bett und schrieb Max.

> Simon spricht immer von »unserem Schicksal«, er meint damit Dieo und mich. Ich glaube, es geht darum, dass wir Ulrikes Töchter sind. Wenn ich über dich und mich nachdenke, dann kommt mir dieses »Schicksal« in den Sinn. Es steht zwischen uns, deinem Leben und meinem. Aber es ist viel mehr als meine deutsche Familie. Es sind die Welten, in denen ich mich bewege, die zu mir gehören. Es sind die Verletzungen und der Schmerz, die wie die kleinen weißen Punkte auf unseren Fingernägeln zu mir gehören. Ich habe das Gefühl, als müsste ich ein Schiff auf dem Ozean durch Stürme navigieren, so wie Max bei den Wilden Kerlen. Er hat nur Unsinn im Kopf, wird von seiner Mutter gerügt und fährt dann weit weg zu seinesgleichen. Als er zurück in sein Zimmer kommt, steht das Abendessen noch auf dem Tisch und ist warm. Ich weiß nicht, wie lange ich unterwegs sein werde. Ich weiß auch, das ist viel verlangt, und ich verstehe, wenn du nicht warten kannst.

Als sie die Mail abgeschickt hatte, rief Awas Hausangestellte sie zum Essen.

Zwei Stunden später kam sie zurück in ihr Zimmer, um ins Bett zu gehen. Im Postfach fand sie seine Antwort.

Ich habe mich neulich gefragt, ob ich mich davon erholen würde, wenn du nie wieder zurückkommen würdest, und ich kam zu dem Schluss: nein. Ich warte. M.

34 SIMON

Er konnte sich nicht daran erinnern, wann er das letzte Mal mehr als fünf Tage in Frankfurt gewesen war und nicht gearbeitet hatte. Als er Ludger erzählt hatte, dass er sich für eine Weile freinehmen müsse, hatte der ihm im Grunde nicht richtig zugehört. Simon hatte seinen Gesichtsausdruck nicht interpretieren können. Es blieb zwar ein gewisses Unbehagen, aber er hatte seine Projektverantwortung einer Kollegin übergeben und dann mit Kiana den Termin per Skype nachgeholt, die viel Verständnis für seine Situation gezeigt hatte. Ihre Mutter sei eine »single mom« gewesen, und sie habe großen Respekt vor Menschen, die »care work« übernähmen.

Simon klopfte an Jonathans Zimmertür.

»Jaha!«

Als er die Tür öffnete, sah er Jonathan auf seinem Bett liegen.

»Wie gehts dir?« Er legte das Handy aus der Hand.

»Mir?« Simon sah sich im Zimmer um und stellte fest, dass hier keine Süßigkeitenverpackungen mehr neben dem Papierkorb lagen. »Äh, keine Ahnung. Hier ist es so ordentlich …«

»Ich habe gestern ein bisschen mit Leander und Oti aufgeräumt.«

Jonathan richtete sich auf »Also, wie gehts dir?«

Simon zuckte mit den Schultern. »Ach, bei mir ist alles in Ordnung. Ich bin nur um deine Mutter besorgt.« Er ging zum Fenster, um es zu kippen. »Wie hast du mit den Kleinen über Papis' Tod gesprochen?«

»Ich habe so was Ähnliches gesagt wie du zu mir. Dass wir im Moment wahrscheinlich traurig darüber sind, ihn nicht besser gekannt zu haben. Aber dass das nicht unsere Schuld ist.«

Simon nickte. »Und haben sie das verstanden?«

Er legte den Kopf schief. »Denke schon.«

Simon ging zur Tür. »Du bist ein toller großer Bruder.«

Aus dem Augenwinkel sah er Jonathan schmunzeln.

Er stellte die Stühle auf den Esstisch und sammelte die letzten Spielautos vom Boden ein. Er würde den Saugroboter die Arbeit machen lassen, die noch vor ein paar Jahren die kostbare Zeit von Hausfrauen und -männern gefressen hatte. Otis hatte eine hochambivalente Beziehung zum »Robo«, wie er ihn nannte: Er plante immer wieder, mal auszuprobieren, ob man auf ihm reiten konnte, aber immer, wenn das Gerät sich ihm näherte, wurde es ihm doch unheimlich.

Dieo war bei dm und würde vermutlich erst in einer Stunde zurückkommen, das gehörte zu ihren Ritualen vor einer Flugreise: in den Regalen eines Drogeriemarkts nach lebenserleichternden Produkten suchen und letztlich etwas für ihre Haare kaufen, das sie nie benutzen würde. Simon schaltete den Saugroboter ein, betrachtete seine Liste für den Baumarkt, zog die Schuhe an und wollte gerade die Wohnung verlassen, als es an der Tür klingelte, und er entschied, dem Paketboten, der hoffentlich seine neuen Joggingschuhe brachte, entgegenzulaufen. Er sprintete die

Treppe hinunter, öffnete die Haustür und stellte fest, dass seine Schwiegermutter zu einem unangekündigten Besuch eingetroffen war. »Ulrike! Was machst du denn hier?« Er lächelte angestrengt.

»Simon, ich muss mit Dieo sprechen, ist sie da? Ich habe kein Auge zugetan letzte Nacht. Ich bin ein bisschen durch 'n Wind, aber wer kann mir das verübeln? Der Vater meiner Kinder stirbt, und mir sagt niemand Bescheid.«

»Aber ich habe dir doch geschrieben«, warf er ein und spürte, wie seine Handflächen feucht wurden.

Sie sah ihn verdutzt an, so als hätte sie nicht gedacht, dass er ihr wirklich zugehört hatte. »Was? Ja – ich meine, keine meiner Töchter. Es wäre ihre Aufgabe gewesen, mich zu informieren. Und zwar persönlich. Ich meine, wo sind wir denn? Smartphone hier und Tablet dort. Die Menschen verlernen vollkommen, persönlich miteinander zu reden, wenn es wichtig ist. So etwas teilt man nicht über Whatsapp mit!«

»Weißt du, ich dachte, ich schreibe dir besser. Ich bin von mir ausgegangen und dachte, du brauchst vielleicht einen Moment alleine mit der Nachricht. Dieo hat es übrigens selbst …«

»Es ist in der Tat ein sehr persönlicher Moment gewesen. Du weißt ja, dass Papis und ich nicht gerade ein harmonisches Verhältnis hatten. Gerade deshalb hat …« Ihre Stimme brach. »Weißt du, es ist viel Bedauern im Spiel, wenn man zwei Kinder mit jemandem hat und es sich nicht so entwickelt, wie man sich das mal gewünscht hat. Das wirst du vielleicht irgendwann verstehen.«

Was sollte das denn jetzt heißen?

»Wenn ihr Glück habt, bleibt ihr bis zum Lebensende zusammen, aber das hat man nicht immer in der Hand, und dann steht man unter Umständen vor einem Grab und fragt sich, was eigentlich das Problem war.«

Das Problem war, dass Ulrike diesem Mann acht Jahre lang ihre Tochter vorenthalten hatte. Sie war umgezogen und hatte behauptet, er sei zurück in den Senegal gegangen. Sie konnte von Glück reden, dass er, statt ihr das ein Leben lang übel zu nehmen, ihr verziehen und sogar noch eine Tochter mit ihr gezeugt hatte.

»Es tut mir alles sehr leid, Ulrike, wirklich. Es ist nur – ich muss eigentlich noch mal in den Baumarkt, und du weißt ja, dass Dieo morgen fliegt.« Er versuchte, ihr mit seiner Körperhaltung zu bedeuten, dass er sie nicht auf einen Kaffee in die Wohnung einladen könne.

»Ich würde nur ganz kurz bei euch die Toilette benutzen. Ich habe so wenig geschlafen und muss dringend mal einen Schluck Wasser trinken. Du kannst mir auch den Schlüssel geben, und ich gehe kurz …«

Er wollte auf keinen Fall, dass sie alleine in die Wohnung ging, am Ende über den Saugroboter fiel und er dann vollkommen untendurch war, weil sie im Bürgerhospital lag, statt sich der Trauer um den »Vater ihrer Kinder«, wie sie ihn neuerdings nur noch zu nennen schien, hingeben zu können.

Als Ulrike die Toilette benutzt hatte (es waren Minuten vergangen, in denen sie seufzend durch die Wohnung gelaufen war, ihn um ein Glas Wasser gebeten und dann ein Foto von Papis und Zazie betrachtet hatte), kam ihr die Idee, sie könne doch hier auf Dieo warten. Es mache ihr nichts aus, noch etwas Wäsche zusammenzulegen oder anderweitig behilflich zu sein. Vielleicht tue es ihrer Tochter auch gut, nach dieser schweren Nachricht und vor der großen Reise ihre Mutter um sich zu haben.

Nein. Ganz sicher würde das seiner Frau *nicht guttun*. Die Frage war nur, wie er seine Schwiegermutter überzeugen konnte, Dieo in Ruhe zu lassen, ohne dass sie ausrastete oder zusammenbrach. Simon schrieb eine Nachricht an Dieo mit der Info, dass Ulrike hier sei, und ging zur Espressomaschine. Ein Cappuccino werde ihr sicher guttun, versicherte er Ulrike und dachte, dass aggressive Gastfreundschaft seine letzte Chance war.

»Da hast du vielleicht recht«, sagte sie, hatte bereits ihre Schuhe ausgezogen und streckte sich auf dem Sofa aus.

Nachdem er die Bohnen mit einer alten Mühle aus dem obersten Küchenschrank gemahlen, die Siebe tiefengereinigt und das Wasser gewechselt hatte, ließ er den aromatischen zähflüssigen Kaffee in die Tassen laufen. Er musste schmunzeln, als er bemerkte, dass er gerade die gleiche Technik anwandte, die oft bei seinen Söhnen zum Erfolg geführt hatte, als sie noch jünger waren: Er kündigte an, dass er in der Küche etwas für sie vorbereiten müsse, und ließ sich ordentlich Zeit dabei, in der Hoffnung, dass sie auf dem Sofa einschliefen und er das Zubereitete alleine genießen konnte. Doch Ulrike hatte begonnen, allen möglichen Kram aus ihrer Tasche zu holen und ihn auf dem Sofa auszubreiten. Neben alten Fotos von Papis lagen dort nun eine afrikanische Holzkette und eine Schiebermütze. Wollte sie jetzt, da der Mann gestorben war, über den sie sich jahrzehntelang beschwert hatte, etwa einen Schrein bauen?

»Hast du das im Keller gefunden?«, fragte er und sah in ihr verheultes Gesicht.

»Ja, für Dieo. Weißt du, ich will, dass sie etwas in der Hand halten kann, wenn sie an ihn denkt.«

In der Wohnungstür wurde der Schlüssel umgedreht,

und kurz darauf erschien Dieo im Türrahmen. Ulrike lief auf sie zu und fiel ihr um den Hals.

»Liebes, wie geht's dir? Es tut mir so leid!« Es schien, als hätte sie die Vorwürfe, die sie ihm vorhin entgegengeschleudert hatte, vergessen. »Ich habe dir ein paar Sachen mitgebracht.« Sie ging zurück zum Sofa und nahm die Holzkette in die Hand.

»Was ist das?«, wollte Dieo wissen.

»Eine Kette, die mir dein Vater geschenkt hat, kurz nachdem wir uns kennengelernt haben.«

Dieos Blick verfinsterte sich. »Kenne ich gar nicht.«

»Verrückt, oder? Ich habe sie wiedergefunden in einer Kiste nach all den Jahren. Es war wie ein Zeichen des Himmels.«

Dieo hatte die Tüte vom Drogeriemarkt abgestellt. Sie wirkte ruhiger als noch vor zwei Stunden. Vielleicht, dachte Simon, brachte so ein Einkauf manchmal mehr als dieser ganze Psychokram.

Sie legte jetzt verschiedene Biokekssorten und Fruchtsäfte auf den Esstisch und schien in Gedanken ihre To-do-Liste durchzugehen. »Die hier sind für Otis' Ausflug am Dienstag. Was er als Nachmittagssnack mitnehmen will, soll er dir morgens sagen. Aber immer höchstens eine Tüte.«

Ulrike sah zwischen ihnen beiden hin und her und bot dann an, alles für sie einzuräumen.

»Es wäre toll, wenn du Simon mit den Jungs unterstützen könntest, während ich weg bin«, erwiderte Dieo, und er war stolz auf sie. Sie ließ sich nicht aus der Ruhe bringen.

»Darüber wollte ich noch mal mit dir sprechen, Dieo. Ich glaube, du solltest das lassen mit der Reise morgen.«

Da war es. Simon war sich sicher: Die ganze Zeit war es ihr eigentlich darum gegangen.

»Ulrike, ich …«

Bevor Simon etwas sagen konnte, hob Dieo die Hand, um ihn zu unterbrechen. »Ich werde diese Unterhaltung nicht mit dir führen, Mama. Diese Reise ist sehr wichtig für mich. Sie ist die einzige Möglichkeit, mich von meinem Vater zu verabschieden. In ein paar Tagen findet die Trauerfeier statt, Zazie wartet auf mich. Alle dort warten auf mich. Seit dreißig Jahren warten sie auf mich.«

»Aber es ist zu viel für dich!«, rief Ulrike.

»Was soll zu viel sein?«

»Natürlich musst du deine senegalesische Familie treffen. Das sind ja auch deine Wurzeln. Sie gehören zu dir! Aber du kannst diese wunderbare Erfahrung auch zu einem späteren Zeitpunkt machen. Ich glaube, dass du dich übernimmst!«

Dieo zerknüllte die Papiertüte in ihren Händen und verließ wortlos das Wohnzimmer.

Ulrike legte die Holzkette auf dem Tisch neben den Kinderkeksen ab und folgte ihr.

Ihr Wortwechsel drang dumpf durch die Wand zu ihm. Ulrikes Stimme klang schrill, Dieos hingegen ruhig und etwas tiefer als sonst.

Als Ulrike zurück ins Wohnzimmer kam, wirkten ihre Gesichtszüge versteinert. »Sie will, dass ich gehe.«

Er setzte an, etwas zu sagen, aber sie unterbrach ihn. »Ich weiß, dass du nur helfen willst. Aber das ist eine Sache zwischen Dieo und mir. Und ihrem Vater.«

»Seit er tot ist.«

»Was?«

»Du sprichst erst jetzt so von ihm. Seit er tot ist.«

Ulrike packte die Fotos in ihre Tasche und zog ihre Schuhe an. »Ich verstehe nicht, was du da redest. Aber vielleicht verstehst du auch nicht, worum es hier geht, Simon.«

Er räumte die Kekspackungen und die Saftflaschen vom Tisch und ging in die Küche. Als er zurückkam, saß Ulrike bewegungslos auf dem Sofa und starrte ins Leere.

»Wo soll ich denn jetzt hin?«, fragte sie leise.

Er setzte sich neben sie und legte den Arm um sie. »Dieo bleibt deine Tochter, auch wenn sie fährt. Zazie übrigens auch. Für immer.«

Ihr liefen Tränen über die Wangen, die sie schnell wegwischte, als wären es Fussel. »Was soll ich denn jetzt tun?« Er erkannte Oma Roses Rehaugen in ihrem Gesicht.

»Gar nichts, Ulli. Gar nichts musst du tun. Nur ab und zu hier mit den Jungs sitzen und mit ihnen *Lego Star Wars* schauen. Das ist genug.«

Ulrike wirkte mit einem Mal wie ein kleines Kind. »Es tut mir leid, Simon.«

»Was meinst du?«

»Dass ich so grantig zu dir war.«

»Schon gut, Ulli, es ist für uns alle nicht leicht im Moment.«

Ein paar Stunden später standen die Reisetaschen gepackt im Flur und der Wecker war auf fünf Uhr dreißig gestellt. Dieo legte sich aufs Bett und fragte ihn die Termine der Jungs ab. »Das muss wie aus der Pistole geschossen kommen! Wenn du sie nicht parat hast, gehst du im Chaos unter, fährst dienstags in die Musikschule und stehst mittwochs vor der Schule, um jemanden abzuholen, der längst mit Freunden nach Hause gegangen ist. Ist mir alles schon passiert.« Danach schlief sie schnell in seinem Arm ein.

Gegen ein Uhr schreckte sie hoch und gab einen undefinierbaren Laut von sich. »Ich kann unmöglich fliegen!«

Schlaftrunken versuchte er zu verstehen, was in sie gefahren war. »Was ist los? Wovor hast du Angst?«

»Einfach vor allem? Vielleicht werde ich vor Schmerz zusammenbrechen oder vor Schuld und Reue, weil ich nicht zu seinen Lebzeiten dort war. Vielleicht hat Ulrike recht. Vielleicht ist das alles zu viel auf einmal!«

Er strich ihr über den Kopf und versuchte, ihr zu versichern, dass es genau das Richtige sei, sich dem nun auszusetzen.

»Vielleicht ist es besser, wenn ich einfach zu Ulli fahre und wir zusammen alte Fotos angucken. Ich meine, was ist, wenn ich mir irgendwas einfange. Malaria oder so?«

»Du hast Zazie an deiner Seite. Das ist wichtig für euch beide.«

Sie schmiegte sich an ihn und blinzelte. »Danke, Shimi, dass du immer da bist.«

35 DIEO

Der Morgen ihrer Abreise fühlte sich unwirklich an. Die beiden Kleinen stiegen in ihren Schlafanzügen in Simons Wagen, und Joni setzte sich zwischen sie. Sie sprachen kaum miteinander, blickten mit verquollenen Augen aus dem Fenster. Als sie sich zu Jonathan umdrehte, um ihn zu bitten, doch mal bei Oma Ulli vorbeizuschauen, stellte sie fest, dass er eingenickt war. Sein Kopf lag auf Leanders Schulter, und seine Hand umfasste Otis'.

Der Abschied lief weniger emotional ab, als sie gedacht hatte. Otis schien eher verwundert als traurig zu sein. Sei es wirklich kein Scherz, dass sie eine Woche weg sei, könne sie wirklich nicht zwischendurch schnell mal vorbeikommen? Er machte ein Gesicht, als wollte er sagen: »Ich weiß, dass du nur Spaß machst und eigentlich hinter der Landebahn wartest!«

»Wenn du Sehnsucht hast, nimmst du Floffi und Gunnar in den Arm und ziehst ihnen mein T-Shirt an. Ihr schlaft abwechselnd bei Papa. Oti, du bist heute Nacht dran und dann jede zweite, bis ich wiederkomme.«

Simon zog sie zu sich heran und sagte sanft, dass die Jungs in einer halben Stunde vergessen haben würden, was sie verabredet hatten, und sie lockerte die Fäuste und atmete tief durch. »Loslassen, ich weiß!«

Im Flugzeug dachte sie an die unzähligen Anekdoten über Papis oder Helga, Tante Gisela oder Oma Rose, und ihr fiel auf, dass beinahe alles, was ihre Wahrnehmung dieser Menschen besonders geprägt hatte, Erzählungen ihrer Mutter waren. Wenn Papis bei Besuchen schweigsam gewesen war, hatte Dieo daran gedacht, dass Ulrike ihn als jähzornig und impulsiv beschrieben hatte, und sein Schweigen als den Versuch gedeutet, seinen Jähzorn zu unterdrücken. Wenn er etwas von Nietzsche und seiner Übersetzung erzählt hatte, hatte sie daran gedacht, dass Ulrike mal gesagt hatte, dass er hier als Schwarzer einiges an Vorurteilen zu kompensieren habe.

Jetzt war sie auf dem Weg zu einem Ort, an dem weder sie noch Ulrike je gewesen waren. Da wartete nichts auf sie, was ihre Mutter einordnen, beschönigen oder verunglimpfen konnte. Und sie wäre ihrem Vater bald so nah, wie sie es ihm zu Lebzeiten nie gewesen war.

Amadou stellte ihre Koffer in der Diele ab und zog sich zurück, als die Damen des Hauses, Awa und ihre Töchter, Dieo mit innigen Umarmungen und lautem Jubel begrüßten. Zazie mache gerade einen Mittagschlaf, sie habe sich wohl den Magen verdorben, das passiere den Europäern hier manchmal. Im Halbdunkel erkannte Dieo nur, dass Zazie auf der Seite lag, das Gesicht in Richtung der Balkontür gewandt. Dieo schob leise ihre Koffer ins Zimmer und legte ihre Handtasche auf einem Sofa ab. Darüber hing das Porträt von Awas Schwester Aissatou. Sie war für ein paar Wochen im Süden des Landes, deshalb konnten sie hier schlafen. Dieo schloss leise die Tür und ging in das angrenzende Badezimmer. Kurz darauf hörte sie den Ruf einer Hausangestellten: »Dieynaba, viens manger!«

Wie selbstverständlich sie sie bei ihrem Vornamen rief, der ihr selbst beinahe fremd war. Als alle gemeinsam am Tisch saßen und man ihren Teller mit gebratenen Kochbananen, Reis, Salat und Hähnchenschenkeln beladen hatte, begannen Amadou und Awa, auf Englisch mit ihr zu sprechen. Wenn ihnen die richtigen Wörter nicht einfielen, baten sie ihre Tochter Kadiou, zu übersetzen.

»We are so happy to finally meet you. We heard that you have three sons, my father says, you can be very proud. He only got girls and they are very demanding. It is – how do you say – *exhausting* with many girls, he thinks.«

Alle lachten, und Dieos Anspannung löste sich ein wenig. Sie würden später zunächst zu Mame Khar fahren, damit die endlich ihre Enkelin zu Gesicht bekomme. Dann habe sie Zeit, sich auszuruhen. Dieo nickte und kaute und dachte, dass ihr das Konzept einer ewig zerrissenen Seele auf einmal vollkommen bescheuert vorkam und so etwas auch nur einem depressiven Österreicher einfallen konnte.

Zazie hatte sich bereits dreimal übergeben, und Dieo kramte nervös in ihrer Reiseapotheke. »Immodium?«, bot sie an, aber Zazie winkte nur ab und verschwand erneut im Badezimmer.

»Ruf Dior!«, brachte sie noch heraus und knallte dann die Tür zu.

Awas Hausangestellte Dior kam kurz darauf mit einer großen Schale, die mit Sand und einem Räucherkegel gefüllt war. Dieo hörte dumpf, wie Dior etwas auf Wolof sagte, während der duftende Qualm aus dem Badezimmer drang.

»War das Voodoo?«, fragte sie Zazie zaghaft, als die wieder auf dem Bett lag.

»Keine Ahnung, das war so eine Art Yoni Steam. Mir geht's auf jeden Fall besser.«

Dieo schüttelte den Kopf und legte sich dann neben sie auf das Kissen. »Du meinst, Dior hat dich gerade untenrum beräuchert?«

Zazie nickte. »Ja, vor ein paar Jahren hat Aminata das auch bei mir gemacht, als ich Fieber hatte. Keine Ahnung, wie das funktioniert.«

Awa klopfte an die Tür und fragte, ob alles in Ordnung sei.

Zazie erzählte ihr anscheinend von Diors Behandlung, das Wort »fume« fiel. Sie sagte etwas von Kulturschock und grinste.

Awa zuckte mit den Schultern und lächelte Dieo entschuldigend an. »Nous avons notre propre réalité!«

Unsere eigene Realität, ja. Dieo grinste. »We all do ...«

Ihre Tante streichelte Zazie den Kopf und kündigte an, dass sie sich gleich auf den Weg zu Mame Khar machen würden.

In Zac Mbao, einem Vorort von Dakar, schien es ruhiger zuzugehen als bei Awa mitten in der Stadt. Auf der Straße spielten Kinder im Sand, und auf den Stufen vor dem Haus saßen zwei Männer und unterhielten sich. Sie begrüßten Dieo, als hätten sie sie erst letzte Woche gesehen.

Die Mädchen, die im Haus auf sie gewartet hatten, umarmten Dieo stürmisch, nahmen sie an der Hand und führten sie zu ihrer Großmutter.

Mame Khar war eine klitzekleine Frau mit hohen Wangenknochen und lederner Haut. Sie saß auf einer großen Couch im Wohnzimmer und erhob sich langsam, als sie den Raum betrat.

»Ma fille!«, rief sie aus, und Dieo war erstaunt über ihre tiefe Stimme. Sie umarmten einander, und Mame Khar strich ihr über das Haar und die Wange. Sie sei »trés contente«, »sehr zufrieden«, sagte sie immer wieder und tätschelte Dieos Hand.

»Jetzt braucht sie nichts mehr. Jetzt bist du da«, übersetzte Awa ihr die Worte, die Mame Khar auf Wolof sagte. »Jetzt, da du da bist, ist sie wunschlos glücklich.«

Mame Khar holte aus einem kleinen Schränkchen zwei Fotoalben und zeigte Dieo ein Foto ihres ersten Mannes, Papis' Vater, mit dem sie fünf Kinder hatte, und dann deutete sie auf das an der Wand hängende gerahmte Bild ihres zweiten Mannes. »Mon mari«, sagte sie und legte sich die Hand auf die linke Brust. Sie erklärte Dieo, dass sie seit dem Tod ihres zweiten Mannes hier wohne, weil ihre Töchter ihr dieses Haus gebaut hätten. Für einen Ruhestand ganz ohne Männer. Dieo stellte sich vor, wie es wäre, hier mit Zazie zu wohnen. Ihre Großmutter zeigte Dieo Fotos ihrer Eltern und Geschwister, ihrer Onkel und Tanten und ihrer Nichten und Neffen. Auf einigen Bildern, die vielleicht um die vorherige Jahrhundertwende entstanden waren, trugen die Frauen aufwendige Kronen aus geflochtenem und verzwirbeltem Kunsthaar, und sie musste schmunzeln, weil die Realität dieser Familie dem kindlichen Traum, von Königen abzustammen, auf so irrwitzige Weise nahe kam. Dieo hörte sich fragen, wo Mame Khar Papis jetzt vermute, und hoffte im nächsten Moment, sie sei nicht in ein religiöses Fettnäpfchen getreten. »Il est chez Dieu, ma fille. Chez Dieu.« Mame Khar stand auf und zündete ein kleines Thioraye an. Der Raum wurde von einem Geruch erfüllt, der Dieo sehr bekannt vorkam. Wann immer ihr Papis einen Stoff aus dem Senegal mitgebracht oder ein bunt gemustertes Hemd getragen hatte, ja vielleicht sogar bei jedem ihrer Treffen, hatte sie genau diesen Geruch in der Nase gehabt und als Kind gedacht, Afrikaner röchen so. Glücklicherweise würde Zazie von vielen ihrer kindlichen Gedanken nie etwas erfahren, dachte Dieo.

Awa und Kadiou hatten ihnen Minztee gebracht und ihrer Unterhaltung andächtig zugehört. Jetzt klingelte Awas Telefon. Sie nahm ab und erklärte ihrem Mann, dass alle heute hier bei Mame Khar zu Abend essen würden. Die Mädchen bereiteten oben auf der Terrasse alles vor.

Kadiou nahm sie jetzt an der Hand und führte sie in den Innenhof des Hauses, in dem ein paar Männer in Kaftans gekleidet zusammensaßen und sich unterhielten. Kadiou erklärte ihr, dass es sich um die Neffen von Mame Khar handele, Ahmed und Khadim. »C'est Dieo, la fille de Papis«, erklärte sie und schob Dieo in Richtung der Männer, die ihr nacheinander die Hand schüttelten. »Bienvenu au Senegal! Ça va bien?« Die beiden ähnelten Papis in ihrer schlanken Silhouette, den geraden Gesichtszügen. Dieos Ohren schmerzten. Sie unterhielt sich mit ihren spärlichen Französischkenntnissen eine Weile mit ihnen und staunte darüber, wie gut das ging. Kadiou war wieder ins Haus gegangen und einer der Männer, der sich als Khadim vorgestellt hatte, stellte fest, dass sie sich gut durch die Sprache bewege. Er hielt einen Moment inne, als als suche er nach Worten. »Vraiment intuitive«, nannte er sie.

Sie ging wieder ins Haus und fand Kadiou in einem Zimmer auf dem Bett sitzend. Sie flocht die Haare der etwa achtjährigen Arame zu Braids. »Ah, Dieo, ça va bien?«, sagten die beiden, und sie setzte sich zu ihnen. Sie unterhielt sich einen Moment mit Kadiou und fragte dann das kleine

Mädchen nach ihren Hobbys. Arame zeigte ihr auf ihrem Telefon Tiktok-Videos und imitierte dann die Tänze, die dort zu sehen waren.

Nach einer Weile kamen zwei weitere Kinder ins Zimmer, die Söhne ihrer Cousins, und Arame begann, mit einem starken französischen Akzent einen Justin-Bieber-Song zu singen. Immer wieder sah sie Dieo aus dem Augenwinkel an, während sie mit hoher Stimme von Herzschmerz erzählte.

Dann bat sie Dieo, ein Video von ihnen zu machen. »Das kannst du den Leuten in Deutschland zeigen, ja?!« Arame stellte der Kamera auf Französisch ihre ältere Cousine, die beiden Jungs und schließlich Dieo vor. »Das ist unsere Cousine Dieynaba aus Deutschland. Sie hat drei Söhne«, sagte sie, »aber sie sieht jung aus. Gekleidet wie ein Teenager ist unsere Cousine.« Die anderen kicherten hinter vorgehaltener Hand. Dann begannen auch die Jungs, sie über ihr Leben auszufragen. Sie wollten wissen, ob man in Deutschland wirklich nur ein oder zwei Kinder bekomme und warum das so sei. Die Ursache dafür, dass Dieo drei Söhne hatte, vermuteten sie in ihren senegalesischen Wurzeln.

»Du bist gesegnet«, sagte eine ältere Verwandte im Vorbeilaufen, und Dieo dachte, dass das stimmte.

Während sie sprachen, drang der Geruch von einem scharfen Gewürz und von Holzkohle zu ihnen ins Zimmer. Immer wieder lief Kadiou oder eine der älteren Frauen über den Flur, trug eine Metallschüssel oder einen Sack Gemüse. Dieo wurde gefragt, ob sie noch einen Tee trinken wolle, und als sie bejahte, wurde Arame auf Wolof gebeten, ihn ihr zu bringen. Sie transportierte sehr konzentriert ein kleines Glas Tee ins Zimmer und teilte ihr mit, dass es gleich Essen gebe. Als Dieo ausgetrunken hatte, nahmen sie die Kinder an der Hand und führten sie zu den anderen.

Auf dem Boden im Wohnzimmer waren jetzt weiße Laken ausgebreitet. Kadiou erklärte ihr, hier oben auf dem Tisch stehe Rindfleisch mit Erdnusssoße, dort drüben Thieboudienne, das bekannte Fischgericht. Und dort hinten, das sei gerösteter Reis, das Lieblingsgericht von Mame Khar.

Inzwischen waren auch Amadou und die anderen eingetroffen. Die Männer hatten oben auf der Terrasse gemeinsam gebetet, und Kadiou hatte sie dabei gefilmt. »Hier, sieh mal. Die Männer haben das für uns erledigt heute …« Sie gab Dieo einen liebevollen Klaps und lachte. »Sie haben Gott gedankt, dass du und deine Schwester hier bei uns seid, und darum gebeten, dass es Zazie morgen besser gehen möge.«

»Ja, das hoffe ich auch!« Dieo merkte, dass sie seit Stunden nicht an ihre Schwester gedacht hatte.

Amadou setzte sich neben sie. »Hast du uns wieder gefilmt, Kadiou?« Jetzt wandte er sich an Dieo. »Deine Cousine ist eine Frau von Welt. Ihr ist nichts heilig …« Jetzt legte er den Arm um seine Tochter. »Außer ihre Klamotten!«

»Du bist ungerecht, Papa!«, beschwerte Kadiou sich und fuhr sich durch ihr geglättetes Haar.

36 ZAZIE

Dieo war nach ihrer Rückkehr von Mame Khar geradezu high. Sie hörte überhaupt nicht mehr auf zu plappern. »Du musst mir unbedingt helfen, einen Stammbaum zu zeichnen. Ich meine, es ist unglaublich, wie wunderbar Mame Khars Kinder und Enkel sind!«

Zazie richtete sich auf und grinste. Ihr war noch immer etwas flau zumute.

Dieo nahm ihre Ohrringe ab und setzte sich auf den Rand des Bettes. »Mir ist klar geworden, warum wir beide mit Jugendlichen arbeiten.«

»Ach, echt? Warum denn?«

Dieo stand wieder auf, um ihre Hose auszuziehen. »Als ich Arame und den anderen Mädchen zugesehen habe, wie sie gesungen und getanzt haben ... Ich glaube, es geht um die Sehnsucht. Die ist doch nie wieder so groß im Leben.«

»Das ist unheimlich!«, antwortete Zazie.

»Was denn?«

»Ich denke seit ein paar Monaten immer wieder darüber nach, seitdem ich *Nach der Flut das Feuer* gelesen habe.«

»Über was denn?«

Zazie stopfte das Kissen zwischen ihren Rücken und das Kopfteil des Bettes. »Ich habe mich gefragt, wie Zugehörigkeit und Sehnsucht eigentlich zusammengehören, und dann, na ja, habe ich mir in einer Spontanaktion das hier stechen lassen.« Sie hob das Oberteil ihres Seidenschlafanzugs und entblößte ihr neues Tattoo.

»Was steht da, *belonging*?«

»Ja, es geht darum, dass manchmal, also wenn mein Arm darüber liegt, nur *longing*, also *Sehnsucht*, zu sehen ist. Aber ...«

Dieo beendete den Satz. »Eigentlich geht es um Zugehörigkeit.«

Zazie nickte. »Max hat gesagt, es wäre sehr passend, dass auf meinem Körper ein Rätsel steht.«

»Was ist eigentlich mit euch beiden?«

»Ach, keine Ahnung, mal fühle ich mich ihm nah, und dann ...«

»Du solltest irgendwann mal mit ihm herkommen.« Dieo legte sich neben sie. »Weißt du, ich dachte vorhin, es ist eigentlich unverantwortlich, dass ich Simon geheiratet habe, ohne das alles hier über mich zu wissen.«

»Siehst du, so etwas denken nur Leute, die einander wirklich lieben!« Zazie spürte, wie ihr Magen sich zusammenzog. »Ich muss schon wieder ...« Sie sprang auf und rannte ins Bad, um sich erneut zu übergeben.

»Brauchst du etwas?«, fragte ihre Schwester hinter der Tür.

»Etwas, das wirkt!«, rief sie resigniert und spülte sich den Mund aus. Als sie wieder auf dem Bett lag, setzte Dieo sich neben sie und streichelte ihr den Arm. Zazie griff nach ihrem Telefon und hielt es Dieo hin.

»Ich habe heute ein bisschen geschrieben. Zum Zeichnen habe ich keine Kraft, aber irgendwo muss das alles hin, was ich denke, während ich hier stundenlang an die Wand starre.«

Dieo sah auf den Bildschirm und strich sich die Haare aus der Stirn. Dann las sie laut vor.

In der Sprache meines Vaters klingt
die Mutter wie das Meer.
Sie umspült mich, ich ertrinke in ihren Wellen,
habe Mühe zu atmen, manchmal.

In der Sprache meines Vaters klingt
das Fühlen wie hundert.
Es erfasst mich, überflutet mich
und sagt mir, wo es hingeht, meistens.

Dieo gab ihr das Telefon zurück und legte den Kopf auf ihrem Kissen ab. »Ach Schwesterchen, du gehörst überallhin …«

Tata Aminata kam am nächsten Morgen um neun Uhr zu ihnen. Im Schlepptau hatte sie eine sehr große Frau mit dicken Brillengläsern, an deren Schultert eine prunkvolle Handtasche baumelte. Gut, dass sie endlich ihrer Großmutter die Ehre erwiesen habe, sagte sie mit einer tiefen Stimme, als sie Dieo begrüßte. »Mashallah!« Sie stand lächelnd im Türrahmen, während Tata Aminata sich auf den Rand des Bettes setzte.

»Du wirst bald aufstehen müssen, ma fille! Ich werde eure Maße nehmen, und meine Freundin Ndiouck hier wird alles notieren. Bis zur Trauerfeier hat sie die Kleider fertig …«

Die große Frau zog ein Notizbuch aus ihrer Tasche.

Zazie legte die Hand auf ihren Bauch. »Tata, es geht mir wirklich nicht gut.«

»Es ist wichtig, dass du frische Luft bekommst und dich

bewegst. Außerdem müssen wir uns noch um eine Kuh kümmern.«

»Eine Kuh?«, fragte Dieo. Sie stand etwas unbeholfen im Zimmer, hatte begonnen, Zazies T-Shirts zusammenzulegen.

Aminata nickte. »Ja, eine Kuh.«

Zazie bekam Schweißausbrüche. Wo waren Awa und die anderen bloß? Die große Frau mit der Brille hatte sich vor Dieo gestellt und musterte sie. Dann sagte sie auf Wolof etwas zu Aminata.

Zazie sah auf ihr Telefon. Awa hatte ihr geschrieben, dass sie heute den ganzen Tag mit ihren Töchtern unterwegs sei. Aminata werde mit ihnen einen Ausflug aufs Land machen.

> Du erinnerst dich, dass sie etwas eigen ist,
> Zazie ... Also lasst euch nicht ärgern von ihr!

War sie vor Aminata geflohen?

Die Tante ließ sich gerade von Dieo erklären, wie man in Deutschland die Toten ehrte. Dieo suchte nach Worten, und Aminata stellte fest, dass sie unbedingt besser Französisch lernen müsse. »So bist du nicht in der Lage, mit deiner Familie zu sprechen, Dieynaba.« Jetzt wandte sie sich an Zazie. »Warum hat euer Vater ihr nicht beigebracht, unsere Sprache zu sprechen?«

Zazie ballte die Hand zu einer Faust und sah Dieo an. »Unglaublich, oder?«

Ihre Schwester schmunzelte.

»Was sagst du da auf Deutsch?«, wollte Aminata wissen und gab ihr einen Klaps. Sie lächelte.

»Ich sage, dass du unmöglich bist! Wie kannst du Dieo jetzt Vorwürfe machen?«

Dieo stellte sich vor ihre Tante und hob die Arme. »Alors«, sagte sie, »dann mal los.«

Nachdem Aminata ihre Maße genommen und notiert hatte, nickte sie zufrieden. Dann war Zazie dran. Sie stellte fest, dass Zazie »hier zu stark« geworden sei, und deutete auf ihre Brust.

Zazie rollte demonstrativ die Augen, und ihre Tante kicherte.

»Was ist?«, wollte Dieo wissen.

»Ach, fatshaming kommt hier auch langsam in Mode. Mein Busen ist ihr zu groß ...«

»Voilà!«, sagte Ndiouck, als sie alles notiert hatte. »Jetzt müsst ihr nur noch Stoffe aussuchen, dann kann ich anfangen.«

Es dauerte eine Stunde, bis sie sich in Aminatas Geländewagen durch Dakars Innenstadt gekämpft hatten. Am Straßenrand waren Händler*innen mit Tüten voller Erdnüsse, verschiedener Früchte und Getränken zu sehen. In einem Kreisverkehr, in dem sich der Verkehr staute, winkte Aminata einen jungen Mann heran. Auf dem Rücken trug er kleine Tüten, in denen Waschpulver und Spülmittel in handlichen Mengen abgepackt waren. »Das brauche ich für zu Hause«, erklärte sie Dieo. »Da fahren wir jetzt vorbei, ihr müsst Hunger haben.«

Dieo riss die Augen auf. »Wie? Wir fahren nicht nach M'bour?«

»Doch«, erwiderte Zazie müde, »etwas später.«

In Aminatas Haus wurden ihnen Instantkaffee mit Milchpulver, Guavensaft, Baguette, Käse und rosafarbene Wurst serviert. ihre Tante saß auf einem Stuhl an der Wand und beobachtete sie zufrieden. Ihre Beine baumelten ein paar Zentimeter über der Erde, und sie zog an der Spitze ihrer dünnen Zigarette. »Esst euch satt, wir müssen noch auf den Markt, um Stoffe auszusuchen …«

»Es ist zwölf Uhr«, bemerkte Dieo vorsichtig. »Wenn wir noch nach M'bour wollen, sollten wir bald los, oder?«

Zazie zuckte mit den Schultern und dachte, dass sie eine vage Ahnung hatte, wie das hier ausgehen würde.

Auf dem Stoffmarkt begann die ein Meter sechzig große Aminata mit einem jungen Mann hinter der Theke zu sprechen. Sie erzählte ihm ausführlich, dass ihre Nichten zum ersten Mal gemeinsam hier seien. Die Kleine habe eine große Oberweite bekommen, dafür sei wohl ein dezenter Stoff notwendig. Die Ältere solle ein bisschen mehr Farbe tragen, und natürlich solle alles angemessen für eine Trauerfeier sein. »Nach M'bour werden wir es heute nicht mehr schaffen«, stellte Aminata beiläufig fest. »Es hat alles zu lange gedauert. Bitte seid morgen früh um neun Uhr bereit zur Abfahrt, ja?«

Dieo sah Zazie ungläubig an. »Das ist nicht ihr Ernst, oder?«

»Ich hätte dich warnen sollen. Nous avons notre propre réalité.«

Am nächsten Tag trafen sie nach vier Stunden Fahrt endlich in M'bour ein.

»Ihr habt geschlafen auf der Fahrt, nicht wahr?«, fragte Aminata und drehte sich zu ihnen um.

»Nicht so richtig«, sagte Zazie.

»Was heißt ›dösen‹?«, fragte Dieo.

Zazie zuckte mit den Schultern.

Ein Senegalese, der zerschlissene Kleidung trug, sie

schätzte ihn auf Mitte fünfzig, gab ihnen die Hand und zeigte auf seinen Truck. Aminata erklärte ihnen, dass sie jetzt gemeinsam herumfahren und ein geeignetes Tier aussuchen würden.

»Wie sollen wir denn sehen, welches die richtige Kuh ist?«, fragte Dieo, und Zazie packte sie am Arm. »Das protestantische Arbeitsethos bekommt man aber auch nicht aus dir raus, oder?«

Dieo verzog das Gesicht. »Ich weiß nicht, wie du in dieser Umgebung überhaupt an solche Begriffe denken kannst, aber vermutlich nicht, nein.«

Sie stiegen in den Truck, und der Bauer erklärte ihnen, dass sie spüren würden, welches die richtige Kuh für ihren geliebten Vater sei, sobald sie ihr begegneten. Zazie biss die Zähne zusammen. Sie fuhren zu einem kleinen Hof und stiegen aus. Ein alter Mann kam auf sie zugelaufen. Er bot ihnen Hibiskusblütentee an und sagte, sie sollten sich Zeit lassen, seine Kühe zu begutachten. Die beiden Senegalesen unterhielten sich mit Aminata, während Dieo und Zazie zu den Kühen gingen. Die Tiere standen träge in einem Gehege, umsurrt von Fliegen.

»Was hältst du von der hier?«

Zazie spürte, wie es in ihrem Magen rumorte. »Ja, die können wir nehmen.«

»Jetzt gib dir doch ein bisschen Mühe.« Dieo hatte sich bei ihr untergehakt. »Guck mal, der Mond!« Sie legte den Kopf in den Nacken und blickte in den blauen Himmel. »Das ist bestimmt ein Zeichen, dass man jetzt schon den Mond sieht.«

»*Ich war ein kleiner Mond, der ihre gigantische Erde umkreiste, ein Stäubchen in ihrem Gravitationsfeld, und ich beherrschte die Gezeiten, das Wetter und die Kräfte des Gefühls.*«

Zazie erinnerte sich daran, wie sie früher manchmal auf dem Balkon auf Papis' Schoß gesessen und in den Himmel geschaut hatte. »Woher kommt das? Hat Papis das gesagt?«

»Nein, Paul Auster. Über seine Mutter.« Dieo zwinkerte ihr zu. »Lass uns die hier nehmen, ja?« Sie zeigte auf eine der Kühe.

Zazie winkte den Männern zu. »Wir haben uns entschieden!«

Ihre Schwester legte ihr die Hand auf den Rücken. »Setz du dich ruhig schon mal ins Auto, ich helfe den beiden. Du siehst echt nicht gut aus.«

Gemeinsam luden sie das Tier auf die Ladefläche des Trucks. Durch den Außenspiegel beobachtete Zazie, wie Dieo mit den Männern redete. Sie begann zu gestikulieren und kam dann zu ihr. »Wie viel Geld hast du noch?«

»Keine Ahnung, fünfzig- oder sechzigtausend? Ich kann noch mal gucken. Wie viel brauchst du?«

»Die Kuh kostet zweihundertvierzigtausend!« Dieo wischte sich die Hände an ihrer Hose ab und zählte die Scheine, die Zazie ihr gab. »Okay, das sind zweihundert, ich versuche mal zu handeln.«

Als sie auf dem Rückweg in die Stadt waren, erzählte Dieo ihr, dass man ihr zu verstehen gegeben habe, es sei respektlos dem Verstorbenen gegenüber, den Preis der Kuh herunterhandeln zu wollen. Sie hatte sich deshalb vierzigtausend Franc von Tata Aminata leihen müssen.

»Das heißt, wir haben umgerechnet dreihundertachtzig Euro für eine Kuh bezahlt, die für unseren Vater geschlachtet wird, der nur etwas davon mitbekommt, wenn es ein Jenseits gibt?« Zazie schloss die Augen. »Das glaubt uns zu Hause keiner.«

37 SIMON

In den letzten Tagen hatte er keine Nacht durchgeschlafen. Nicht etwa, weil Otis oder Leander ihn geweckt hatten oder Jonathan zu lange unterwegs gewesen war. Es mochte an der Hitze liegen oder daran, dass Dieo nicht wie gewohnt neben ihm lag. Jedenfalls war er jede Nacht gegen zwei Uhr aufgewacht und hatte nicht mehr schlafen können, bis es etwa vier oder fünf war und die Sonne aufgegangen war. Anfangs hatte er noch den Weg durchs Rabbit Hole genommen, krude Theorien, die im Kryptochat aufgestellt worden waren, auf ihre Echtheit hin geprüft. Inzwischen lag er nur noch da und sah an die Decke. Er dachte an Papis und fragte sich, ob er ihn überhaupt zum Flughafen hätte fahren dürfen. Er erinnerte sich an seine ersten Begegnungen mit ihm, das musste etwa 2010 gewesen sein. Er hatte diesen Mann nicht ernst genommen, hatte ihn für einen etwas eigenartigen Pseudointellektuellen gehalten. Gott, war er überheblich gewesen.

Er stand auf, das Handy in der Hand, und ging durch das Zwielicht in die Küche. Die Spülmaschine gab ein beruhigendes Brummen von sich, und auf der Arbeitsfläche lag ein leerer Schokopuddingbecher. Der Teelöffel klebte darin. Er nahm ihn zwischen Daumen und Zeigefinger und beobachtete, wie der Plastikbecher an ihm baumelte.

Durch das gekippte Küchenfenster waren Grillen zu hören, und er nahm sich vor, Max morgen zu erzählen, wie idyllisch es sei, an Sommerabenden in dieser Küche zu sitzen. Er ließ den Löffel in die Spüle fallen und drehte den Hahn voll auf, sodass Wasser auf seine Boxershorts spritzte. Max würde sich von dieser Art von Geschichten vermutlich nicht beeindrucken lassen. Was wollte er überhaupt von ihm?

Simon las die Nachricht, die er ihm geschickt hatte, noch einmal.

> Hallo Simon, hier ist Max. Wäre es okay, wenn wir uns mal treffen in den nächsten Tagen? Ich habe eine Entscheidung zu treffen, bevor Zazie zurückkommt. Ich weiß, du bist gerade ziemlich eingespannt. Ich kann auch vorbeikommen und Essen mitbringen oder so. Viele Grüße, Max

»Essen mitbringen oder so.« Das klang nach einem Mittzwanziger. Simon hatte ihm geantwortet, dass er morgen gerne vorbeikommen könne. Sie seien den ganzen Vormittag zu Hause und würden erst gegen eins zu seiner Mutter aufbrechen. Max hatte seine Nachricht mit einem Daumenhoch markiert. Es schien also nicht, als nehme er Simon als Autoritätsperson wahr, dessen Rat er jetzt in Lebensfragen suche. Oder doch?

Als Simon die Tür zum Kinderzimmer öffnete, konnte er nur Otis' voluminöses Haar hinter einem Berg von Decken und Kissen erkennen. Er hatte aufgehört, den Jungs anzubieten, bei ihm im Bett zu schlafen, nachdem sie ihm umständlich erklärt hatten, dass es das Mamavermissen im

Grunde nur schlimmer mache. Sie seien ja nicht gewohnt an seine haarigen Beine und alles.

Simon setzte sich in den Sessel, den Dieo irgendwann zum Vorlesen neben dem Hochbett der Jungs aufgestellt hatte, und schlief ein. Geweckt wurde er vom Klingeln an der Tür, und als er sich umsah, merkte er, dass die Betten der Jungs leer waren. Etwas desorientiert ging er ins Wohnzimmer und sah, wie Jonathan auf einer Kante des Sofas saß, Cornflakes aß und die beiden Kleinen um ihn herumturnten, während der Fernseher lief. »Ich dachte, wir lassen dich mal schlafen ...«

Simon nickte. »Und das war der Paketbote?«

»Keine Ahnung. Ich habe einfach den Knopf gedrückt ...«

Als Simon antworten wollte, hörte er schon Max. »Das war ich.« Er hob die Hand und winkte ihm dann zaghaft zu.

»Ach du Scheiße, das habe ich ja ganz vergessen!«

»Kein Ding, ich kann auch wann anders kommen.« Max schloss die Wohnungstür hinter sich. »Das heißt, eigentlich geht es bei dem, was ich besprechen wollte, um eine kurzfristige Sache ...«

»Hey, ich bin Jonathan.« Joni ging auf ihn zu und streckte ihm die Hand hin. »Shimi ist gerade aufgewacht.«

»Ah, verstehe ...«

»Ich gehe nur kurz ins Bad, ja?« Simon lief auf das Badezimmer zu, während er seinen Kopf kreisen ließ. Sein Nacken schmerzte von der halben Nacht im Sessel.

Als er aus dem Bad kam, hielt Max ein Glas Orangensaft in der Hand und sah gemeinsam mit den Jungs fern. Jonathan erklärte ihm die Dynamik zwischen den Geschwistern, die von *Miss Moon* betreut wurden.

Simon ging ins Schlafzimmer, um sich wenigstens eine

Hose anzuziehen. »Max, willst du mit in die Küche kommen, oder …?«

Max sprang auf. »Ja, klar, gerne!«

»Joni hat dir schon etwas zu trinken angeboten, ja?«

Jonathan nickte. »Die Jungs haben auch schon Cornflakes gegessen …«

»Wow! Ähm, was haben wir zu Regina gesagt? Zwei Uhr?«

Jonathan nickte. »Aber sie ist ja immer froh, wenn man ein bisschen zu spät kommt.«

Als sie die Küche betraten, stellte Max fest, dass sie ja gut ohne Dieo zurechtkämen. »Ihr seid ein ziemlich eingespieltes Team, wie es scheint.«

»Ja, stimmt, scheint so.« Simon schaltete die Espressomaschine ein.

»Ich will gleich zur Sache kommen.«

»Hm.«

»Im Prinzip muss ich in den nächsten Stunden entscheiden, ob ich auf eine Schiffsreise gehe und …«

»Oh, das ist spontan.«

»Ja, es hat sich etwas ergeben. Also da ist ein Platz frei geworden, und weil ich das Gefühl hatte, Zazie braucht vielleicht ein bisschen Raum, habe ich eigentlich zugesagt.«

»Okay, also ist es entschieden?«

»Na ja, wenn du sagen würdest, ich sollte nicht gehen, weil sie mich hier braucht, dann …«

»Oh, ich soll dir sagen, ob Zazie dich jetzt braucht wegen Papis?«

Max sah sich um, als suche er hier in dieser Küche nach Antworten auf seine Fragen. »Ich würde dich nicht fragen, wenn es um zwei Wochen ginge. Aber ich wäre eine Weile weg.«

»Wie lang denn?«

»Puuh, das hängt auch ein bisschen von den Bedingungen ab. Drei bis vier Monate.«

Simon hatte Wasser in die Maschine gegossen und wollte jetzt den Siebträger mit Kaffee füllen. »Sorry, es wird kurz laut.«

Max nickte und wartete ab.

Simon drückte das gemahlene Kaffeepulver mit dem Tamper an und befestigte den Siebträger mit einer Drehung an der Maschine.

Als der Kaffee in die Tasse lief, sah er Zazie vor sich, wie sie ihn damit aufzog, dass er immer mehr zum Klischee eines urbanen Mittvierzigers wurde. »Drei bis vier Monate sagst du, ja?«

Max nickte.

»Und du willst von mir wissen, ob es gut für euch wäre, wenn du fährst?«

Max neigte den Kopf zur Seite und hob die Schultern. »Ich weiß, das ist viel verlangt.«

Simon trank einen Schluck Kaffee und spürte, wie er unmittelbar seine Wirkung entfaltete. »Natürlich kann ich dir nicht zu- oder abraten. Ich kann dir nur sagen, dass drei Monate aus meiner Sicht – ich bin ja fünfzehn Jahre älter als ihr – eine sehr kurze Zeit ist.« Er setzte sich jetzt an den Tisch gegenüber von Max. »Wenn Zazie dir gesagt hat, dass sie Zeit braucht, dann fahr los, schau dich ein bisschen um, was es auf der Welt zu entdecken gibt. Wenn sie dich braucht, kann sie sich immer noch bei dir melden.«

»Das ist die Sache. Eigentlich gibt es kaum eine Möglichkeit, mich zu erreichen dort …«

Simon nickte. »Verstehe. So eine Art Gegenbewegung, ja?«

»Hm.«

Sie saßen eine Weile schweigend in der Küche, bis Max aufstand und sich bei ihm bedankte. »Wir sehen uns dann in ein paar Monaten.«

Simon stellte die Tasse ab. »Ja, das hoffe ich.«

Leander kam in die Küche gerannt und holte sich den Orangensaft aus dem Kühlschrank. »Kommst du mit zu Oma Regina?«, wollte er von Max wissen.

Der schüttelte den Kopf. »Ich geh jetzt auf eine lange Reise mit einem Schiff. So wie Max aus den *Wilden Kerlen.*«

»Boah, cool!« Leander dachte einen Moment nach und sah ihn dann skeptisch an. »Zazie liest uns das immer vor. Geht's da etwa um dich?«

Max zuckte mit den Schultern. »Ja, irgendwie schon.«

38 DIEO

Ihr Kopf schmerzte nicht mehr so sehr von den Zöpfen wie am ersten Tag. Es schien ihr, als trage sie heute eine Krone aus Haar und die Gewänder, die die gesamte Familie Fall repräsentierten. Aminata zupfte ununterbrochen an ihr herum, und Awa betrachtete sie und Dieo mit einem liebevollen Blick.

»Die traditionelle Kleidung steht dir wirklich gut!«, stellte Kadiou anerkennend fest, als sie in Amadous Geländewagen stiegen. Im Auto unterhielten Awa und ihr Mann sich über den Ablauf des Tages. Es galt die vielen Besucher aus Kaolack und Saint-Louis zu empfangen, dafür zu sorgen, dass sie Essen bekamen und einen Schlafplatz, wenn nötig.

»Das Kollektiv hat auch seinen Preis …«, flüsterte Zazie. Dieo nickte und sah müde aus dem Fenster. »Ich will das nur hinter mich bringen.«

Zazie legte ihr die Hand auf den Arm.

Kadiou bat sie um ein Foto, als sie am Friedhof aus dem Auto stiegen. »Bitte, ich poste das alles in meinem WhatsApp-Status, damit alle aus der Familie sehen können, dass ihr da seid!«

»Ich dachte, die seien alle hier …?«, fragte Dieo und zeigte auf die Menschen, die von allen Seiten auf den Friedhof zuliefen.

»Oh, ich meine unsere Familie im Ausland …«

Dieo versuchte, sich vorzustellen, wie Onkel Mamadou in Toronto, Helga in Heidelberg oder ihre Cousinen in Frankreich vor ihren Telefonen saßen und die Trauerfeier von Papis verfolgten.

Sie hörte den Gesang eines Geistlichen und konnte jetzt sehen, wie ihre kleine Großmutter von ein paar Frauen aus einem Auto gehoben wurde. Sie trug einen Turban und ein dazu passendes Kleid in einem weißen bestickten Stoff.

Dieo griff nach Zazies Hand und fragte sie, ob sie zu ihr gehen wollten, und sie nickte.

»Ich denke, ich lege mich ins Auto, wenn wir Mame Khar begrüßt haben.«

Dieo umarmte ihre Großmutter und hörte wie die Umstehenden murmelten. »Mashallah, al hamdoullah!«

Sie verstand kein Wort von dem, was gesprochen wurde, aber als sie allen Besuchern die Hände geschüttelt, in ihre freundlichen, grimmigen oder traurigen Gesichter geschaut hatte, hatte sie das Bedürfnis, ihrem Vater zu danken.

Dass es ihn gegeben hatte, er den Weg aus dieser Welt in eine andere unternommen hatte und sie all das hier erleben durfte.

Die Tage nach der Trauerfeier sollten sie sich ausruhen, meinte Awa und bat die Mädchen, ihnen am Morgen Hirsebrei zu kochen. Zazie aß mit Appetit und legte sich gleich darauf wieder ins Bett. Sie werde kurz zu einer Cousine fahren, deren Mann letzten Monat gestorben sei, sagte Awa und bot ihr an, sie zu begleiten.

»Noch ein Todesfall?«

Awa lachte. »Wir sind eine große Familie. Daran wirst du dich gewöhnen müssen.«

Sie fuhren mit dem Geländerwagen durch die Stadt, ab und zu fiel Awa ein, dass sie an einer Ecke schnell etwas besorgen wolle. Sie kauften Kunsthaar im Zentrum und ein paar Mangos für Zazie.

»Deine Schwester ähnelt deinem Vater sehr, als er jung war, meine ich.«

Dieo betrachtete die Mangos, die auf ihrem Schoß lagen, und dachte daran, wie Zazie sie aufschnitt: längs am Kern entlang, nahm die zwei Hälften und teilte das Fleisch rasterartig. Dann stülpte sie die Hälften nach außen und trennte kleine Mangowürfel von der Schale. Sie sah Awa an. »Wie war er, als er jung war?«

»Oh, er war – wie sagt man – trop impulsif! Schnell im Kopf, er konnte nicht gut mit Ungerechtigkeit umgehen. Es war zermürbend.«

Dieo musste schmunzeln. »Das klingt nach Zazie.«

Awa fuhr auf einen Parkplatz. »Alors, c'est Mermoz. Der westlichste Punkt Afrikas. Auf der anderen Seite ist New York.«

»Oh, wow.« Sie stiegen aus dem Wagen und Dieo formte mit den Lippen die Worte, die sie gleich zu den Verwandten sagen würde, die sie noch nie gesehen hatte. »Salam alaikum«, »Mes condoléances« und am Schluss »Djeredjef pour teranga bi« Danke für eure Gastfreundschaft.

Awa legte die Hand auf ihre Schulter und strahlte sie an. »Mashallah, ma fille!« Dann klingelte sie an der Tür.

Am Abend vor ihrem Abflug saß Dieo neben Mame Khar auf dem Sofa, Zazie hockte auf dem Boden und hielt die Hände ihrer Großmutter.

»Wir werden zurückkommen«, sagte ihre Schwester. Sie dachte an Roses Abschiedsritual – jedes Mal, wenn sich jemand aus der Familie auf den Weg nach Hause machte, stand sie vor ihrer Garage und winkte, bis man verschwand.

Für Rose hatte es die Möglichkeit, sich nicht wiederzusehen, immer gegeben. Einander zu verlieren. Ihr kamen die Tränen, und jetzt sah sie, dass auch Mame Khar mit einem weißen Tuch ihre kleinen Äuglein trocken tupfte.

Amadou klopfte an die Tür und gab ihnen Bescheid, dass es so weit sei, sie müssten sich auf den Weg machen. Zazie ließ Mame Kahrs Hände los und stand auf.

»Wir werden uns wiedersehen«, versprach Dieo ihrer Großmutter, als sie sich verabschiedeten. Mame Khar streichelte ihr über die Wange und nickte lächelnd.

Awa hatte ihnen so viel Stoff eingepackt, dass sie für das Gewicht ihres Gepäcks einen Aufpreis zahlen mussten. Sie hatte ihnen genau erklärt, welches Kleid Tata Aminata für ihre Mutter Ulrike und welche Tischdecke sie für ihre deutsche Großmutter geschneidert hatte. Als sie durch die Sicherheitskontrollen liefen und sich die Tür vor der winkenden Awa schloss, legte Dieo den Arm um ihre Schwester. »Danke.«

»Was meinst du?«

»Danke, dass du das alles hier möglich gemacht hast.« Sie legte den Kopf auf Zazies Schulter.

39 ZAZIE

Max' Brief lag auf dem Küchentisch. Das alles war folgerichtig. Sie freute sich für ihn. Es war gut, so wie es war. Wäre da nicht diese kleine nagende Unsicherheit in ihrem Hinterkopf gewesen. Es kam manchmal vor, dass sich ihr Zyklus um ein oder zwei Wochen verschob. Dennoch, genau jetzt, da Max für eine nicht absehbare Zeit unterwegs war, beschlich sie ein Bedürfnis, sofort von ihm zu erfahren, wie er denn – so ganz unverbindlich gefragt – zu Kindern stehe. Gleich nach dem Telefonat mit Rural würde sie einen Test machen und würde dann merken, dass sie sich da in etwas hineingesteigert hatte. Bestimmt irgendeine Fantasie von der Wiedergeburt ihres Vaters oder so.

Jetzt erst mal hören, wie die Stimmung bei ihrem zukünftigen Chef war. Ihre Versuche, ihn zu erreichen, waren mehrfach gescheitert, und ihr war jedes Mal ein Stein vom Herzen gefallen. Sie würde ihm beichten müssen, dass sie auf der ersten Tagung, die sie besucht hatte, mit diskriminierenden Beleidigungen um sich geworfen hatte – natürlich nur zum Zwecke der Anschauung. Sie hatte in der ältesten Universität Deutschlands nicht einfach mal still auf ihrem Stuhl sitzen bleiben können. Nein, sie hatte den Laden auseinandernehmen müssen.

»Wie war's in Leipzig?«, fragte Rural nun am anderen Ende der Leitung und wartete ihre Antwort nicht ab. »Habe gehört, da hat die Hütte gebrannt. Prima, ich wusste, dass Sie Ihrem Ruf alle Ehre machen würden!« Was meinte er mit ihrem »Ruf«? »Hören Sie, ich habe jetzt genau fünfzehn Minuten, bevor der nächste Videocall mit New Brunswick ansteht. Es ist furchtbar im Moment! Also, schießen Sie los, was haben Sie auf dem Herzen, Frau Ambs?«

»Ähm, na ja, wenn Sie schon von Leipzig gehört haben, dann ...«

»Jaja, so was spricht sich schnell rum. Obermayer ist eine ziemliche Tratschtante – die Kollegen aus Berlin waren übrigens begeistert von Ihrer Chuzpe.«

»Und Sie sind nicht«, sie suchte einen Moment nach Worten, »verärgert?«

»Verärgert? Nein! Ich habe Sie ja genau deshalb angesprochen. Ich wollte für unser Institut eine Frau gewinnen, die nicht vor Ehrfurcht im Boden versinkt, sondern unser Feld mal ein bisschen aufmischt.«

Zazie musste sich setzen.

»Also, das mit dem Lehrauftrag hat ganz gut geklappt, oder? Ich würde Frau Schneider aus dem Sekretariat sagen, dass sie für September die Einstellungsunterlagen fertig machen soll.«

Sie stellte sich vor, wie sie geschäftig über die Gänge des Instituts laufen, tagelang in der Bibliothek sitzen und ein paar Jahre später einen dieser Hüte mit Bommeln tragen würde. Sie sah ihren Namen auf einer Urkunde vor sich: *Dr. phil. Zazie Ambs*, und sie hörte sich sagen: »Nein!«

»Bitte? Passt September nicht?«

»Nein, Herr Professor Rural, ich danke Ihnen für das Angebot. Ich bin ... Dass Sie so viel von mir halten, das ehrt mich sehr! Aber ich glaube, ich bin einfach nicht gemacht für eine Wissenschaftskarriere.«

»Wunderbar!«

Was? Sie konnte diesem Mann nicht folgen. »Wunderbar?«

»Ja, wunderbar! Ich dachte mir schon, dass eine Frau, die so eine Arbeit schreibt, sich nicht mit den Lockmitteln für narzisstisch Unterernährte fangen lässt. Die Wissenschaft – Sie haben es selbst erlebt – ist immer mehr zu einem reinen Schaulaufen geworden. Dass Sie darauf keine Lust haben, spricht für Ihre psychische Gesundheit! Legen Sie sich einen Garten zu, bekommen Sie ein paar Kinder, und gehen Sie mit denen auf Demos gegen rechts. Da leisten Sie einen wichtigeren Beitrag als mit so einer popeligen Doktorarbeit und dem ganzen Zeug, das Sie für mich unbezahlt machen müssten!«

Ihr fiel die Kinnlade herunter. »Ich finde an dem Weg, den Sie gegangen sind, überhaupt nichts popelig!«, sagte sie.

»Früher lief das alles anders. Wir haben rebelliert und darüber geschrieben. Die Titel und Stellen gehörten zu den Inhalten und nicht umgekehrt.«

»Das klingt, als wäre ich vielleicht einfach eine Generation zu spät geboren.«

»Nein!« Er lachte. »Um Gottes willen, nein! Die Typen, gegen die wir rebelliert haben, waren verfluchte Nazis. Was glauben Sie, was für ein Gesocks an den Unis war, als ich in Ihrem Alter war! Heute ist alles verdeckter, aber auch komplizierter, widersprüchlicher.«

Sie schwieg. »Haben Sie eigentlich Kinder, Herr Rural?«

»Ja, vier, wieso?«

»Sie haben vier Kinder?« Das war etwas laut geraten.

»Fand man früher asozial, aber ich dachte nicht, dass Sie uns auch so verurteilen würden.«

Ihr wurde heiß, und sie schob schnell hinterher, dass sie das ziemlich beeindrucke. »Wie haben Sie das denn gemacht?«

»Das war meine Frau hauptsächlich. Natürlich furchtbar traditionelle Arbeitsteilung!«

Zazie nickte, auch wenn Rural es nicht sehen konnte.

»Sie hat's gerissen, und ich hab die Anerkennung bekommen. Der übliche Mist. Sie kennen das ja ...«

Zazie schmunzelte. »Herr Professor Rural, ich würde gerne noch etwas nachdenken über das alles. Es ist so, ich ... Bei mir ist gerade viel los. Mein Vater ist vor Kurzem überraschend gestorben.«

Rural schwieg für ein paar Sekunden. »Das tut mir leid, Sie sind so jung. Mein herzliches Beileid!«

»Danke. Es war ein Herzinfarkt, er war noch nicht besonders alt.«

»Und Sie denken jetzt anders darüber nach, wie es weitergehen soll für Sie. Das kann ich verstehen. So ein Verlust. Das ist wie ein Ruck, der durch das ganze Leben geht.«

Ihr stiegen Tränen in die Augen. »Ja, ein Ruck.«

»Hören Sie, wenn man sich an das alles hier gewöhnt hat – *weißer* Mann, Beamtenstatus und so weiter –, dann wird man manchmal etwas flapsig, wissen Sie?«

Sie verstand nicht. »Was meinen Sie mit ›flapsig‹?«

»Ich meine, dass ich manchmal eine große Klappe habe. Besonders wenn ich talentierte junge Wissenschaftlerinnen beeindrucken will. Es wäre möglich, dass ich ein wenig so getan habe, als wäre es mir gleich, ob Sie Teil meines Arbeitsbereichs werden.«

»Ja, ein wenig.«

»Ich würde mich aber sehr freuen.«

»Ich verstehe. Danke, ich danke Ihnen, und ich werde mir alles durch den Kopf gehen lassen.«

Sie legte auf und machte sich auf den Weg zum Drogeriemarkt.

Scheißescheißescheiße. Da war er: der zweite Streifen auf dem Test. Eine Stunde Internetrecherche später wusste sie, dass sie ungefähr in der achten Schwangerschaftswoche sein musste und in Deutschland noch maximal sechs Wochen Zeit hatte, diesen Zustand zu *terminieren*. Sie klickte sich durch die Website von Pro Familia und las die Liste der Themen durch: *Verhütung, Kinderwunsch, unerfüllter Kinderwunsch, Schwangerschaft, Ungewollt schwanger, Eltern sein, Sexualität und Partnerschaft, Sexualität und Älterwerden, Gesundheit*, und dachte an all die Frauenschicksale, die fundamental davon abhingen, ob Männer in Machtpositionen entschieden, dass ein Fötus als Person galt oder hängende Brüste nicht mehr begehrenswert waren.

Sie sah sich eine Doku auf Youtube über den Zugang zu Abtreibungen für Schwarze Frauen in den USA an und hatte das Gefühl, all diese Menschen zu sein. Die Dokumentarfilmerin, die versuchte, jeder Position in diesem Diskurs Raum zu geben. Der Arzt, der es sich zur Aufgabe gemacht hatte, jungen Frauen in prekären Verhältnissen eine Perspektive jenseits des Mutterseins aufzuzeigen. Die junge Afroamerikanerin mit den kindlichen Händen. Ihre Stimme, die immer wieder brach. »I am a cashier at Walmart and studying to become a paramedic. Being a single parent is not easy. I feel like with another child – what I am trying to do, *pursuing my dream*, wouldn't be possible.« Ihr Sohn sei neunzehn Monate alt und »a great kid«. Auf die

Frage, wie sie sich mit ihrer Entscheidung fühle, erwiderte sie: »Like a bad person.«

Warum trug die Schwarze Frau immer die ganze Last? Warum war sie allein mit den Schuldgefühlen, auch wenn flaky Max genauso an dieser Schwangerschaft beteiligt war wie sie? Es war ihr Körper, der sich aufblähen würde, ihre Haut und ihre inneren Schamlippen, die reißen würden, weil ein ganzer Mensch sich durch ein Körperteil auf die Welt kämpfen wollte, für das viele Frauen noch nicht einmal ein gescheites Wort hatten. Anstelle einer Entschädigung für all diese körperlichen Zumutungen wurden frau die Betreuung, Versorgung und Pflege gleich auch noch aufs Auge gedrückt. Natürlich war Max einer der Männer, die irgendwann »total Bock« darauf hatten, ein »devoted Vater« zu sein. Auch für sich selbst, weil es da ja ein paar Issues mit dem eigenen Vater gab. Sie sah vor sich, wie er sie über irgendwelche Türschwellen tragen, ihr nachts Eis an der Tankstelle kaufen und all die anderen amüsanten Klischees erfüllen würde.

Aber er würde bald merken, dass er sein Kind auch dann stundenlang herumtragen musste, wenn ihm niemand entzückt dabei zusah. Wie viel dieser Hingabe sich im Dunkeln, in der Unsichtbarkeit abspielte und keine Anerkennung bekam.

Sie tippte die Telefonnummer auf der Pro-Familia-Website an und hörte ein Klingeln.

40 DIEO

Leander und Otis waren irgendwo im Park unterwegs, und Dieo versuchte, einen Text über Triangulierung zu lesen. Nachdem sie eineinhalb Seiten geschafft hatte, zog sie ihr Handy hervor. Sie öffnete Pinterest und sah sich ein paar Boho-Badezimmer in verschiedenen Grüntönen an, als Zazie ihr schrieb, sie werde heute schon früher im Nordend vorbeikommen. Sie wolle auf »neutralem Terrain« etwas mit ihr besprechen.

Während sie sich ein Video mit dem Titel *Klebefliesen für einen neuen Look im Bad* anschaute, dachte sie über den Text nach: Die ersten inneren Bilder, die ein Kind von seinem Vater habe, würden durch die Mutter übermittelt. Es gehe hier um ihre Bereitschaft, den Vater in die innige Zweisamkeit mit dem Kind aufzunehmen. Wenn also ihre Söhne innig mit Simon verknotet auf dem Sofa saßen, dann hing das mit ihrer eigenen Bereitschaft zusammen, das zuzulassen? *Übermächtige Mütter und abwesende Väter gehören zusammen,* hallte der Text in ihrem Kopf nach. Aber wie sollte das gehen – nicht übermächtig sein?

Zazie war am Eingang des Parks erschienen und lief gedankenversunken auf sie zu. Sie trug ein schwarzes Kleid und etwas Buntes auf dem Kopf. Als sie näher kam, erkannte Dieo, dass es sich um eine Art Turban handelte.

»Wow, du siehst toll aus.« Dieo wusste, dass Zazie zwar die Blicke auf sich zog, aber keinerlei Interesse daran hatte, darüber zu sprechen, dass sie es tat.

»Danke, du weißt ja – ich sehe immer toll aus, wenn es mir scheiße geht.« Sie setzte sich neben sie auf die Bank und seufzte. »Dieo, ich weiß jetzt, warum das mit der Übelkeit nicht besser wurde.«

Sie sah sie fragend an.

»Ich bin schwanger.« Sie schob eine Haarsträhne, die sich aus dem Turban herausgekämpft hatte, zurück unter den Stoff.

Dieo merkte, wie der Versuch, ihre Stirn in sorgenvolle Falten zu legen, misslang, sie strahlte über das ganze Gesicht. Sie griff nach Zazies Hand. »Und, du bist nicht glücklich darüber?«

Ihre Schwester schüttelte den Kopf und sah ausdruckslos in die Ferne.

Dieo hatte einen Kloß im Hals.

»Ich habe schon einen Termin gemacht«, sagte Zazie tonlos.

»Für was?«

Zazie hob die Augenbrauen, als wollte sie sagen: »Muss ich es wirklich aussprechen?«

Dieo rieb sich die Ohren. »Ich glaube, das sind meine Tränendrüsen«, stellte sie fest.

»Was?«, fragte Zazie irritiert.

»Kurz bevor ich weinen muss, schmerzen immer meine Ohren. Genau hier.« Sie zeigte auf die Stelle.

»Und jetzt, nehme ich an, schmerzen deine Tränendrüsen, weil ich diese Schwangerschaft nicht austragen will.«

Dieos Augen füllten sich jetzt tatsächlich mit Tränen, und sie konnte nur noch nachdrücklich nicken.

Zazie rieb sich das Gesicht. »Es ist ironisch. Ich meine, neulich noch hat diese Holzhausen-Schnepfe selbstverständlich angenommen, dass ich keine Mutter bin.«

Dieo putzte sich die Nase. »Du meinst, die Alman-Frau, deren Meinung keinen interessiert?«

Zazie musste schmunzeln.

»Ich folge Winta seit ein paar Wochen auf Instagram«, gab sie zu.

Zazie begann, ihr von den ersten Stunden und Tagen zu erzählen, nachdem sie festgestellt hatte, dass sie schwanger war. Sie sagte etwas von der Erfindung der Mutterliebe im 18. Jahrhundert, im Grunde genommen sei Frausein, wie sie es kannten, auch eine Konstruktion. Es gehe – wie immer – um billige Arbeitskraft, die Ausbeutung von marginalisierten Menschen. Na ja, und bis das nicht anders sei, könne sie es sich nicht vorstellen, sich in diese Situation zu bringen. Sie habe eine Doku über eine Walmart-Mitarbeiterin in den USA geschaut und verstanden, wie stark sie als Frauen über Schuldgefühle lenkbar seien, und das habe ihr geholfen, eine Entscheidung zu treffen.

»Und du meinst, es geht um Solidarität mit einer Walmart-Mitarbeiterin und nicht, sagen wir, um dich oder Max oder ...«

»Oder unsere Mutter?«, unterbrach Zazie sie. Sie stand auf und schulterte ihren Rucksack. »Ich wusste, dass du das, was ich fühle und denke, wieder infrage stellen musst. Wir lassen das alles besser!«

Dieo hielt sie am Handgelenk fest und beeilte sich, etwas Versöhnliches zu sagen. »Es ist doch nur – ich möchte, dass du die richtige Entscheidung für *dein* Leben triffst. Wie viel du mit dieser Frau gemeinsam hast, kannst natürlich nur du entscheiden.«

»Es geht um die Unfreiheit, Dieo.« Zazie zögerte und setzte sich wieder neben sie.

»Aber es ist doch keine Unfreiheit. Es ist das Echteste und Innigste und Beste, was du je erleben wirst. Ulrike hat all das mit uns erlebt, ich habe es mit Joni und den Kleinen erlebt und ...«

»Warum kannst du mich nicht in Ruhe lassen mit dieser Generationen-Scheiße?! Ich bin nicht du und schon gar nicht Ulrike!« Sie stützte sich mit beiden Händen auf der Bank ab, als wolle sie jeden Moment aufstehen und fliehen.

»Du könntest ja auch eine andere Art von Mutter werden. Weißt du, je älter ich werde, desto besser kann ich anerkennen, wie Ulrike unter den gegebenen Umständen ihr Bestes gegeben hat ...« Vorsichtig sah sie Zazie aus dem Augenwinkel an.

»Bitte werd jetzt nicht sauer, ja?« Zazie malte mit den Schuhen Kreise in den sandigen Boden. »Es war immer, als wäre die Rolle von Schneeweißchen schon besetzt gewesen, als ich auf die Welt gekommen bin. Du warst Oma Roses Liebling, die Vorzeigeenkelin, immer lieb, nie kritisch. So ist das auch mit deiner Mutterschaft. Sie passt zu dir und deiner Rolle.«

»Du meinst, du kannst nicht Mutter werden, weil ich es bin?« Dieos Herz begann zu pochen. Sie spürte, wie ihr das Blut in die Schläfen schoss.

»Dein Leben war durch deine frühe Mutterschaft so festgelegt, so eingeschränkt. Du warst so abhängig.«

Das hatte gesessen. »Wenn du glaubst, ich sammle die Scherben auf, sobald du diesen Schritt bereust, hast du dich geschnitten. Ich bin dein ewiges Kreisen um dich und deine Unabhängigkeit so leid!«

Dieo stand auf und warf ihren Rucksack ins Lastenrad.

»Ich bin nicht nur als Negativfolie für dich und deine Egotour da! Mein Mann ist Kapitalist, ich bin zu abhängig, und meine Kinder sind Klötze am Bein. Wenn das so ist, brauchst du nicht ständig bei uns rumhängen. Leb doch dein Leben. Ich gehe jetzt zu meinen Kindern.«

41 ZAZIE

Zazie schob ihr Fahrrad am Main entlang und ging nacheinander potenzielle Begleitpersonen für die Abtreibung in ihrem Kopf durch. Winta? Sie war eine Meisterin darin, Zazie abzulenken, wenn sie etwas bedrückte. Aber würde sie sie auch auffangen können, wenn es ihr nach dem Eingriff wirklich, wirklich schlecht ginge? Aus irgendeinem Grund konnte sie sich nicht vorstellen, sich Winta so zu zeigen. Dieo fiel auch aus. Sie würde sich wahrscheinlich einfach weigern und sie stattdessen in ein Babymodengeschäft oder auf irgendeinen Spielplatz mitnehmen und dann behaupten, sie sehe doch in ihrem Gesicht, wie gern sie ihr Kind in den Armen halten und in irgendwelche Zara-Strampler stecken wolle.

Simon – ja, was war eigentlich mit Simon? Sie holte ihr Handy hervor und stellte mit Blick auf das Datum fest, dass sie keine Zeit hatte, wählerisch zu sein. Es klingelte zweimal, bis er abnahm.

»Zazie, was gibt's?«

»Ich bin schwanger.«

Er schwieg, und Zazie stellte sich vor, wie er mit aufgerissenen Augen in seinem Großraumbüro stand.

»Und was machst du jetzt?«, fragte er und klang dabei sehr einfühlsam.

»Ach, scheiße.« Sie lehnte ihr Fahrrad an eine Bank und setzte sich.

»Ja«, sagte er langsam. »Ich würde dir gerne meine Unterstützung anbieten. Ich meine …« Er brach ab.

Sie wusste, dass ihr Schweigen ihn unter Druck setzte. Es war, als wären diese Momente die einzigen, in denen das Unbehagen mal an dem Ort war, an den es hingehörte.

»Ich meine, egal, wie du dich entscheidest, du weißt, Dieo und ich sind für dich da, oder?«

Zazie seufzte. »Die Frage ist, was das genau heißt«, nuschelte sie und ärgerte sich über sich selbst. Er meinte es nur gut.

»Das heißt«, er zögerte, »dass wir dich unterstützen.« Er merkte anscheinend, dass er konkreter werden musste. »Wenn etwas Zeit vergangen ist, wird Dieo sicher sehen können, warum du dich gegen ein Kind entschieden hast. Und ich kann sehr gut verstehen, dass du dir das gerade nicht vorstellen kannst, wenn sich gerade die Möglichkeit der Promotion bietet. Du bist jung, du kannst auch noch Kinder haben, wenn du den Doktortitel in der Tasche hast. Aber …« Er hielt inne und schien zu überlegen, wie er genauso passioniert für das Austragen der Schwangerschaft argumentieren könnte. »Wenn du dich für dieses Kind entscheidest, könnte Dieo sicher … Also ihr beiden könntet … euch sehr viel teilen. Nehme ich an. Und wenn du finanzielle Unterstützung bräuchtest, da fiele uns sicher auch was ein.«

»Nein«, sagte sie.

»Verstehe, ich wollte auch nicht …«

Das war der Moment, in dem sie über ihren Schatten springen musste. »Simon, ich habe eine andere Bitte.«

»Ja, natürlich, alles, was du …«

»Kannst du mich begleiten?«

»Du meinst mental?«

»Nein. Ich meine, kannst du mich zu dem Eingriff begleiten? Dieo kann ich ja nicht fragen, und Winta oder Lamine will ich nicht fragen, wenn das Ganze ja eigentlich eine Sache zwischen mir und Max ist, verstehst du?«

»Ja, verstehe. Wer hätte ahnen können, dass diese drei Monate mal so entscheidend werden ...«

»Warum entscheidend? Ich würde nichts anders entscheiden, wenn er hier wäre. Es ist einfach nicht die Zeit, jetzt.«

Er schwieg einen Moment lang. »Schickst du mir dann eine Mail mit allen Infos als Gedankenstütze?«, fragte er dann geschäftig.

Zazie musste grinsen. Nun klang er wieder wie der Simon, den sie kannte.

Zu Hause setzte sie sich an den Küchentisch und blätterte durch die Seiten, die sie in den letzten Monaten geschrieben hatte. Wie absurd das war: Sie arbeitete nun schon so lange an etwas, das wahrscheinlich ein Kinderbuch war, und würde während dieses Prozesses ihr eigenes Kind töten. Da war sie wieder, die Sprache der Evangelikalen – wie war die nur so tief in ihr wokes Hirn eingedrungen?

Zazie zeichnete eine Gruppe von drei Jungen mit kurzem Haar, runden Gesichtern und freundlichen Augen. In einer Ecke des Bildes saß in einem majestätischen Sessel ein Mann, der seine Lesebrille berührte, während er über die anderen hinweg in Richtung der kleinen Zazie sah.

»Wir haben dich gesucht und gesucht und gesucht!«, sagte einer ihrer Brüder.

»Aber jetzt«, ergänzte einer ihrer Väter, »haben wir dich gefunden.«

Es war der Morgen ihres Termins, und sie wusste, dass dies ein Scheißtag werden würde. Simon wartete in seinem schwarzen Schickimicki-SUV vor ihrer Haustür und stieg aus dem Auto, als er sie sah. Er umarmte sie fest und sagte dann: »Ich habe Kaffee für dich. Aber nicht dieses Hipster-Gesöff Heute bekommst du Frappuccino, junge Frau.«

»Ich muss nüchtern bleiben vor dem Eingriff.«

»Oh.« Er hielt ihr die Tür auf. Im Getränkehalter stand das cremefarbene Getränk, auf der Sahnehaube lagen dunkelbraune Streifen aus Schokoladensoße.

»Du weißt schon, dass ich nicht sterbenskrank bin, oder?«, fragte sie ihn, als er hinter dem Lenkrad Platz genommen hatte.

»Ja, deshalb machen wir später auch einen Ausflug. Ich fahre, und du sagst, wo es hingehen soll. Rheingau, Rhön oder einfach schnell nach Hause. Ich kann auch für dich kochen!«

»Gibt es ein neues Wochenmarkt-Rezept bei *Zeit Online?*«

Simon lächelte. »Wie geht's dir?«, fragte er sanft, und sie hatte das Bedürfnis zu weinen.

»Es geht. Ganz gut, denke ich. Lass uns ein bisschen Frank hören.«

Es schien, als müsste Simon nur einen Knopf drücken, damit ein Frank-Ocean-Song in der richtigen Lautstärke aus den Boxen seines Autos kam. Er griff nach dem Frappucino und trank einen Schluck. Dann nickte er kaum merklich.

Als sie in die Straße einbogen, in der die Praxis war, fragte Simon: »Wie machen wir das jetzt? Komme ich da mit rein?«

»Ich weiß es nicht. Ich denke, es reicht, wenn du später hochkommst, um mich zum Auto zu begleiten.«

»Gut.« Er trommelte aufs Lenkrad und parkte direkt vor der Praxis. »So, hier ist es, oder?«

»Ja, genau, das müsste es sein«, antwortete sie und erschrak, als er sie anfuhr: »Wie, du warst hier noch nie?«

»Erstens: Schrei nicht so, und zweitens: Nein, ich mache das zum ersten Mal.«

»Entschuldige, ich bin wohl ganz schön nervös.«

»Wie auch immer, ich gehe jetzt rein …« Sie öffnete die Autotür und löste den Gurt, da hielt er sie am Arm fest.

»Warte. Es tut mir leid.«

»Vielleicht solltest du dir ein süßes Teilchen holen. Irgendwas zum Runterkommen …«

»Hör zu, du musst dir keine Gedanken um mich machen. Ich hole dich um elf Uhr fünfundvierzig ab, und dann schauen wir, wonach dir ist. Ich habe mir den ganzen Tag freigenommen. Wenn du heute Nacht nicht allein sein willst, kann ich Dieo Bescheid sagen, dass du mich noch brauchst.«

Sie nickte. »Kannst du noch mal um den Block fahren?« Er legte, ohne zu zögern, den Gang ein.

Sie fuhren um die Ecke, vobei an einem Outlet. Durch das Schaufenster war eine Kleiderstange zu sehen, an der sehr dicht nebeneinander Jeans und Blusen in grellen Tönen hingen. Zazie dachte daran, wie es sich anfühlte, die Bügel auseinanderzuschieben, um sich ein Kleidungsstück anzusehen. Aus den Lautsprechern drang seltsam technisch klingende Meditationsmusik. »Was zur Hölle ist das für Musik?«

Er las vor: »*Trauma Recovery Theta Waves*.«

Sie musste schmunzeln. »Mir ist schlecht.«

»Das ist wahrscheinlich normal, oder?«

»Merkst du eigentlich, dass du heute noch keinen Satz beendet hast, ohne mich zu fragen, ob er stimmt?«

»Wirklich?« Er sah sie an.

Jetzt mussten sie beide lachen.

»Okay, warte, lass es mich noch mal versuchen: Ich denke, das ist normal in deiner Situation. Und du isst heute einen Germknödel, damit das klar ist!«

Sein Handy klingelte, und der Bildschirm seines Autos zeigte den Namen »Mrs. Doubtfire« an. Schnell drückte Simon den Anruf weg.

»Betrügst du meine Schwester?«

»Ja, mit Marietta, unserer Haushaltshilfe.«

»Nein, mal im Ernst. Wie läuft es mit euch beiden?«

Er schwieg einen Moment lang. »Es läuft und läuft und läuft. Das ist das, was mich am meisten fasziniert. Wir haben solche Tage und solche. Aber wir sind jetzt seit so vielen Jahren zusammen, dass ich das Vertrauen habe, dass wir das alles hinbekommen.«

Das war irgendwie eine schöne Antwort, dachte sie.

»Was ist mit dir?«

»Ob ich mich hinbekomme?«

»Ja, und wie geht es dir mit Max?«

»Ich denke, das ist so eine Art Ironie des Schicksals, dass er jetzt erst mal auf diesem Schiff ist und da für eine Weile nicht wirklich runterkommt.«

»Das tut mir leid.«

»Muss es nicht. Es ist gut, so wie es ist. Wie war das bei euch damals bei Leander?«

»Na ja, das war ja eine andere Situation. Wir waren verheiratet und haben uns gemeinsame Kinder gewünscht. Da wäre ich schon sehr irritiert gewesen, hätte sie plötzlich entschieden, sie will doch keins.«

»Und glaubst du, das löst immer Ohnmachtsgefühle bei Männern aus?«

»Du meinst, wenn Frauen ihre Kinder nicht bekommen wollen?«

»Ja. Bekommen, nicht bekommen. All so was.«

»Ich denke schon, ja. Es ist einfach ein krasses Gefühl, dass ein anderer Mensch so fundamental über dein Leben entscheiden kann.«

Jetzt musste sie prusten. »Wow. Das ist wirklich absurd. Männlichkeit ist die beschissenste Erfindung, von der ich je gehört habe!«

»Was ist jetzt wieder falsch?!«

Nachdem sie ungefähr das vierzehnte Mal an der Praxis vorbeigefahren waren, hielt er in der zweiten Reihe neben parkenden Autos. »Zazie? Ich bin froh, dass es dich gibt.« Er legte ihr die Hand auf die Schulter. Sie fühlte sich warm an.

Sie saßen einige Minuten stumm nebeneinander, bis Zazie ihm ihr Telefon mit der E-Mail hinhielt, die Dieo ihr heute Morgen geschickt hatte. Er las laut vor:

> Schwesterchen. Du sagst doch immer, dass der Queerfeminismus uns alle befreit aus der Enge unseres Denkens oder so ähnlich. Ich habe ein bisschen gegoogelt in der Hoffnung, auch ein Argument bei denen fürs Mutterwerden zu finden, und das hier entdeckt: »Während im weißen Gleichheitsfeminismus Mutterschaft lange Gegenstand der Abgrenzung war, ist die Errungenschaft intersektionaler Perspektiven

und vor allem des Queerfeminismus die, Fürsorge und Elternschaft zum begehrten Gut zu erklären …« Ist das nicht schön? Ein begehrtes Gut. Das ist alles, was ich noch zu deiner Schwangerschaft sagen werde, versprochen! Egal, wie du dich entscheidest, ich bin immer für dich da. D.

»Lass uns weiterfahren.« Zazie wusste nicht so recht, was jetzt dran war.

Erst als sie ein leises Schniefen hörte, traute sie sich, ihn anzusehen. Mit verheultem Gesicht startete er den Motor und nickte.

Lieber Max,
ich bekomme ein Kind von dir. Wenn du ein Rockstar wärst, hätte ich dir vielleicht aus dem Publikum zugerufen, dass ich ein Baby von dir will. Ein Schild hochgehalten, auf dem steht, was ich dir nicht sagen konnte. Dass ich mich gefragt habe, ob unser Kind deine langen Wimpern bekommen würde, als dein Kopf das erste Mal auf meiner Brust lag. Ich habe mich wohl lange versteckt. In der Befürchtung, dass uns zu viel trennt, du nie verstehen können wirst, was es heißt, ich zu sein. In den letzten Wochen denke ich viel über die Spuren nach, die wir ineinander hinterlassen, vielleicht tilgen sie auch die weißen Wolken, die Grenzen, die mächtige Männer auf Weltkarten zeichnen und unseren Körpern auferlegen. Dieo sagt, das Muttersein sei das Echteste und Beste, was mir je widerfahren wird, ich glaube, sie will nur wieder ein Baby um sich haben. Spaß beiseite: Ich kann nur darauf hoffen, dass dich diese E-Mail in den nächsten

Wochen erreicht. Mir vorstellen, wie du auf einem Schiff vor der westafrikanischen Küste diese Zeilen liest und dann Tränen der Rührung weinst, deine Mitreisenden umarmst und kurz darauf ins Meer kotzt, aus Angst oder wegen dem vielen Schnaps, den ihr getrunken habt. Ich sehe dein Gesicht vor dem Einschlafen vor mir, frage mich, wo du gerade bist, und denke, dass ich dich bei mir habe.
In Liebe, Zazie

Wenige Minuten später erhielt sie eine Nachricht:

This message was created automatically. A message that you sent could not be delivered to its recipient. Error: 550 Mailbox quota exceeded.

42 SIMON

Simon trug einen Morgenmantel über seiner Kleidung. Hätte er vor Jahren in einer Kristallkugel gesehen, wie er mit vierundvierzig in diesem Outfit Apfelschnitze in Brotdosen legte, hätte er sich wahrscheinlich aus dem Fenster gestürzt. Das fragte er sich oft: Wenn die technologischen Möglichkeiten für einen Blick in die Zukunft da wären, wie konnte man wissen, ob dieses Bild über das Leben, das man da führte, aussagekräftig wäre. Wie aussagekräftig war das Bild eines Simon, der mit dünner werdendem Haar und Bauchansatz bei Bodystreet stand und sich von seiner Trainerin verkabeln ließ? Was sagte einem das Bild eines Simon, der ein kleines Mädchen in einem fliederfarbenen Tragetuch durch die Gegend trug, ihre kleinen rosafarbenen Fersen in den Händen haltend?

»Otiii, wir müssen looooos!«, rief er in Richtung Kinderzimmer und füllte die Trinkflaschen der Jungs mit Wasser. Leander, der seit der Einschulung ins Gymnasium ein Smartphone besaß, hatte aufgehört, mit seinem Bruder zu streiten. Er zeigte dem Erstklässler mit beinahe pädagogischem Einfühlungsvermögen, wie man Wörter ins Internet eingeben konnte. »Federico hat schon TikTok, das darf ich nicht, aber da kann man Videos angucken von allem, was man sucht. Wenn du hier ›Mr. Bean‹ reinschreibst zum Beispiel, dann kannst du von ihm ein Video anschauen.« Leander hing auf dem Sofa und wischte mit seinem kleinen Daumen über das Display des Telefons.

»Den ganzen Film?!« Otis hatte sich umständlich neben seinen Bruder gekniet, um möglichst viel zu sehen. Immer wieder lehnte er den Kopf an den seines Bruders.

»Ich kann mich so nicht konzentrieren!«, rief Leander und schob ihn weg.

Dieo kam mit geschwollenen Augen aus dem Schlafzimmer. »War ich nicht dran? Welcher Tag ist heute?«

»Ich hab gehört, dass du noch drüben warst gestern. Audre war ganz schön laut.«

Sie nickte.

»Ich dachte, wir lassen dich schlafen.«

Sie warf ihm einen Luftkuss zu und verschwand im Badezimmer.

»Audre schreit echt immer wie am Spieß!«, stellte Otis fest und rollte demonstrativ die Augen. Leander nickte, während er weiter auf dem Smartphone herumtippte.

Als sie wenig später die Wohnung verließen, stand Zazie im Treppenhaus. Mit Ringen unter den Augen fragte sie zaghaft: »Soll ich die Jungs bringen? Sie schläft gerade …«

Simon betrachtete ihr müdes Gesicht und fragte sich, ob sie in der Lage wäre, das Lastenrad durch den morgendlichen Verkehr zu lenken. »Klar, ich meine, dann bleibe ich bei ihr, ja?«

»Die Trage hängt an der Garderobe, und Schnuller sind überall in der Wohnung verteilt.« Sie zog ihre Winterjacke über den Schlafanzug und schlüpfte in ihre Stiefel. »Danke!«

Er überlegte, ob er den Morgenmantel, sein Schutzschild gegen Joghurtflecken und Zahnpasta, das er soeben abgelegt hatte, noch schnell von nebenan holen sollte. Aber da sprang Zazie schon die Stufen hinab, über der Schulter Otis' Ranzen. »Meint ihr, wir schaffen es auf dem Weg noch, uns ein Croissant für die Seele zu holen?« Von unten hörte er Otis sagen, dass er das leider nur mit Mama essen könne, aber Quarkbällchen seien okay. Simon lief zurück in die Wohnung, um seinen Laptop zu holen. Seine Frau hatte sich auf dem Sofa ausgestreckt. »Zazie bringt die Jungs. Ich gehe rüber und bin bei Audre.«

Sie stand auf und strich ihm übers Haar.

Als Jonathan das Zimmer betrat, zuckte Simon zusammen.

»Nicht euer Ernst, oder?«

Dieo hatte den Kopf auf der Armlehne des Sofas abgelegt. Es dauerte einen Moment, bis sie antwortete, so versunken schien sie in den Anblick von Audre. »Was ist? Dürfen wir unserer Nichte nicht beim Schlafen zusehen?«

Jonathan ging kopfschüttelnd ins Badezimmer. Audre schlummerte zwischen zwei riesigen Kissen. Simon betrachtete den kleinen Hügel, den ihr Bäckchen bildete, den rosafarbenen offenen Mund. »Glaubst du, sie kann gut atmen, so zwischen all den Kissen?«

Dieo nickte. »Sie schläft gerne so. Ich glaube, sie fühlt sich wie in in Watte gepackt.«

»Wie auf Wolken.« Er wandte sich wieder einem Interview mit Aminata Touré zu, das er eben zu lesen begonnen hatte.

Audre schnaufte, und beide hielten die Luft an.

Dieo legte den Zeigefinger auf die Lippen und grinste. Ein wenig schien sie sich zu freuen, dass Audre aufwachte.

43 DIEO

Dieo sah Oma Rose dabei zu, wie sie in Ulrikes Lieblingsfriseursalon auf einem Stuhl saß und Anweisungen von sich gab. Sie wirkte unter der riesigen Trockenhaube noch kleiner als sonst. »Mir wäre wichtig, dass Se diese Schmalzlocke wegbekommen. Die bildet sich ab einer bestimmten Länge immer. Dann bekomme ich so was von Wolfgang!«

»Wolfgang?«, wollte Dieo wissen.

»Amadeus!«, tönte Rose.

Sie schmunzelte. »Und was lässt du heute machen, Mama?«

Ulrike strich durch ihr Haar und betrachtete sich im Spiegel. »Mal was anderes, dachte ich.«

»Was ist, wenn du sie ganz natürlich trägst?«, fragte Dieo.

Ulrike sah sie mit aufgerissenen Augen an. »Farbe oder Textur?«

»Beides!«

Zazie kam zur Tür herein. »Entschuldigt, ich habe nicht lange Zeit. Max ist mit Audre unterwegs, aber ich muss noch mal an den Schreibtisch gleich ...« Sie drückte zuerst Rose und dann Ulrike einen Kuss auf die Wange und umarmte zum Schluss Dieo. »Lässt du dir auch hier die Haare machen?«

Sie schüttelte den Kopf.

»Deine Schwester meint, ich soll mit grauen Locken herumlaufen?!« Ulrike drehte sich entrüstet zu Zazie um.

Dieo zuckte mit den Schultern. »Oder die Locken in diesem Kastanienbraun, was du mal vor Jahren hattest?« Sie stellte sich vor, wie sie im Partnerlook mit ihrer Mutter den Salon verließ. »Dann sehen wir einander vielleicht einmal im Leben ähnlich!«

Rose sah ihre Tochter verschmitzt an. »Wie Angela Davis damals.«

»Was weißt du denn über Angela Davis, Oma?«, wollte Zazie wissen und setzte sich an einen kleinen Tisch am Fenster.

»Die war immer im Fernsehen, es hat sich ja der ganze Osten für sie eingesetzt damals, und ich dachte immer, dass das ja ungeheuer elegant ist.«

»Ihr Afro?« Zazie hob die Augenbrauen. Dieo griff nach einer Zeitschrift.

Rose nickte eifrig.

»So, darf ich mal.« Die Friseurin zog die Trockenhaube tiefer und drückte dann ein paar Knöpfe.

»Und was lernen wir daraus?«, fragte Zazie.

»Dass meine Mutter ein Fähnchen im Wind ist?«, sagte Ulrike.

Dieo schüttelte den Kopf. »Ich glaube, ich lasse das mit der Ausbildung.«

»Huch, was ist denn jetzt mit dir los?« Zazie ließ die Zeitschrift sinken, die sie gerade aufgeschlagen hatte.

»Da versucht man achtunddreißig Jahre lang, es einer Frau recht zu machen, und dann fällt der mit Mitte neunzig ein, dass sie eigentlich Anarchistin ist ...«

»Ach Dieo ...« Ulrike kramte in ihrer Handtasche.

Die Friseurin stand jetzt hinter ihr und befühlte ihr Haar, das noch glatt geföhnt, dunkelblond und an den Schläfen grau war. Sie riet Ulrike, ruhig mal auf ihre Töchter zu hören. Schwarze Frauen hätten ja immer sehr früh ein Gespür dafür, was zum Trend werde.

»Siehst du! Oma hinkt ganze fünfzig Jahre hinterher!« Zazie trank einen Schluck aus der winzigen Wasserflasche, die die Friseurin vor ihr abgestellt hatte.

»Nur in Karrierefragen sind sie etwas unstet«, sagte Ulrike.

Zazie riss die Augen auf.

»Also meine beiden hier …«

»Mama, jetzt beruhig dich mal!« Dieo stand auf und stellte sich neben die Friseurin, die inzwischen Ulrikes Deckhaar mit Klammern hochgesteckt hatte.

»Ich mag unseren Beruf ja, aber …« Sie musste an Gabriele de Latour denken und sah sich jetzt in einen Overall gekleidet in einem Atelier vor einer Staffelei stehen.

»Aber was?«

»Wenn ich gewusst hätte, dass Oma heimlich Revolutionärinnen bewundert, dann wäre ich vielleicht einen weniger konventionellen Weg gegangen.«

Rose hatte die Augen geschlossen und schnarchte leise.

»Vielleicht würde ich jeden Morgen in mein Atelier gehen und Aquarelle malen.«

»Warum machst du nicht beides?«, wollte Zazie wissen.

»Weil ich zwischen meinen Patient*innen, meinen Kindern und deinem Kind keine Zeit dafür habe…«

»Jetzt ist Audre schuld, oder was?« Zazie sah sie ungläubig an.

»Wie sagst du immer so schön? Das System ist schuld.«

Die Friseurin schob die Trockenhaube nach oben und schaltete sie aus.

»So, Kinder, jetzt ist die große Frage, ob wir meine Schmalzlocke beseitigen konnten.« Rose sah der Friseurin gespannt dabei zu, wie sie ihr Haar von den Lockenwicklern befreite.

»Dieo wird jetzt übrigens Künstlerin, Oma.« Zazie gab ihr einen Schmatzer auf die Wange. »Ich muss los. Audre wartet auf mich.«

»Prima.« Rose fuhr sich durch ihren welligen Pony. »Mach's gut, mein Liebling!« Sie drehte sich zu Dieo. »Hauptsache, du befreist dich von all dem, was die Leute von dir erwarten. Damit kann man ja sein ganzes Leben verbringen, zu versuchen, diese Erwartungen zu erfüllen. Is auch zu nüscht nütze.«

Dieo traute ihren Ohren nicht. »Zu was?«

»Zu nichts nutze.«

Dieo sah dabei zu, wie die Frisuren von Rose und Ulrike durch die letzten Handgriffe der Friseurinnen immer ähnlicher wurden, und stellte sich vor, in vierzig Jahren einmal gemeinsam mit Zazie auf diesen Stühlen zu sitzen. Schließlich verließen Ulrike und Rose mit ihren voluminösen weißen Föhnfrisuren den Salon.

44 ZAZIE

Zazie schob sich ein Bonbon in den Mund und sah sich um. Der Laden war ihr von unzähligen Besuchen so vertraut. Doch heute war alles anders: Die Büchertische standen vor den Regalen an der Wand, kleine Stühle waren in der Mitte des Raums aufgestellt. Die Inhaberin der Buchhandlung arrangierte in der hinteren Ecke des Ladens ein paar Spielsachen für Audre. »Wisse Se, es kommt jetzt immer häufiger vor, dass unsre Autorinne sich Kinnerbetreuung wünsche während ihrer Lesunge. Richtig so! Aber dass die Väter gleich noch was für uns baue, des habe mer noch net gehabt.«

Zazie stieg auf die kleine Bühne, die Max in den letzten Tagen aus alten Holzbohlen gebaut hatte. »Er kommt dann später dazu, es ist echt schwierig das alles zu organisieren, selbst wenn man zu zweit ist. Keine Ahnung, wie meine Mutter das damals gemacht hat …«

Die Buchhändlerin stand auf und sah durch das Schaufenster nach draußen. »Sie scheine mir ja eher zu zehnt ze sei, odder?«

Zazie folgte ihrem Blick und entdeckte Regina, die Audre auf dem Arm trug, hinter ihr Dieo und Simon mit den Jungs.

»Oh je, wenn ich so darüber nachdenke, könnte es sein, dass ich ein bisschen zu vielen Menschen Bescheid gegeben habe.«

Die Buchhändlerin lachte. »Sonscht müsse die halt drauße warte. Mer schaue erst mol, wie viele Kinner iwwerhaupt komme, bisher gab's wenig Anmeldungen.«

Regina betrat die Buchhandlung und begrüßte die Inhaberin. Dann setzte sie Audre auf Zazies Schoß und gab ihr einen Schmatzer auf die Wange.

»Du weißt gar nicht, wie glücklich du meine Mutter machst.« Simon umarmte sie.

»Sie konnte den ganzen Tag über nichts anderes sprechen. Sie sagt immer, die kleine Zazie im Buch hätte den Krawall, der den meisten Mädchen heutzutage fehlt.«

Dieo stellte Audres Wickeltasche auf dem Boden ab und betrachtete die Stühle in der Mitte des Raumes. »Schön hier, aber meinst du denn, wir haben alle Platz?«

Audre rutschte auf den Boden und begann, sich mit wackeligen Schritten auf die Sitzsäcke zuzubewegen, fiel immer wieder hin, krabbelte ein Stück und richtete sich dann wieder auf.

»Huhu!« Jetzt standen Ulrike und Oma Rose in der Tür. »Sind wir schon zu spät?«, wollte Rose wissen. »Eure Mutter war der Meinung, sich noch eine neue Bluse kaufen zu müssen …«

Ulrike trug eine cremefarbene Seidenbluse, dazu einen Rock in einem bunt gemusterten Stoff, der Zazie sehr vertraut war. Sie drehte sich jetzt in der Mitte des Raums. »Was sagt ihr?«

Simon sah Zazie fragend an. Sie zuckte mit den Schultern.

»Ich dachte, wenn es um deine Ahninnen geht, muss ich meine Garderobe dem Thema anpassen.«

Jetzt wurde ihr klar, woher sie den Rock kannte. Im selben Moment sprach Dieo es aus. »Trägst du etwa das, was Awa für dich hat schneidern lassen?«

Ulrike nickte stolz.

»Steht dir gut, Ulli«, stellte Regina fest, die auf einem Stuhl Platz genommen hatte, auf den Knien einen großen Bildband von Offenbach.

Rose saß in einer Ecke des Ladens in einem Sessel, in den Händen ein Exemplar von *Wo die Ahninnen wohnen*. »Herzelchen, eine Sache ist mir nicht ganz klar bei deinem Büchlein.« Sie nannte es immer so. Büchlein.

»Oma, willst du diese Unklarheit wirklich kurz vor meiner ersten Lesung besprechen?«

Rose legte den Kopf schief. »Es könnte dich vorbereiten auf das, was deine Leser wissen wollen.«

Zazie seufzte. »Also gut, was ist es?«

Ihre Großmutter richtete sich auf. »Es heißt ja *Wo die Ahninnen wohnen*, nich?«

»Ja.«

»Müsste es nicht *Ahn*...«, jetzt machte Rose eine demonstrative Pause, »*...innen* heißen?«

Dieo sah amüsiert in Zazies Richtung. »Hast du gerade gegendert, Oma?«

»Wenn du das mit der Pause meinst, ja.«

Ein kleines Mädchen und ihre Mutter betraten die Buchhandlung, und Zazie schämte sich kurz dafür, dass bereits ihre gesamte Familie den Laden in Beschlag genommen hatte. Die Buchhändlerin kam aus dem Lager und verkündete, es gehe gleich los, und das Mädchen und seine Mutter gingen zu einem Büchertisch. Winta und Lamine kamen herein und etwas später Feven, Gabi und Nuri.

»Stabil dreißig Leute Entourage, aber was ist mit deinen

Leser*innen? Habt ihr keine Werbung gemacht?« Nuri sah sich um.

Zazie zuckte mit den Schultern und sah in Richtung der Buchhändlerin. Nuri lachte und gab ihr einen Klaps. »Das wird schon! Du startest halt family-based.«

»Ja, wenn mein Rudel mich umgibt, kann mir nichts passieren.« Sie lächelte Lamine an, der gerade in einem Buch von Tenahisi Coates blätterte.

Als Zazie zu lesen begann, wurde es sehr ruhig. Das Mädchen, das zuerst gekommen war, fuhr sich während der Lesung durch ihr krauses Haar und zwirbelte an einer Strähne. Zazie klappte das Buch zu und das Mädchen meldete sich sofort mit gestrecktem Arm.

»Du hast eine Frage?« Zazie nickte ihr zu.

Das Mädchen sah zu seiner Mutter, einer Schwarzen Frau mit eleganten Locs, und flüsterte ihr etwas ins Ohr.

»Meine Tochter wollte Ihnen sagen, dass sie Ihr Buch liebt, aber dass sie eigentlich zu alt ist für diese Art von Bilderbüchern. Wir wollten deshalb fragen, ob Sie vielleicht ein Buch schreiben könnten mit mehr Text?«

Alle lachten, und Zazie versprach, sie werde sich Mühe geben, bald etwas mit mehr Text zu schreiben.

Jetzt schaltete sich ein *weißer* Mann ein, dessen Tochter während der Lesung unruhig gewirkt hatte. Der Vater schaute sich unsicher um und kündigte dann eine Frage an, die »eher sein ganz persönliches Interesse« betreffe. Die Mutter mit den Locs rollte demonstrativ die Augen, und Zazie richtete sich auf.

»Also, ich habe mit alldem, was in Ihrem Buch anklingt, so meine Schwierigkeiten«, sagte er, und ihr Herz begann zu klopfen.

»Ich fühle mich so – na ja, ich fühle mich in eine Ecke gestellt, in die ich nicht gehöre.«

Zazie ließ sich eine Ewigkeit Zeit, sah noch einmal zu Lamine, zu Winta, danach zu Ulrike, die Rose gerade etwas ins Ohr raunte. Als ihr Blick bei Dieo und Simon angekommen war und sie feststellte, dass die beiden sie wie stolze Eltern bei einem Geigenvorspiel anschaute, erwiderte sie: »Und Ihre Frage ist jetzt was?«

»Ich wollte Ihnen das nur zurückmelden. Dass das die Wirkung Ihres Buches sein kann. Auf eine Leserschaft, die«, er zögerte, »nun ja, nicht die gleiche Hautfarbe wie Sie hat.« Der Mann krönte seinen Auftritt mit der Frage, ob sie glaube, »alle *Weißen* seien Rassisten«.

»Wissen Sie, ich bin ja nur Kinderbuchautorin«, sagte Zazie, und der Mann nickte eifrig. »Aber«, fuhr sie fort, »ich glaube, dass wir als Gesellschaft gerade lernen, unsere eigenen Rassismen aufzudecken. Inzwischen wissen wir ja, dass selbst große Intellektuelle wie Immanuel Kant oder Hannah Arendt in ihrem wissenschaftlichen Denken nachweislich rassistisch waren. Man kann also davon ausgehen, dass es um uns alle geht.«

Der Mann öffnete entrüstet den Mund, aber seine Tochter zog ihn an seinem Hemd zu sich und flüsterte ihm etwas ins Ohr, das ihn urplötzlich verstummen ließ, dann bedankte er sich kleinlaut.

Zazie nickte der Buchhändlerin zu, die daraufhin das Wort ergriff.

»Isch möcht misch ganz herzlich bedanke bei Ihnen, Frau Ambs. Meine Tochter hat ja so wunnerbare Korgezieherlocke wie Sie, un damals mussten mer ihre Haarprodukte immer in Amerika bestelle. Es is so schee, dass es jetzt hier in meim Lade e Lesung für Schwarze Kinner, braune Kinner, ebe alle Kinner gibt, bei der se sich gesehe fühle. Herzliche Dank noch emol!«

Es wurde geklatscht, und Zazie bedankte sich ebenfalls, während sie ihr Buch einpackte. Max stand inzwischen in der Tür und pfiff auf zwei Fingern.

Vor der Buchhandlung verabschiedeten sich Winta und Lamine mit einer Umarmung von ihr. »Es war so schön!«, rief Winta und gab ihr einen Schmatzer auf die Wange.

Auf dem Weg zu einem Restaurant in der Nähe der Buchhandlung trug Max Audre auf den Schultern und ließ sich noch einmal von Rose erklären, warum vielleicht eine Variante der Ahninnen mit Gendersternchen notwendig sei.

»Mir ging es aber wirklich vor allem um euch Frauen, Oma«, sagte Zazie und hob ihre Tochter, die die Arme nach ihr ausstreckte von Max' Schultern.

Rose schaute ihr dabei zu, wie sie Audre an beiden Händen hielt, während sie in kleinen Schritten weiter gingen. »In deiner winzigen Leberwurscht erkennt man ja schon dich und deine Schwester wieder. Und der Gang ist übrigens eins zu eins Giselchen.«

Dieo legte den Arm um Zazie. »Vielleicht wird sie auch nach Onkel Georg kommen. Die Nase hat sie von ihm.«

Zazie schmunzelte. »Ich hoffe, dass sie nach euch kommt.«

»Nach wem?«

»Nach euch allen.«

Zitatnachweise

Seite 59: Kendrick Lamar, *Rich spirit,* in: Mr. Morale & the Big Steppers; Top Dawg Entertainment 2022.

Seite 96: Colette Guillaumin, *Racism, Sexism, Power and Ideology;* Routledge, London 1995.

Seite 133: Auszug aus der Rede „A Humanist View“ von Toni Morrison; Portland State University, 30. Mai 1975. [Der Auszug wurde für diese Veröffentlichung übersetzt von Yandé Seck.]

Seite 135: Beatles, *A Day in the Life,* in: Sgt. Pepper's Lonely Hearts Club Band; Parlophone & Capitol 1967.

Seite 181: Omah Lay, *Damn,* in: Get Layd; KEYQAAD 2020

Seite 204: Ludwig Wittgenstein, *Tractatus logico-philosophicus.* Logisch-philosophische Abhandlung; Suhrkamp, Berlin 2021.

Seite 247: Mac Miller, *2009,* in: Swimming; REMember Music & Warner Bros. Records 2018.

Seite 292: Paul Auster, *Die Erfindung der Einsamkeit,* übers. von Werner Schmitz; Rowohlt, Reinbeck 1995.

Seite 321: Angelehnt an die Ausführungen von Lisa Yashodhara Haller im Rahmen der Lesung »Selbstbestimmte Elternschaft – Reproduktive Gerechtigkeit als feministische Forderung«; Gunda-Werner-Institut der Heinrich-Böll-Stiftung, 18. Februar 2022.

Der Verlag Kiepenheuer & Witsch hat sich zu einer nachhaltigen Buchproduktion verpflichtet. Gemeinsam mit unseren Partnern und Lieferanten setzen wir uns für eine klimaneutrale Buchproduktion ein, die den Erwerb von Klimazertifikaten zur Kompensation des CO_2-Ausstoßes einschließt. Weitere Informationen finden Sie unter www.klimaneutralerverlag.de

MIX
Papier | Fördert gute Waldnutzung
FSC® C083411

1. Auflage 2024

Covergestaltung und -motiv Nurten Zeren/zerendesign.com
Gesetzt aus der Maiola
Satz Buch-Werkstatt GmbH, Bad Aibling
Druck und Bindung CPI books GmbH, Leck

ISBN 978-3-462-00497-7